莫扎特式的史學家

列文森
莫扎特式的史學家

莫里斯·邁斯納 (Maurice Meisner)
羅茲·墨菲 (Rhoads Murphey) 編

曾小順、張平 譯

香港中文大學出版社

列文森文集

董玥 主編

《列文森：莫扎特式的史學家》

　　莫里斯·邁斯納·羅茲·墨菲 編

　　曾小順、張平 譯

國際統一書號 (ISBN)：978-988-237-291-7

本書翻譯自 University of California Press 1976 年出版之 *The Mozartian Historian: Essays on the Works of Joseph R. Levenson*，由 University of California Press 授權出版。

出版：香港中文大學出版社

　　　香港 新界 沙田·香港中文大學

　　　傳真：+852 2603 7355

　　　電郵：cup@cuhk.edu.hk

　　　網址：cup.cuhk.edu.hk

The Mozartian Historian: Essays on the Works of Joseph R. Levenson (in Chinese)

　　Edited by Maurice Meisner and Rhoads Murphey

　　Translated by Zeng Xiaoshun and Zhang Ping

Preface © Thomas Levenson 2023

Traditional Chinese edition © The Chinese University of Hong Kong 2024

All Rights Reserved.

ISBN: 978-988-237-291-7

The Mozartian Historian: Essays on the Works of Joseph R. Levenson edited by Maurice Meisner and Rhoads Murphey was published in English by the University of California Press.

© 1976 The Regents of the University of California

This translation is published by arrangement with the University of California Press.

Published by The Chinese University of Hong Kong Press

　　　The Chinese University of Hong Kong

　　　Sha Tin, N.T., Hong Kong

　　　Fax: +852 2603 7355

　　　Email: cup@cuhk.edu.hk

　　　Website: cup.cuhk.edu.hk

Printed in Hong Kong

目　錄

第一部分：列文森：爲人與治史

「列文森文集」主編序

董玥（Madeleine Y. Dong）

　　約瑟夫·列文森（Joseph R. Levenson, 1920–1969）是20世紀西方最傑出和最有影響力的中國歷史學家之一。在20世紀中期，通過對梁啟超以及中國近現代歷史演變的思考，圍繞中西異同、現代化進程以及革命道路的選擇等問題，列文森有力地勾畫了一系列核心議題，對現代中國的政治制度和思想文化的詮釋發揮了重大作用。列文森非凡的創造力、橫貫東西的博學、敏銳的問題意識、優雅獨特的語言風格，以及對於歷史寫作的誠實和熱忱，為他贏得了人們長久的敬重。

　　一直到上世紀80、90年代，列文森仍然在故友圈子中被不時提起。然而他在西方中國學領域中的聲名，到了20世紀末期，卻似乎逐漸淡去。現在人們提起列文森，往往立即聯繫到他因翻船事故不幸在48歲英年早逝的往事。列文森離世如此之早，如此突然：他在前一天還在講台上講課或在系裏與同事和學生交談，才情洋溢，帶著愉快的微笑，令人如沐春風，第二天就永遠地離開了。他如此富有創造力的人生戛然而止，這一悲劇震

動了當時的學界，也使得其後人們在提到他的時候，不由產生一種凝重的靜默。列文森的著作，儘管高山仰止，能夠讀懂的人卻並不多。他的難解，加上周遭人們心情的蕭穆，使得人們在爭論與探究時不再經常徵引他的著作。久而久之，列文森的作品也就淡出了西方顯學的書目。然而即使如此，他的影響力卻從未真正消失。我們在中國近現代史領域諸多重要研究中，都可以清晰地見到列文森思想的印痕，這是因為許多年輕學者在不知不覺之中，走上了他為後學開闢的路。

列文森在上世紀50、60年代思考中國歷史時，中國在很大程度上與世界大部分地區相隔絕，但是他從來都相信中國會以自己的方式重新進入現代世界。列文森所提出的主要課題——現代中國與其前現代的過往之間的關係、中國與世界之間的關係——迄無公認的答案或結論，直至今天仍然持續引發熱烈的討論，這些討論甚至比他在世時更為重要，而列文森思考這些問題的方式仍然有其活躍的生命力，他在思想史上的創構也不可取代。列文森過世十年後，他的老師學生、同窗同事出版了一部紀念文集《列文森：莫扎特式的史學家》(*The Mozartian Historian: Essays on the Works of Joseph R. Levenson*)，他們在〈編者導言〉中的評價今天看來仍然適用：「我們激勵自我與他人去進一步探索列文森極富新意、極富人情地研究過的人類和歷史問題，我們覺得這既合乎智識上的需求，也是道義職責所在。他提出的疑問、他追索的主題，是持久性的，帶著普世的關懷。他的寫作傳遞給當時人與後世一個信息，就是我們不應該讓這些曾經熱切的關懷消逝在『博

物館的沉寂』中。」我們在21世紀閱讀列文森，不妨重新體會他在
學術上寬闊的視野、對知識的興奮、對思想真正開放的擁抱，以
及探索艱深問題的勇氣和堅定。而中國讀者對列文森的解讀尤其
具有必要的中介作用，能夠喚起21世紀讀者的想像力，激起關於
中國近現代史的新的討論。「列文森文集」中文版的出版，對中國
和西方的歷史研究者來說，都將是一個寶貴的機會，可以在這套
文本的基礎上，進行一場更為深入的關於列文森的嚴肅對話。

　　列文森一生著述豐厚，在大量文章和書籍章節之中，他的
核心著作有如下幾種，均收入本文集：《梁啟超與近代中國思想》
（*Liang Ch'i-ch'ao and the Mind of Modern China*）、《儒家中國及其現
代命運：三部曲》（*Confucian China and Its Modern Fate: A Trilogy*），
以及在他去世後出版的《革命與世界主義：西方戲劇與中國歷
史舞台》（*Revolution and Cosmopolitanism: The Western Stage and the
Chinese Stages*）。列文森計劃繼《儒家中國》之後寫作第二個三部
曲，但是未得完成。《革命與世界主義》只是這個新計劃中第三
卷的一小部分，是列文森於1966至1967年在香港休學術假期
間完成的，1968年他為在北伊利諾伊大學的演講準備了講稿，
這本書便是根據他的遺稿整理出版。列文森還與舒扶瀾（Franz
Schurmann）合作書寫了一部中國歷史教科書——《詮釋中國史：
從源起到漢亡》（*China: An Interpretive History, From the Beginning to
the Fall of Han*），亦在他去世後出版。此書似乎是一個更大的項目
的初始部分，只從上古歷史講到漢末。從列文森留下的資料看，
原本應該還有後續。那時的考古資料和可見的史料都遠不及今天

豐富，但是書中所展示的思考歷史的方式即使在今天看來也非常有啟發意義。

在上述四本書之外，本文集另收入前述紀念文集《列文森：莫扎特式的史學家》。書中首次刊發列文森本人的一篇重要遺作〈猶太身分的選擇〉（"The Choice of Jewish Identity"），除此之外的主要內容來源於一次紀念列文森的學術討論會，作者們從各自的角度對列文森的著作評價不一，反映出的並非是關於列文森的「權威論定」，而是當時北美中國歷史學界以及這些學者各自關注的問題，其中既有理解，亦有誤解。此書不僅能為讀者理解列文森的研究和學說提供一個學術背景，在瞭解列文森對中國史研究領域的衝擊以及這個領域在美國的發展上亦有其獨特的價值。

列文森關於梁啟超的專著由中央研究院近代史研究所張力首先譯成中文，於1978年以《梁啟超》為名在台灣出版；同一本書後由劉偉、劉麗、姜鐵軍翻譯為《梁啟超與中國近代思想》，作為「走向世界叢書」的一種，於1986年在四川人民出版社出版。此次收入本文集的是由盛韻博士重新翻譯的完整版，書名改為《梁啟超與近代中國思想》。《儒家中國》三部曲最早由鄭大華和任菁譯成中文，以《儒教中國及其現代命運》為題於2000年初次出版。本文集所收譯本由劉文楠博士重新全文翻譯，書名改為《儒家中國及其現代命運：三部曲》。《詮釋中國史：從源起到漢亡》（董玥譯）、《革命與世界主義：西方戲劇與中國歷史舞台》（董玥、蕭知緯譯），以及《列文森：莫扎特式的史學家》（曾小順、張平譯）都是首次以中文與讀者見面。

　　關於列文森所生活的時代與他的思考之間的關係，以及對他的著述和思想比較深入的分析，請見書後導讀〈在21世紀閱讀列文森：跨時空的對話〉。

2023年1月

漫長的回家之路

托馬斯·列文森 (Thomas Levenson)

一、老虎，老虎！

這是我對中國最早的記憶：爸爸辦公室三面牆都是書，瀰漫著煙斗的味道。即使在半個多世紀後的今天，當我在家裏翻開其中一本書，總感覺仍然可以聞到一絲當年的煙味。

我心中最早的中國還伴隨著野獸——其實就是一隻做成虎皮地毯的老虎，當然還帶著巨大的虎頭。每當六歲的我走進那間辦公室，都會膽戰心驚地盯著它黃色玻璃般錚亮的眼睛，和那些可怕的牙齒，好像隨時會被它一口吞掉。

這塊虎皮地毯鋪在加州大學伯克利分校那位歷史學家的辦公室裏。它背後還有個故事。總是有故事的：爸爸的人生就是在物質體驗的瞬間發現意義。那老虎是我外祖父獵回的三隻老虎之一——他送給三個孩子每人一隻大貓。我媽不喜歡，不願把它擺在家裏，所以她丈夫就帶到上班的地方，解決了問題。

爸爸待人接物總有一絲腼腆，同時又是個引人注目的人物，

所以訪客進他辦公室時多少都有點敬畏。這就是為何他把虎皮擺成那樣——虎頭剛好落在開門的弧線之外。有些緊張的客人過分在意坐在書桌後的那位先生，往往會忽視地板上潛伏的危險，被虎頭絆到。爸爸就會順勢聊起他那神槍手岳父（不是個好惹的人），如何悄悄接近他的獵物，一、二、三……氣氛融洽起來，訪客大笑，開口提問，討論漫長而複雜的中國歷史。於是就這樣開場：一段對話，一曲智性之舞，與我的父親約瑟夫·里奇蒙·列文森一起思考中國。

二、爸爸的玩笑

爸爸喜歡玩文字遊戲，忍不住要講雙關語，經常跨越兩三種語言，發明一些讓人哭笑不得的笑話。他把這種文字中的遊戲感，把從中挖掘每一絲意義（還有幽默）的純粹的快樂帶到了我們家的日常生活中。每天晚上，他都會哄我和弟弟睡覺。他盯著我們上床，蓋好被子，關上燈。然後是講故事的時間。這是爸爸的天賦，（現在回想起來）也許是他引以自豪的一件事：他從不給我們讀尋常的兒童讀物。每個故事都是他自己編的，用一個又一個懸念吸引我們，經常要花幾個晚上才能講完。我們有個規矩：每天晚上都要以雙關語結束。（讓我難過的是，現在真的記不清這些故事了，只記得有個故事源自日本民間傳說，結尾用了美國1930年代的俚語，編了一個曲裏拐彎的笑話，今時今日根本無法理解。）

　　但雙關語和文字遊戲並不只是用來逗孩子的語言玩具。他去世的時候，我只有十歲，還沒有從他教我的東西裏學到多少（或者說任何）深層次的教益。父親過世後，我把讀他的書作為瞭解他的一種方式，多年後才體會到，這種文字戲法是他作品的核心，幾乎成了一種信條：他在《儒家中國及其現代命運：三部曲》中寫道，「在時間之流中，詞語的意思不會固定不變」。琢磨一個詞或短語中多變的意義，給了爸爸一把精神上的刀子，用它來剖析的不是思想（thoughts）——那不過是學校裏的老師試圖固化的對象——而是思維（thinking），是想法產生和演化的動態過程。

　　當我在大學第一年終於讀完《儒家中國》三部曲時，我開始明白爸爸的目標究竟是什麼（那一年我選了哈佛大學的東亞歷史入門課，那也是爸爸的博士導師費正清〔John Fairbank〕主講該課的最後一年）。在書中〈理論與歷史〉一章，爸爸用有點自嘲的幽默開頭，承認他揭示主題太過緩慢，但他保證確實有一個觀點，「等著人們（如讀者）去釋放」。這是用婉轉的方式來感謝一直堅持讀到這裏的人，但也能讓讀者有所準備，提醒他們得費多大的力氣才能把自己的觀點弄明白。他寫道：「我們可以把人類史冊中的某件事描述為在歷史上（真的）有意義，或者（僅僅）在歷史上有意義。」同一個詞，兩層涵義：「區別在於，前者是經驗判斷，斷定它在當時富有成果，而後者是規範判斷，斷定它在當下貧乏無味。」

　　作為他的兒子，突然遭遇約瑟夫・列文森成熟的思想，讀到像這樣的一段話，一方面被激起了單純的興奮——嘗試一種新的理解歷史的方式，不把它視為典範或說教，對我是一次至關

重要的啟迪，另一方面也喚起了我與爸爸之間的某種聯繫，而這
是我在更年幼的時候無法領會的。接下去，他進一步論述道：
「『歷史意義』一詞的歧義是一種美德，而非缺陷。抵制分類學式
對準確的熱衷（拘泥字面意思的人那種堅持一個詞只能對應一個
概念的局促態度），是對歷史學家思想和道德的雙重要求。」

　　「道德的要求」。近50年後，我仍然記得第一次讀到這句話
的感受。對於一個聽睡前故事的孩子來說，讓詞語的這個意義和
那個意義打架，不過使故事變得滑稽、精彩、出乎意料。僅僅幾
年後，堅持把嚴肅對待語言的多能性（pluripotency）當作道德義
務，就成為一種啟示。在接近成年的邊緣接觸到這一點，真正改
變了我的生活——首先是讓我想成為一名作家，因為我愛上了
爸爸這樣或那樣變換文字的方式。這看起來非常有趣，而且確實
有趣。但往深了說，試著去理解人們為什麼這樣想、這樣認為、
這樣做，對我來說（我相信對爸爸來說也是如此），已經變成盡力
過一種良好生活的途徑。

　　也就是說：爸爸的歷史研究，背後有一種按捺不住的衝
動，就是要讓另外一個時空變得可以理解，這是一種歷史學家
版本的黃金法則。對爸爸來說，嚴肅對待過去意味著完全同樣
嚴肅地對待當下——因此必須做出道德判斷，「現身表態和有所
持守」。這是給困惑中的學者的指引——非常好的指引，在作
為兒子的我眼中，甚至是至關重要；同時，它也是生活的試金
石：在評價之時，意識到我們可能會看到的差異：既存在於我
們與之共享此時此地的人民、國家或文化中，也存在於那些我

們可能想要探索的種種歷史之中。認識到這些差異對於生活在與我們不同的文化或時代中的人來說是合情合理的；對於生活在這裏和現在的我們來說什麼是重要的（有一天也會有試圖理解我們的思想和行動的他人來評價）。什麼是生命的善，我們的任務是「保持真誠（即把真作為追求的目標），即使真理不可知」。[1]

以上這些，是我和爸爸朝夕相處的十年中，從他自娛自樂和逗全家開心的語言雜技中聽來的嗎？當然不是。與約瑟夫·列文森共度的歲月為我鋪墊了日後的這些教益嗎？

哦，是的。

三、漫長的回家之路

1968年，爸爸告訴一位採訪者，為什麼當初決定專門研究中國問題，而不是像1930、1940年代美國以歷史學為職志的學生那樣，致力於其他更為常見的歷史學分支。他說：「在中國歷史中有很大的開放空間，有希望能找到漫長的回家之路。」

我理解他所謂的「開放空間」。爸爸1941年剛剛踏上求知之旅時，學術性的中國研究在美國屬於寥寥數人的領地，兩隻手就能數過來。人們想問任何問題都可以。爸爸對人滿為患的美國史或歐洲史沒有興趣，他發現那些領域裏盡是些「圍繞細枝末節

1　上述引文均出自 Joseph R. Levenson, *Confucian China and Its Modern Fate: A Trilogy*, Berkeley: University of California Press, 1968, vol. 3, pp. 85–92。

或者修正主義問題而產生〔的〕惡意爭論」。[2]正如這套文集所證明的，他充分利用了所有思想空間，在其中肆意漫遊。他處理大問題，那些他認為在中國歷史和人類歷史中十分重要的問題，從中獲得極大樂趣。

但是，「漫長的回家之路」指的是什麼呢？在尋求爸爸的真相時，雖然無法獲知全貌，但我認為爸爸對他的目的地至少有幾個不同的想法。當然，中國歷史和美國的1950、1960年代之間確實能找到相似之處，而爸爸就是在後一個時空語境中進行思考的。例如，在爸爸的寫作中很容易發現，在苦思中國歷史中那些看似遙遠的問題時，那曾讓他的導師費正清不勝其擾、還險些砸了他自己在加州大學的飯碗的麥卡錫主義，無疑在腦海中佔據了非常重要的位置。

但我想，當下之事與過去之事間存在的某些共鳴，並不是爸爸真正在思考的東西。作為一個外國人，一個美國人，他可以在中國找到一條道路，清楚地看到歷史情境的動態變化，這些動態變化也迴響在別處、在離(他)家更近的歷史之中。他堅持走一條漫長的路，路的另一頭是與他自己的歷史時刻相隔數百年、相距數千里的儒家學者生活中的點點滴滴。要如何理解他的這一堅持呢？從最寬泛的角度說，審視中國讓他得以思考可以被帶入他

2　上述引文出自Angus McDonald, Jr., "The Historian's Quest," *The Mozartian Historian: Essays on the Works of Joseph R. Levenson*, ed. Maurice Meisner and Rhoads Murphey, Berkeley: University of California Press, 1976, p. 77。

與中國之對話中的一切，包括但不限於他自己的特定歷史時刻。

　　那也許是爸爸希望與他相同專業的採訪者注意到的一點。但在家裏，他實際的家，他與一隻狗、四隻貓、四個孩子和妻子共同的家，他那漫長的回家之旅中還有其他站點。最重要的是，猶太教是爸爸的身分中不可化約的核心元素；宗教認同交織於他的整個智性生活和情感生活之中。但是，身為一個在1960年代伯克利生活的猶太人，在那個年代那個地方，試圖把孩子們引入猶太教的實踐、儀式和一整套傳統，這給他帶來的挑戰，與他在中國的經驗中所讀到的非常相似。

　　爸爸的成長過程沒有遇到過這樣的障礙。他在二戰前長大，那時大屠殺還沒有框限猶太人的身分認同。他的祖輩是來自東歐的移民，此地後來成為美國人對「正宗」猶太經歷的刻板印象（這種印象忽略了整個塞法迪猶太人，或者說猶太人在南方的傳承）。爸爸由奶奶在嚴守教規的正統猶太教家庭撫養長大，終其一生，他都在熱切研習猶太教文本與習俗，並且頗有心得。

　　他自己的四個孩子對猶太生活有非常不同的體驗。我們在家裏不吃豬肉或貝類，幾乎從不把牛奶和肉混在一起，這些規矩僅僅是對爸爸在成長過程中所瞭解的精微的猶太飲食習慣略表尊重。我們參加了本地的正統猶太教會堂，但在大部分時間裏，宗教對家裏其他人來說都只扮演著非常次要的角色。除了一個例外，那就是每週五的晚餐，即安息日的開始：我們總是點亮蠟燭，對著酒和麵包禱告，在餐廳而不是廚房吃飯，因為這才符合應有的慶典感。

　　那些安息日的夜晚對我爸爸來說充滿了意義。然而，儘管我們家是猶太人這一點從無疑問，但我和兄弟姐妹並不完全清楚，猶太人除了是一個帶限定詞的美國身分，還意味著什麼。其他族裔可能是德裔美國人、英裔美國人、亞裔美國人，而我們是，或者可以是猶太裔美國人。當然，爸爸在世的時候，我覺得大多數猶太會堂的儀式都很乏味。家庭活動挺有意思，但歸根結底，猶太身分對我來說最重要的意義是，它是爸爸的一部分，因此也是我們這個家庭的一部分。他去世後，猶太教成了要疏遠的東西。在我們家成為猶太人，就是認識到它對爸爸的意義，那麼，當他不在了，當他離我們而去了，還可能留下什麼？

　　有些東西確實留下了。我也開始了自己漫長的回家之旅，這部分始於讀到爸爸的一篇關於猶太教的未完成的文章，是他去世後在他書桌上發現的。這是一篇內容厚重的文章，但我所需要的一切都在標題中：「猶太身分的選擇」。選擇──成為猶太人的方式是可以選擇的──這個想法就是一種解放。對我來說，它使我有可能回歸到一種並不以虔誠地遵循儀式為核心，而是以先知彌迦的律令為核心的猶太教：「行公義，好良善」──或者像爸爸在引述〈申命記〉時所寫的，「在生命中做出良好的選擇無異於選擇生命自身」，正如他在同一頁所說，這是「良善而充分的」。[3]

3　Joseph R. Levenson, "The Choice of Jewish Identity," *The Mozartian Historian,* p. 192.

對爸爸來説，猶太身分的選擇與他自己童年的信仰實踐關涉很深，遠遠超過我──這也難怪，因為與我們相比，他早年的生活太不一樣了。但毫無疑問，爸爸對中國有如此深入的思考，其中一個原因就是他自己在這個問題上的掙扎：當身為猶太人的很多東西(甚至在自己家裏！)已經被歷史不可逆轉地改變，為什麼還要做猶太人？換言之，無論對「現代」的定義有多少爭議，現代性對每個人都有要求，爸爸在工作和日常生活中一直要與之纏鬥。

那就是他所走過的漫漫回家路──在他的著作中，大部分時候是隱在字裏行間的潛台詞。但至少有一次它浮出水面──在《儒家中國》三部曲的最後一段。在用三卷的篇幅橫貫了中國廣闊的開放空間之後，他以一個來自猶太傳統核心的寓言收尾。很久以前，一位偉大的聖人舉行了一場精心設計的儀式，以確保他所尋求的東西得以實現。在後繼的每一代人中，這個儀式的某個步驟都遺失了，直到最後只剩下這個：「我們能講出這個故事：它是怎麼做的」。[4]

正如我在這裏所做的。

四、空著的椅子

時間是流動的還是停頓的？這是一個有關連續與變化之爭的古老辯題，長期讓歷史學家糾結。但對我們家來説，這不是

4　Levenson, *Confucian China and Its Modern Fate*, vol. 3, p. 125.

什麼問題。1969 年 4 月 6 日是不可逆轉的時刻，一切都改變了。那天之前：毫無疑問爸爸一直都在。那天之後：他走了，或者說，自那之後成為一個持續缺席的存在，家中每個人在與他對話時，他都是沉默的另一半。

對約瑟夫・列文森的記憶，是生活中一個複雜的饋贈。毫無疑問，他對所有的孩子都有影響。我的兄弟和姐姐會以各自不同的方式講述他們和爸爸之間的聯繫，但可以很清楚地看到，他對我們都有影響。

例如，爸爸總想在看似完全不相干的現象之間找到聯繫。這種在時間和空間上的跳躍，會將爸爸從德國學者對俄國沙皇君主制的研究，帶到太平天國獨裁者對儒家思想的拒斥。[5] 無論是出於何種天性和教養的煉金術，我的哥哥理查德（Richard），一位研究生物醫學的科學家，在這類「腦力雜技」上展現了同樣的天賦（儘管他的學科與爸爸遙不相關），他也繼承了爸爸對文字遊戲的熱愛，在其中加了點東西，完全屬於他自己的東西。

爸爸是一個頗有天賦的音樂家，曾考慮過以鋼琴家為業。他最終選擇入讀大學而不是音樂學院，但在此後的人生中，演奏和聆聽音樂都是他心頭所愛。我覺得他作品中思想和行文間的音樂性不太被注意，但確實存在，處於作品的核心。大聲朗讀他的句子，你會聽到音調、音色，以及最重要的 —— 節奏，所有這些

5　Ibid., vol. 2, p. 100.

約瑟夫・列文森懷抱中的幼年托馬斯
（照片由本文作者提供）

都塑造了他試圖傳達的意義。我姐姐艾琳 (Irene) 是爸爸在音樂上的繼承人。她走上了他沒有選擇的道路，成為一名職業音樂家。她從童年時代就彈奏爸爸那架非同尋常的三角鋼琴，最終彈得比他更出色，並以音樂理論教授為職業長達40年，爸爸創造的音樂之家的記憶留下了迴響，至少在我看來是這樣。

我的弟弟里奧 (Leo) 過著與爸爸截然不同的職業生活。他一直是公務員，主要在舊金山市服務。但爸爸與他的聯繫也依然存在 (同樣，這是我的視角，也有可能是強加的外在印象)。聯繫之一是他們同樣獻身於猶太社群生活。但我覺得更重要的是另一層聯繫：我弟弟選擇在政府機構工作，效力於良治的理想。這聽來就像是爸爸致力於分析的那種儒家倫理的某種回聲 —— 我也覺得是這樣。影響的蹤跡捉摸不定。有時它是直接的，有時必須在「押韻」的人生中尋找 —— 就像在這裏。

　　那麼我呢？爸爸的影響是明確的、持續的，有時是決定性的。我上大學時的目標是學到足夠多關於中國的知識，這樣才有能力讀懂他的作品。這讓我選擇唸東亞史，然後成為一名記者，先後去日本和中國工作。作為一名作家，我起初發現自己試圖模仿爸爸華麗的文風——這是個錯誤。正如爸爸所寫的，「語氣很重要」，我需要通過模仿他的風格來摸索自己的風格。不過，在另一方面，我更為成功。我在他的歷史觀（他堅持有節制的、縝密的相對主義）中發現了一種極為有力的工具，來推動自己的研究興趣，探索科學和科學研究與其所處的社會之間的相互作用。當我寫作時，爸爸的文字在我腦海中響起，這大大豐富了我的創作，讓我寫出更好的作品，如果沒有他，我的寫作不可能有現在的成績。

　　不過，正如我在上文提到的，帶著對約瑟夫・列文森的記憶生活是件複雜的事，過去這樣，現在依然如此。我所做的每一個選擇都關閉了其他選項。（當然，對我的兄弟姐妹來說也是如此。）回顧沒有他的半個多世紀，我很清楚，如果爸爸還活著，所有那些沒走過的路可能會顯得更加誘人，通往全然不同的一系列體驗。

　　這並不是在抱怨。在我所度過的人生中，我十分幸運，即便50多年前那場可怕的事故帶走了爸爸也改變了我們一家。生而為約瑟夫・列文森的兒子，我接觸到趣味無窮的想法，引人入勝的工作，凡此種種。但是，拋開他的死亡帶來的悲痛，仍然有個問題：我追隨了與他之間的聯繫，與此同時，我錯失的事情和想

法又是什麼呢？我想這是一個列文森式的問題，很像他對中國思想者提出的那些，他們對一種思想的肯定不可避免會導致對其他思想的拒斥。無論如何，這是一個不可能回答的問題 —— 個人的歷史無法重來，也沒有實驗對照組。但我仍會時不時想到，在1969年那個春天的下午之後就變得不再可能的種種可能。

五、回憶與追思

爸爸在《革命與世界主義》這部遺作中寫道：「很長一段時間以來，人們一直在思考『歷史』的含糊性，至少在英語中是這樣：人們創造的記錄，和人們撰寫的記錄。」[6] 用列文森的相對主義精神看，那本書的語言是十足的他那個時代的語言，也是對那個歷史時刻的標誌與衡量（「人們」這個詞用的是「men」，而不是「humans」）。他那本書是在創造歷史 —— 某種東西被創造出來，某個行動完成了，自有後來的讀者去評價和解讀。你現在讀到的這篇文章則是在撰寫歷史，而非創造歷史：一個事後去捕捉爸爸人生真相的嘗試。它必然是不完整的 —— 正如爸爸將「創造」與「撰寫」並列時所暗示的那樣。

這裏還有一點。到目前為止，我幾乎沒有提到羅斯瑪麗・列文森（Rosemary Levenson）—— 他的妻子和我們的媽媽 —— 儘管她

6　Joseph R. Levenson, *Revolution and Cosmopolitanism: The Western Stage and the Chinese Stages*, Berkeley: University of California Press, 1971, p. 1.

的存在總是縈繞著對爸爸的追思。與他共度的20年自然是她一生中最幸福、最完滿的時光。當然，他們的婚姻畢竟是凡人的婚姻，也就是說，並非沒有起伏。就像那個時代的太多女性一樣，她讓自己的專業能力和追求屈從於爸爸的事業，這並不總是一個容易接受的妥協。但他們的情誼——他們的愛——對他們倆都至關重要。媽媽是爸爸作品的第一個編輯，也是最好的編輯，是他新想法的反饋板；在爸爸的整個職業生涯中他們形影不離。爸爸他去世時，喪夫之痛原本可能會徹底吞噬她，但她挺了下來，也撐住了整個家庭，以近乎英雄的方式。但所有這些都是他們共同創造的。如果要寫，也幾乎只對那些認識他們倆的人才具有歷史意義。

爸爸公開的歷史被切斷了，如同一個想法戛然而止，一句話沒有說完。他最後的著作沒有完成，那只是一個片段，屬於一部遠比這宏大的作品。他從沒去過香港以外的中國國土。他就像尼波山上的摩西——他決不會傲慢到做這樣的類比，但作為他的兒子，就讓我來替他這麼說吧——被允許看到應許之地，卻無法去到那裏。原因就在於被創造的歷史：1949年中華人民共和國成立，對他和幾乎所有美國人關閉了通往中國的大門，而在大門重開之前僅僅幾年，他去世了。可以說，一張虎皮地毯和一間煙霧彌漫、被書牆包圍的辦公室，不只是他年幼兒子的中國，也是他的中國。

爸爸從沒能踏足那個讓他魂牽夢縈的地方，這令我到今天都很難過。但是，這套最新的「列文森文集」中文版，終於能以他所書寫的那個文明的語言呈現，在某種意義上，約瑟夫·列文森

終於走完了那條漫長的回家之路。爸爸所寫的歷史如今能為中國和世界將要創造的歷史提供啟迪。作為他的兒子，作為他的讀者，我非常高興。

2023 年 1 月 22 日

（劉文楠 譯）

編者導言

莫里斯・邁斯納（Maurice Meisner）

羅茲・墨菲（Rhoads Murphey）

　　本書的構想，最初誕生於1969年4月1日在伯克利參加約瑟
夫・列文森追思會之後。我們幾個人按照慣例，聚在一起分享
哀思與震慟，但大多是以沉默表達。我們談論著他，偶或提及
一些悼念的方式，不過就跟現在一樣，那個時候要把想法付諸
語言也並不太容易。當時所能表達的那些話，只會讓我們對他
的遽然早逝越發哀痛。我們覺得，他的史學著述內容豐富、意
旨深遠，但尚未獲得充分的賞識，也未得到充分的理解。正是
這一想法促使我們編纂這部文集。就像列文森在一封私人信件
中所指出的，能夠「竭盡眼力」來領會其著作的讀者實在寥寥無
幾。我們激勵自我與他人去進一步探索列文森極富新意、極富
人情地研究過的人類和歷史問題，我們覺得這既合乎智識上的
需求，也是道義職責所在。他提出的疑問、他追索的主題，是
持久性的，帶著普世的關懷。他的寫作傳遞給當時人與後世一
個信息，就是我們不應該讓這些曾經熱切的關懷消逝在「博物館
的沉寂」中。

　　熬過了喪友之慟，列文森的諸多友人、同事才得以考慮追思紀念的具體方案。1969年末，在多方協助下，加州大學伯克利分校成立了「紀念約瑟夫‧列文森獎學基金」（本書的版稅將悉數歸入該基金）。與此同時，我們也開始探索是否有可能集結出版一組討論列文森史學論著的反思性、評論性的文章。我們決定放棄那種通常由無甚關聯的論文混雜而成的紀念文集（Festschrift），而是編纂一部闡釋性論著，聚焦於列文森的著述本身和他試圖解決的史學問題。我們的宗旨是給熱衷歷史、關心思想的人帶來一部內在與外在價值兼具的文集：這些文章將直接闡釋列文森試圖實現什麼、如何實現、其著作為其他學者帶來了什麼，以及從其著作中可以引申出什麼新的學術議題。從1969年夏天開始，我們向六十多位作者發出了這樣的撰稿邀請。

　　本書成稿耗時甚久，除了大家諸事纏身、太過忙碌之外還另有緣故。儘管從列文森的著作中尋找豐富多樣的意旨並不困難，但是正如交響樂作曲家勃拉姆斯說他無法擺脫巨人貝多芬的腳步聲，列文森的評論者和批評家難免也會感受到背後有巨人的步伐。對很多列文森的親密朋友而言，評論他的遺著似乎太過冷酷和算計；這一問題唯有時間的流逝才能緩解。

　　此後四年，我們陸續收到稿件，但來稿未必符合我們構想的出版方案。因此，許多文章被退回，理由是與本書的主題——列文森的著述及其深遠影響——並不密切相關。基於同樣的理由，另外一些評論者在提出文章的題目和寫作大綱時，我們也不甚鼓勵。此外，由於時間緊迫，另有一些文章遺憾未能收錄。直

至列文森離開六年之後，本書才得以問世，耗時之長超乎預期，但或許也不算等得太久，這個時間點既能允許以一定的距離考量其學術，又不失與這位學者和朋友的親密距離，而這也正是我們這項工作最適當、最核心的部分。

我們相信，我們成功地匯編了一部綜合性、批評性的學術文集，並且傳達出列文森著作中那種顯著的人文關懷。本書既不是為列文森做註解，也不是為其著述做體系化整理，更無意建立任何「列文森崇拜」。事實上，本書的許多內容具有明確的批評性質。從最初徵求學者理解、採納和評判列文森著作的不同態度時，我們就設定，這種批評性理應是合適的。我們相信，本書匯集了一組具有代表性的文章，以批評的眼光考察分析和深入探索約瑟夫‧列文森所關注的核心主題與模式，並對這位學者的研究作出評價。當面對人類的普遍問題時，他的處理方式總給人獨到的啟發。

本書所選的文章，按照列文森的學術事業、個人風格及學術著述的某些特定方面分門別類。列文森的學術影響力遠遠超出中國史學界，甚至歷史學或中國研究領域之外的眾多學者也深受影響，但遺憾的是，本書未能收錄這部分學者的文章。本書第一部分呈現列文森職業生涯的發展軌跡；第二部分深入細緻地探討其歷史學著作；第三部分以批評的眼光回顧其作品中出現的兩大主題；第四部分則回歸到更為私人的層面，收錄了一篇有關猶太教的未刊手稿。列文森前些年透露過撰寫一部專著的計劃，這篇未刊稿正是其開頭部分。部分讀者或許會察覺到這篇文稿與列文森

其他著作似乎格格不入——其實我們也有同感，但並未做任何修改，而是原封不動地刊印於此，儘管列文森本人若健在未必會允許該文以如此方式面世。這篇手稿雖然有些碎片化且尚未收尾，但我們認為依然值得刊印，一方面是因它已經在一定範圍內流傳，且在本書的若干篇文章以及魏斐德（Frederic Wakeman）為列文森《革命與世界主義》一書撰寫的前言中都有所提及；另一方面則因它體現了列文森與自身的宗教和文化傳統之間的深厚淵源。列文森的遺孀羅斯瑪麗（Rosemary Levenson）特意為這篇手稿撰寫了導言，以便讀者理解其語境。

當然，這樣一部由多人圍繞共同主旋律獨立撰寫的文集，許多音調肯定會不只一次出現。不過，本書收錄的每一篇文章都各有特色，即便探討共同主題，其處理方式也不盡相同。然而，正如一部研究莫扎特音樂的文集不可能也不應該僅僅提及一次《C小調彌撒曲》，我們也不可期待兩位不同作者各自撰文討論列文森的事業和著作時，寫出毫無重合的內容。我們相信，本書的一項重要價值恰恰在於十多位學者各以獨特的風格，共同回應了列文森著作中的諸多思想觀念。

1953年列文森的首部專著《梁啟超與近代中國思想》出版之際，當時被譽為美國漢學界「掌門人」的恒慕義（Arthur Hummel）博士撰寫了尖銳的批評。在這篇發表於《遠東季刊》（*The Far Eastern Quarterly*）的書評中，恒慕義指責列文森對研究對象缺乏

同情，刻意「揭穿」中國近代史中的一位重要人物，「故意跟那個
人（梁啟超）找碴兒」。除了抱怨列文森的寫作風格之外，恒慕義
還譴責他以「異質於（中華）文明之精神」的觀點來分析其研究對
象，未正確評估梁啟超期冀保存的「倫理價值與恒久真理」。不止
於此，恒慕義還不滿列文森指出了中國社會的階層分化，強烈指
責他錯誤地以「辯證的方式」來「預設」士大夫階層與目不識丁的
農民階層之間的對立，而且將儒家傳統界定為士紳階層的傳統。
恒慕義最後總結道：

> 正如作者承認的，該書刻意「將探照燈的光芒打在梁啟超身
> 上」，而這樣一部著作實在難以算得上是客觀的史學作品。在全
> 書真正具有啟發性的論斷中，作者稱梁啟超為「新中國第一思想
> 家」，但相比於對這位思想巨人的介紹，該書其實更多地反映了
> 我們這個時代剛愎自用且具有腐蝕性的思想潮流。[1]

其他關於《梁啟超與近代中國思想》的評論，以及此後針對
《儒家中國及其現代命運》的書評，都未有如此苛刻的評價，某
些評論家還給予了極高的讚許。但總體而言，這些評論顯得平淡
無奇，缺乏有力的思想回應。除了個別特例以外，學術期刊上的
各種書評從未充分討論過列文森的著作。列文森也感受到了這一
點，這並非因為他需要得到褒獎，或者他缺乏專業的學術認可，
而是因為對任何作者而言，如果外界的反響無法與自己作品在高
度與視野上相匹配，定會有所失望。列文森的專著出版之初，

5

1　*The Far Eastern Quarterly*, vol. 14, no. 1 (Nov. 1954), pp. 110–112.

極少人領會到它們的重要價值，很多人甚至無視它們的重要性。許多人附和恒慕義最早提出的某些批評，對列文森的著作心存懷疑，認為他是在表達自己的思想，而非「現代中國的思想」；他將異質元素強加於中國歷史；他對「事實」視而不見；他是一個聰明的文體家，玩弄辭藻卻犧牲了歷史的實質。在本書第50頁，費正清（John K. Fairbank）以「天才般的成就」來描述列文森的學術創作——我們認同這一點。但是，至少就已發表的評論而言，學術界對列文森的著作鮮有嚴肅的批評或中肯的讚譽；倘若如費正清所言，列文森的學術事業確實不同凡響，那麼這一現象不能不讓我們驚訝且苦惱。

為何學術界的回應如此單薄無力？為何列文森的著作問世時，只有極少人能夠領會和欣賞其重要性？在很大程度上，我們覺得這是因為列文森著作潛在的激進意味對那些恪守西方漢學傳統的主流（且保守）觀點的學者造成了巨大衝擊，使他們坐立不安。其實，列文森在政治上並不激進，而且對任何形式的政治行動主義都沒太大興趣。但是，在學術上他確實是一位激進的歷史學家——他構想歷史進程的思路是激進的；他書寫歷史的方法也激進且不落俗套；在期望從歷史中汲取什麼、期望歷史能夠給予什麼上，他的激進恐怕是最為深刻的。列文森在學界立穩腳跟、得到專業認可後，漢學界的朋友、同事無人否認他的才華，許多人也重視他的史學洞見，但是大多數人仍然覺得他的著作太標新立異，甚至有點離經叛道了；他的史學論點廣受質疑，論證方法也備受誤解。在一定程度上，這是因為他的寫作風格和研究取向

在某些專家眼裏是不可靠的。在風格和結構層面，列文森有意顛覆傳統；歷史學的傳統典範要求史家以具體細節和敘事體來處理獨特的歷史現象，而他卻突破了這些成規。用他的話來說，為了達到分析的深度和詮釋的整合性，他寧願「忽然上溯到幾百年前的歷史中……儘管會有損『平穩向前，絕不回望』的敘事理念」。

　　例如，《儒家中國及其現代命運》雖然對儒學和毛澤東思想著墨甚多，但並非以孔子和毛澤東為起點和終點。該書首卷從17世紀非正統的儒家「經驗論者」開始，末卷以一則猶太教哈西迪教派的寓言收尾，以此總結全書對儒家思想在近代中國歷史環境中衰退，淪為擺設在當代中共博物館中的「歷史」所進行的長篇分析。其間涉及豐富的內容。全書歷史研究的主線從古典時代的孔孟一直延伸到馬克思主義對儒家經典的闡釋。上起周、秦、漢，以及大大小小的「中間」朝代，下至「前現代」的清朝、民國和共和國，書中徵引的事件、人物和概念來自所有時代和年代，但並沒有以通常的時間順序依次出現。敘事脈絡在整個中國歷史中穿梭往復，探究線索也會涉及他國的歷史。書中最早追溯到了摩西和亞里士多德時代，而來自伏爾泰、盧梭、赫爾德、弗朗西斯・培根、克羅齊 (Benedetto Croce)、黑格爾、泰戈爾、斯威夫特、馬克思、列寧的思想 (僅舉幾例) 也都匯入列文森對近代中國思想社會變革的獨特歷程所作的綜合分析之中。亞歷山大大帝、路易十四、俄國沙皇與中國皇帝的名字在書中並排出現。此外，關於儒家官僚制度獨特性質的分析也吸收了對普魯士 (以及其他地區) 官僚制的論述。

6

這種看似令人困惑的中國歷史的書寫，其實也有方法可循。
這個方法就是極為複雜微妙的比較歷史分析法，通過全人類歷史
的普遍性視角來揭示中國歷史現象的獨特性。列文森相信，歷史
學家知道的歷史越多，就越能夠辨識他所研究的特定歷史的重要
性所在。例如，在運用中世紀歐洲、伊斯蘭和拜占庭的比較視
角來探討傳統中國的君主制概念時，列文森觀察到，儘管儒家的
君主制觀點有些許中國特性，但是「我們幾乎不能理解他們對君
主制的想法是什麼，除非我們從君主制中辨識出某種可能具有普
遍性的東西」。[2] 正是因為認識到了這種內在於特殊事物中的普遍
性，列文森才得以突破漢學畛域，將中國歷史的書寫推移到世界
歷史話語的範疇之中。列文森在掌握了「中國研究專家」的全部
專業工具之後，並不滿足於僅僅為了中國研究專家的興趣而用它
們剖析自成一體的中國歷史。他致力於將中國歷史的重要事件與
對整個人類歷史經驗的更深遠的關懷聯繫起來。正因為他對中國
之外的歷史有著深入廣博的瞭解，所以能夠辨識中國歷史的哪些
方面不僅僅對中國歷史有意義、哪些方面與其他文化的歷史具有
可比性。但是可比性並不一定意味著類比性。列文森提出並探討
過諸多類比，但大部分是為了表明這些類比在歷史上站不住腳。
正是通過展示這些不成立的類比，他論證了傳統中國的獨特之處

2　Joseph R. Levenson, *Confucian China and Its Modern Fate: A Trilogy*, Berkeley:
University of California Press, 1968, vol. 2, p. 93. 本文所徵引的內容均出自該
三卷合訂本，此後簡稱 *Confucian China*。

以及現代中國具有的獨特現代性。誠然，中國自有其單獨的歷史，但是不應該與普遍的歷史關懷區隔開。為了理解中國歷史，中國並非全部；為了理解普遍的人類歷史，中國亦非邊緣。

《儒家中國及其現代命運》的體例和結構都不常規，年代順序極「不規則」，與傳統歷史學抵觸。列文森對現代中國歷史情境所作的激進分析，更是與傳統漢學大相徑庭。他的立論主旨和研究結論是，形形色色的思想和社會變革以及現代和傳統之間的背離，最終達致與過去徹底而又根本的決裂。對現代中國歷史的締造者而言，過去的價值觀和制度已經（充其量）「僅僅**在歷史上有意義**」，已經不屬於能夠為當下提供啟迪的活著的傳統，而是「對現代人而言已是死的」文化。沉淪已久的偉大儒家傳統從現代歷史的舞台退場；其思想實質已經被耗盡，陳腐的制度業已「奄奄一息」。長期的社會變革和思想異化為中國歷史帶來了本質上嶄新的局面，「最終，紐帶繃斷了」。[3] 形形色色的思想安慰劑或許可以用來撫慰緊張的情緒，但歷史—思想的斷裂卻再也無法修補。

列文森並沒有慶賀與傳統紐帶的斷裂。其實，他個人對傳統在現代遭到遺棄懷有極為模糊的態度。但是，正如他所言，「歷史學家不得不假設變化的真實性」，作為中國史專家，他的觀點清晰明確：「換一種更直白的說法，傳統中國文明在現代未能更新，而是解體了。」[4] 將中國現代史的特徵解讀為與傳統徹底、根

3　Levenson, *Confucian China*, vol. 1, p. xxxii.

4　Levenson, *Confucian China*, vol. 3, pp. 63, 47.

本的決裂，並不合乎通常歷史學所偏好的在傳統之內發生的歷史變化的漸進性，也不合乎從牢牢根植於傳統的穩定、持久的因素來體驗任何特定歷史時刻的衝動。列文森的分析也並不符合西方漢學以傳統文化和制度模式的存續來解釋現代中國思想與社會的傾向。列文森提出了諸多問題和目標，而且大多數問題都圍繞著當代中國與中國文化歷史遺產之間的「延續」(continuity)展開。

列文森主要關注中國的歷史與現在之間的關係，或許更關注他稱之為「延續性已斷裂」的文化狀況在近代中國引發的擔憂。考察列文森在思考諸多歷史變革進程時如何處理「延續」問題，有助於理解他的著作，甚至理解對他的著作的一些誤解。

「歷史延續性」之所以成為問題，部分原因在於這個術語在歷史上非常含混不清。正如亞歷山大·格申克龍(Alexander Gerschenkron)所言，「人們不禁要懷疑，正是這個術語的不確定性才使它如此輕易地出現在人們的筆頭和口中」。[5]與其仔細琢磨這裏面涉及的語意模糊性，還不如去留意「變革」(change)與「延續」之間的習慣性區分所體現的概念模糊性。這組二元對立詞彙很方便用來做書籍和文章標題。這種習以為常的區分經常隱隱暗示或被理解為延續是變革的對立面，抑或變革的缺失。雖然很少人會認同叔本華的「連續性法則」，即除「名稱和日期」之外沒有任何實質性的事物會發生變化，但似乎許多人相信某些歷史現象

9

---

5   Alexander Gerschenkron, *Continuity in History and Other Essays*, Cambridge, MA: Harvard University Press, 1968, p. 11.

有可能發生改變而其他歷史現象則保持不變。但是，社會歷史秩序的某些要素如何在其他因素發生變化時保持停滯不變，還有待理論上的說明或經驗上的證明；如果社會要素在結構上相互關聯，那麼結構上任何一個或多個部分的變化勢必會影響到社會生活其他方面的性質與功能，並且影響整個歷史進程。

儘管在當代歷史話語中，「延續」與「變革」之間的二元對立很容易被接受，但或許並沒有歷史學家真的接受這二者表層的含義——延續只是變革的對立面。當延續性這個術語不僅僅指過去和現在之間作為時間序列的明顯關係時，它通常還指變化速率的漸進性。歷史中的延續性，描述的是某種性質相對漸進的變化，對此觀念我們毫無異議。真正在歷史學上有問題的傾向是，為漸進變化賦予規範性的價值，將以幾乎無法察覺的運動而呈現的漸進性多少視作歷史的普世特徵。此處，作為漸進變化的延續被認為是理想的、自然的歷史形式。而這經常成為否定革命性變革的可能性或現實性，且在道德上加以譴責的便捷方式，同時還排除了一種可以用來區分不同類別歷史變遷的概念框架。延續這個概念若要擁有任何實際的分析力，務必要從屬於歷史變革的一般理論，既允許不延續和激進變革模式的可能性，又要允許以漸進變化為特徵的延續。

列文森正是通過寬泛地構想歷史變遷的各種形式，來著手處理中國歷史的延續性問題。與過去徹底的背離並沒有排除延續，而是恰恰暗含了延續，因為列文森認為延續只是變化的一種形式，而非變化的對立面。對列文森而言，一切歷史皆是不斷變

10

化發展的進程，絕非無過程的永恒現實；他把歷史視作辯證的過程，而非不變的本質或「永恒的真理」。他關注的不是社會在特定時刻的功能性的相互關係，而是正在變化發展，或者有潛力發展出不同面貌的歷史現象。當這種潛力未能完全實現或終歸失敗，他覺得有必要解釋原因。在列文森的歷史世界觀中，任何歷史情境都不可能是靜止不變的，而且最吸引他的也是歷史中蘊含張力的元素，它們是潛在的變化源頭，具備動態的可能性。相對於特定時間或地點的現象，他更感興趣的是現象如何產生、在形成過程中呈現何種狀態，以及有可能發展為何種狀態。即便在最受傳統束縛的歷史中，列文森也看到了內在的變化，因為在思考社會背景時，他堅持一個普遍的歷史真理，即人們創造歷史，並且是通過自己的觀念和努力來創造歷史。

> 因為徹頭徹尾的傳統主義會讓一個民族永遠停留在起跑線上，永不進入歷史。必須通過評判使傳統主義變得和緩一些，否則遵循著「任何東西，只要它與過往的生活方式不同，就絕對不能引入」的鐵律，歷史便會凍結。絕對的傳統主義是個完全假設性的、自毀的概念；如果對現有狀態抱有原初的、純粹的尊崇而阻礙其成為過去，那麼對過去的認識就不可能發展起來。[6]

這種辯證的歷史概念避免了傳統意義上「變革」與「延續」之間的機械性分別。與此同時，它也允許區分歷史的量變或者

6　Levenson, *Confucian China*, vol. 1, pp. xxxi–xxxii.

質變，區分傳統中國歷史的本質與那些帶來現代中國的後傳統　11
(posttraditional)歷史的變革。

列文森並未把儒家中國視作僵化傳統的國土。相反，他將之
描述為處於不斷變遷中的歷史世界，充斥著人世間的戲劇與歷史
的張力。即便那不是他的世界，他對該世界傳統中的精粹和最具
人性的價值仍然具有最深沉的敬意——特別是對儒家的業餘和
通才的理念；吸引他的不是儒家官僚，而是不在專業分工上耗損
人格的儒學「全才」觀念。但是儒家世界不是一個劇變的世界；
這是一個有活力、不斷發展的傳統的延續，就此而言，它是一段
漸變的歷史。

然而，其他類型的歷史變革也有可能發生在中國，激進的社
會、思想變革使中國人無法繼續發展傳統，只能被迫將之拋棄。
列文森明白，徹底變革在現代來到中國，且是勢所必然，近代中
國人徹底改變了中國，帶來了在性質上全新的歷史情境。他既
接受了在近代中國歷史環境中發生的革命性變革的真實性及必要
性，又認識到了中國走向共產主義的歷史邏輯。這並非在否定
中國過去與現在之間的延續，而是將歷史學家關於「延續」的概
念理解為歷史變革速度上的漸進性，它雖然適用於闡釋傳統中國
的變革，但不足以理解近代中國的革命性變革。其實，列文森
正是通過展現與過去的傳統和價值之間根本性、創傷性的斷裂，
提出了延續性是中國近代史所面臨的特殊問題，並將這一問題
提升到了全新的、更高的歷史話語層次。西方的中國史學者當
中，沒有人比列文森更深刻地理解(及同情)中國知識分子的特

殊憂慮：他們受困於文化和社會大解體的局面之中，在中國的歷史之中探索可以銜接當下、指明未來的切實可行的紐帶。列文森並非否定延續（作為歷史學家，他必定預設了歷史延續性），而是否定所謂永恒不變、持續存在的中國傳統的「本質」。需要指出的是，和變革一樣，傳統的延續同樣要求歷史解釋。而且，解釋的重任或許應該落在那些把中國傳統看作一成不變的人身上。

12

　　當然，最讓現代中國史的延續性成問題的是中國共產主義革命。列文森的研究並不著重於中國共產主義的歷史。他寧願寫文章討論廖平，一位「實在是不重要」的「名不見經傳的儒學家」，而不太傾向於撰文探討大多數北京學家（Pekinologist）都覺得至關重要的林彪之謎。不過，儘管其研究重點不在中國共產主義的歷史本身，但他關注的中心仍然是它在中國歷史上的地位這一更宏大的歷史問題，其著述總體上為理解馬克思主義和共產主義在中國的歷史意義提出了重要看法。這些看法尖銳地挑戰了西方學術界關於共產主義中國與中國文化—歷史遺產之間關係的主流觀點。諸多研究現代中國的學者都難以接受這些看法，尤其是列文森明確討論中國共產主義在中國歷史中的地位的那些章節（見《儒家中國及其現代命運》第三卷，第三、四章）。他關於中國共產主義的看法，一部分是為了批判其他學者的相關論述所遵循的、他所謂「漢學決定論」的原則，另一部分則是他關於傳統中國成為「歷史」的整體論述在邏輯發展上的最終結果。

⌣

　　列文森沒有無視過去的存續這個問題，我們在此也無意忽
略這個問題。在他的中國門生面臨這個問題的近乎一個世紀以
前，卡爾‧馬克思就已經告誡世人，社會主義革命產生的新社
會必然「在各方面，在經濟、道德和精神方面都還帶著它脫胎
出來的那個舊社會的痕跡」。[7]這則不言自明的革命真理特別適
用於中國近代史，在這個古老的社會價值體系佔據統治地位的
國家，現代革命理念竟得以獲勝。當時的中國社會依然帶著傳
統的深刻烙印，依然被舊中國遺留下來的沉重負擔羈絆。因此
不難理解，為何西方學者在闡釋中國共產主義革命時會強調傳
統體制形式和傳統思想模式的存續，更多著墨於舊社會留給新
社會的胎記的重要性，而非新社會本身的誕生。依據通常的假
設——雖然這絕非一個普適的假設——中國傳統文明的某種
「實質」在動蕩的現代社會得以存續，並且形塑了當代中國共產
主義的本質。這個假設還認為，中國共產主義真正的實質在於
其本質上具有中國特性，而且是某種傳統中國的特性。當然，
存續下來的中國傳統的「實質」究竟是什麼，取決於學者的解
讀，而且目前存在多種不同的解讀。我們無須在此分門別類；

13

7　Karl Marx, "The Eighteenth Brumaire of Louis Bonaparte," *Marx and Engels Selected Works* (Moscow, 1950), vol. 1, p. 225. (譯註：原註出處有誤，當為〈哥達綱領批判〉〔"Critique of the Gotha Program"〕，譯文參考《馬克思恩格斯全集》〔北京：人民出版社，1963年〕，第19卷，第21頁。）

它們當中既有過分簡單化的觀點，認為共產主義中國不過就是中國歷代王朝之後的一個新朝代，也有較為嚴肅縝密的論點，試圖通過或多或少保持不變的傳統思想、文化及行為的模式來解釋現代歷史現象。西方學者關於近代中國的著述，向讀者呈現了儒家傳統與共產主義現實之間不計其數的所謂歷史「延續」。總體而言，這些著作傳達了一幅相當決定論式的景象，中國共產主義者要麼是傳統思想與社會政治行為模式的承載者，要麼是受困於上千年文化—歷史遺產的囚徒。

　　這種偏重歷史持續性的觀點並非為歷史學家所獨有。大部分社會科學理論也進一步強化了這種觀點，尤其是舊式人類學的偏見強調文化傳統的韌性。甚至「現代化」理論的實踐者也力挺「延續」的觀點。這種非常獨特的決定論假定「現代化進程」是一種客觀力量，可以支配社會朝普世的社會歷史目標發展，人們也經常找到證據說明傳統行為在現代形式的外衣下得以延續。譬如，戴維·阿普特（David Apter）認為，「現代化進程中的社會，在其本土化的民族主義或社會主義之下，通常會掩藏著與傳統實踐之間的深刻關聯」。[8]這種「新瓶裝舊酒」的見解，可以概括西方學者強烈偏向於從傳統延續的視角來解讀現代中國歷史的特徵。結構主義理論的影響與日俱增，現代中國人與傳統之間的紐帶變得更為緊密；倘若真的存在一成不變的語言和文化的「深層結構」可以

8　　David Apter, *The Politics of Modernization*, Chicago: Aldine, 1965, p. 81.

基本決定思想與行為，那麼中國人的太陽底下肯定就沒什麼新鮮事了。

　　把中國共產主義者說成只是往貼著馬克思主義標籤的新瓶裏灌入舊中國的陳酒，或許能給人帶來些許安慰。西方人長期以來都鍾情於認為非西方社會擁有獨特、不變的文化。文化決定論契合了西方人的口味，把非西方社會看作異域的社會，並維持這種異域色彩，正如文化和歷史相對論（如彼得·沃斯利〔Peter Worsley〕所觀察到的）可以被用來「以保存文化『獨特性』的名義，讓發展落後的社會一直居於落後」。[9]文化相對論和文化決定論的觀點都被用來否定中國特殊的近代歷史進程，前者強調傳統中國文化的獨特性，後者強調傳統中國文化的永恒性。在一個歷史變革的動力主要來自非西方世界的年代，西方世界的某些人為了獲得政治和心理的滿足，將發生在遠方的革命解釋——及開解——為舊文化傳統披著現代外衣的重現。西方世界長期以來存在一種想法，認為歷史已經不再「按照我們的意願發展」，[10]因此他們鍾情於文化主義的闡釋，通過否定那些僅能遠觀的歷史變遷的現實性，以及那些我們無法分享的革命理想的有效性，來彌補自身的這種失落感。

9　Peter Worsley, *The Trumpet Shall Sound*, New York: Schocken Books, 1968, p. 259.

10　對當代西方史學以及近幾十年籠罩其上的「悲觀主義和極端保守主義浪潮」的批判，見E. H. Carr, *What Is History?*, New York: Vintage Books, 1967。

老派的西方漢學傳統正契合當代西方對於中國革命的保守反
應，因為它作為一項學術傳統，不僅詳述傳統中國文化模式與社
會行為的獨特性，而且主張那些模式是固化的、永恒的。通過信
奉傳統中國存在一種文化「本質」(essence)，因而中國「永遠是中
國」，西方的政治焦慮得到了紓解。這種觀點正是漢學留給當代
中國研究的遺產，同時也佐證了那個令人寬慰的結論，即中國共
產主義者僅僅提供了新的革命形式以掩蓋舊的中國傳統，並沒有
發生任何實質性的變化來擾亂傳統中國文明恒久的「延續性」。
同一結論有時會以新的變奏形式呈現：中國共產主義者對傳統形
式和語言的運用，被視作一種明確的信號，表明他們是同樣的傳
統內涵的承載者。

　　漢學傳統對當代學術的影響是一個問題，此處我們並不試圖
詳加討論。在此僅需要注意，約瑟夫‧列文森所在的學術環境由
一種強烈的偏向主導，它通過強調傳統的存續來解釋現當代思想
與社會的本質。老派漢學所秉持的「不變的中國」形象，與歷史
及社會科學決定論的新模式結合在一起，共同繪製了一幅學術圖
景，將現代中國描述為舊歷史的創造物，而非新歷史的創造者。

　　「延續」的觀點認為，永恒的中國本質存續了下來，而中國
共產主義革命只不過為之提供了表面形式，對此，約瑟夫‧列
文森經常有尖銳的批判。19世紀的中國人誤用舊式的「體用」方
案來論證借鑒西方的合理性，讓自己相信仍然保有傳統文明的本
質，因為彼時這確實反映了實際的社會過程，而且適應了真實的
思想需求。但是，當代西方觀察者挖出類似的舊式方案以解釋

當代歷史，就不過是「簡單的文字遊戲」罷了。[11]列文森有時候諷刺那些把中國共產主義看作改了名稱的儒家思想的觀點：「正典性質的文本對應正典性質的文本，官僚知識精英對應官僚知識精英——據說什麼都沒變——其實可能什麼都變了。」[12]或者在比較寬厚的時候，他戲謔地稱呼那些秉持漢學決定論傾向的西方觀察者「帶著對悖論的偏好」。[13]這不僅僅是因為時下流行的、關於儒家中國與共產主義中國之間的類比通常簡單化到令人生氣，抑或通過類比進行推理——即便是以繁複方式論證的類比——並不能取代嚴肅的歷史考察。他以無人能及的敏銳史學洞察力，討論並且駁倒了大多數這樣的類比，我們在此也無法企及。最令人不滿的是，「延續」的和類比通過暗示「永恒的、本體意義上的延續性」，並且「過去與當下相聯並不是因為前後相續，而是因為實質相同」，從而忽略了歷史上真正的延續性。[14]對列文森而言，這無異於否定歷史本身，並試圖否定現代中國人可以創造自己的現代歷史。

列文森本人對中國共產主義的看法基於一個根本前提，即中國歷史 (如同所有歷史一樣) 是由人創造的過程，中國共產主義者是真正的革命者，他們進行了一場從根本上背離過去的真正的

11　Levenson, *Confucian China*, vol. 1, p. 69.

12　Ibid., p. 162.

13　Levenson, *Confucian China*, vol. 3, p. 62.

14　Ibid., pp. 62–63.

革命，而這場革命意味著一段在社會、經濟和智識生活等各個領域背離傳統中國的漫長歷史進程終於抵達了終點。這並沒有否定過去和現在之間的延續，至少在延續沒有被等同於不變的情況下是如此。畢竟，中國共產主義知識分子並非完全脫殼於舊的儒家秩序；他們是打破傳統的五四那代人的馬克思主義繼承人，而五四一代本身就是傳統社會結構在長達一個世紀中被逐漸侵蝕的產物，已經斬釘截鐵地拒絕了傳統價值觀與信仰。正是傳統社會衰退、傳統文化消逝這一漫長而痛苦的過程 —— 以及在劇烈變化的社會歷史環境中的「思考中的人」—— 建立了儒家中國與共產主義中國之間的歷史聯繫。中國共產主義革命是中國近代史上儒家思想遭受失敗所帶來的合乎邏輯的（但並非不可避免的）歷史結果。批評列文森忽視了新思想取代舊思想的社會背景的學者，應當好好思考一下「三部曲」第一部的結尾段落：

> 然而，中國歷史的延續性，包括當下的共產主義階段，無須將共產主義階段解釋為儒家的永恒回歸也可以說得通。對地主制度、家庭制度、儒家教育的反感已經在中國積累了很長時間，肯定不僅僅是從昨天開始才出現在教條性的指令中。儘管共產主義者掌權有助於這些觀念的傳播，但其根源深植於一個半世紀以來出人意料的西方行動，作用在中西接觸前中國早先的社會結構上。那麼思想層面的中國延續性又是什麼呢？包含真正新內容的舊形式（如「體」和「用」，「天下」和「國」，「經」與「史」的二分法）很有說服力地證明了延續性，至少包含舊內容的新形式也能證明延續性 —— 甚至能更好地表達變化發生的事實。正如我在這本書中想要做的，如果把思想史理解為思考中的人的歷史，而

非作為名詞的「思想」的歷史，就不會看到沒有血肉的儒家通過同一性強行控制同樣抽象的共產主義，而是看到世世代代儒者的妥協，看到他們經歷著、感受著、平復著張力。已經被改變、被拋棄的儒家傳統，直接導致了共產主義版本的中國人思想的轉變，這一轉變靠的不是將儒家傳統本身永久保留在共產主義的教義中，而是因為儒家自我保存的失敗，使傳統的繼承者在自己的土地上處於被剝奪的狀態，甚至有可能成為陌生人，因而把共產主義這個最新教義推舉為滿足需要的答案。[15]

通過說明共產主義者誕生在與傳統和過去的價值觀發生斷裂的思想環境中，列文森迫使我們區分致力於激進變革的反傳統的共產黨人和共產黨人所繼承的中國社會的「客觀」狀況。舊中國的經濟、社會和思想傳統的某些層面可能在共產主義革命之後仍然倖存——列文森稱之為舊建築物留下的「碎片」或「殘磚斷瓦」，而非舊結構本身——但並不一定是共產主義者延續著它們。

列文森對過去與現在之間關係的一般性分析，也使中國共產主義的研究者不得不以更複雜的方式思考現代革命史的形式與內容之間的關係。在這個問題上，文化決定論者傾向於兼取兩點：一方面，他們認為中國的馬克思主義形式只不過像是給舊儒家的蛋糕上添了一層糖衣；另一方面，他們又主張共產主義者對中國傳統形式的運用表明他們肯定承載了某些極為重要的傳統「本質」。列文森對這兩個論斷都作了討論。針對第一種論斷，他在

18

15　Levenson, *Confucian China*, vol. 1, pp. 162–163.

分析辛亥革命後君主制的象徵消失的意義時說得最好：「激烈地
貶低『形式』相較於『內容』的重要性（這種貶低暗示了，在僅僅形
式上的民國時代，事情『其實』和中國歷史上其他時代無甚差別）
既是陳詞濫調，又會誤導人。如果說形式『只不過』是形式，這
並不是說形式改變並不重要，而是說當形式保持不變時，卻不能
保留與之相聯繫的特定內容。」[16]

　　針對共產主義者復興和利用中國傳統形式的問題，列文森洞
察到學者傾向於將基於民族主義情緒的傳統展示與真正的恪守傳
統混為一談。在某種程度上，這反映的是未能理解現代中國民
族主義的反傳統起源和本質，未能區分「傳統」和純粹的「傳統主
義」，未能理解馬克思主義的本質及其在後儒家時代扮演的角色。
另一方面，列文森也認為，它反映了未能區分「爭取權力的破壞傳
統者」和「擁有權力的破壞傳統者」在政治和思想方面的不同需求。
對於前者而言，傳統似乎仍然是致命的敵人，因為它的某些成分
與保守的政治和社會追求具有一致性。但是，擁有權力的共產主
義破壞傳統者則可以「採納手下敗將的相對主義，從充滿憎惡地
批判傳統，轉而冷靜地解釋傳統」。[17]他們不僅僅是在闡釋傳統，
而且讓傳統服務於他們的社會和政治目的。列文森特別精闢地展
示了傳統形式如何在共產主義環境中具有深刻的非傳統意義，儒
家經典（作為歷史研究的對象）如何不被用來復興儒家價值觀，而

19

16　Levenson, *Confucian China,* vol. 2, p. 125.

17　Levenson, *Confucian China,* vol. 3, p. 96.

是佐證馬克思主義的歷史進步觀，以及例如共產主義者如何通過讚美古代道教「科學」來宣稱自己承載了現代(完全是非道教的)科學價值觀。[18]傳統形式的利用抑或缺失都不足以證明傳統的恒久不變，而且這兩者本身也無法揭示中國近代史的延續性問題。

列文森還在另一層面討論了(並且更充分地討論了)儒家中國與共產主義中國之間的延續性問題——在革命者，特別是那些民族主義的革命者的心理層面上，他們需要在思想上與已經被遺棄的過去達成妥協。如果因為殘存的過去阻礙了革命者實現嶄新未來的願景，必須要嘗試摧毀它，那麼他們也必須將自己與歷史—文化遺產聯繫起來，學會繼承、挪用和欣賞前賢的歷史成就。這兩項任務會造成心理上的衝突，尤其是對中國共產主義革命者而言。他們的民族主義包含著反傳統的訴求。在列文森看來，馬克思主義歷史理論是解決這場衝突的思想工具，而且解決了現代中國知識分子歷史上長期存在的「歷史」與「價值」之間的張力。他認為，通過馬克思的歷史主義和相對主義，共產主義者能夠堅持自身的現代價值觀，同時同情地將中國的過去視為普世、漸進的社會進化諸階段，從而既能挪用過去的遺產，又能令其只是一個「僅僅具有歷史意義」的問題。

如果說中國的歷史遺產在文化大革命中遭受全面攻擊，讓人質疑列文森關於中國馬克思主義者成功解決了「歷史」和「價值」之間令人痛苦的張力這一分析——而且引出了他自己已經意識到並

18　Ibid., pp. 98–99.

在最後一部著作中嘗試面對的問題——對文革之後的中國來説，
他的分析或許就不那麼令人懷疑了。[19]無論他的觀點有哪些方面
的不足，列文森對馬克思主義歷史相對論的作用和用途所作的總
體分析仍然具有很強的解釋力，而不用訴諸大多以儒家中國類比
共產主義中國所得的不可靠的假設，就可以解釋共產主義者如何
既能讚賞傳統中國的歷史成就，同時又能堅持自身現代的、徹底
反傳統的價值觀。列文森的分析有助於人們理解，中國共產主義
者如何既能猛烈譴責封建的歷史，又不放棄他們是這一歷史真正
繼承人的民族主義斷言。只要意識到當代政治和意識形態的需求
決定了哪些歷史元素會被歌頌，那麼列文森的分析就能成立。

最後，約瑟夫·列文森關於中國共產主義的著述中最值得注
意的是，他對中國人努力創造屬於自己的現代性未來抱有深切同
情。就像他非常欽佩並經常引用的魯迅一樣，列文森不希望中國
成為供外國人觀察的一件古董。他自己的政治和思想價值觀與共
產主義者大相徑庭，而且對中國共產黨執政者的許多做法都持尖
銳的批評態度。但是，與同時代的許多人不同，列文森懷著一種
歷史的世界觀來研究現代中國，這種歷史觀能夠容許一場真正的
革命，而且能夠認識到被造就出來的革命所具有的歷史意義。他
的著作不是寫給正在創造自己的現代歷史的中國人，而是寫給那
些可能還沒有意識到情況確實如此的西方觀察者的。正如他在去

---

19 見 Joseph R. Levenson, *Revolution and Cosmopolitanism: The Western Stage and the
Chinese Stages*, Berkeley: University of California Press, 1971。

世前的一篇論文中提到的那樣：中國歷史的結局是開放的，那麼西方人的思想也不應該封閉。[20]

莫扎特式的史學家

我們知道，許多讀者發覺列文森的文風艱澀，甚至令人惱火。他沒有依照「好的歷史寫作」的傳統準則來寫，這種特立獨行的風格無疑限制了他的讀者群，也妨礙了已有的讀者對其著作的理解。他顯然喜歡運用自己富有想像力的文學天賦，但獨一無二的風格並不是為了自我炫耀，而且也達不到那樣的目的。這種風格並非意圖遮蔽歷史事實，而是旨在闡明歷史進程的微妙和複雜，給已知的事實帶來全新的見解和更深層的意義。列文森撰寫歷史，如同創作小說或交響樂作品一樣，一再以不同的方式、在不同語境之下譜寫眾多主題，直至它們達致，以這樣一種紋理宣告的宏大歷史主題。的確，《儒家中國及其現代命運》在結構和風格上反映了他對普魯斯特的「序曲」和「貢布雷」的描述，其中「片段的主題相互激蕩、交相輝映，匯聚成新的主題；最終一整個悠長樂曲從中盤旋而出，由各種豐富的旋律支持、表現，成就了《在斯萬家那邊》和『追憶』的宏大主題」。[21]

20　Joseph R. Levenson, "Marxism and the Middle Kingdom," *Diplomat,* vol. 17, no. 196 (Sept. 1966), p. 51.

21　Levenson, *Confucian China,* vol. 3, p. 85.

　　列文森對音樂的熱愛和鑒賞與他獨特的史學風格有很大關係。他是一位很有造詣的音樂家，對音樂的感性貫穿於著作之中。我們回憶起列文森在1953年的一篇文章中有一句簡潔雄辯的話，用了（其代表性的）一語雙關：「如今的歌劇聽眾就算再欣賞莫扎特不同於瓦格納之處，也永遠聽不到18世紀的《唐璜》。」[22] 像莫扎特一樣，他把他的手藝發展為一門迥異於同時代專業標準的藝術。列文森是一位技術高超的語言大師，但他用精湛的技藝創造出了比技藝精湛更有意義的東西，為複雜的現實打造了重要的嶄新圖景，並以兼具深刻、有趣及迷人的方式傳遞給讀者。人們很難忘記他的那些偉大的主題、他的演繹，抑或是精緻的潤飾和生動的闡釋。他不總是像莫扎特那樣能夠把技巧運用得恰到好處，熟練地操縱一組原本稀稀落落的基本素材（音符、文字），演繹得如此華麗以至於聽眾忘卻了技巧，折服於技巧與天才完美結合所產生的震撼。言語有時會妨礙列文森的表達，不過我們懷疑這並非寫作者的弱點，而更多在於讀者不能全面分享列文森才氣煥發的思考與語言能力。正如莫扎特據說能從袖子裏抖出音樂，列文森也同樣能抖出文字和意象。音樂的語言更具有普遍性，而且不需要聽眾受過同等訓練。列文森和許多有天賦的知識分子有共通的毛病，他們過於

22　　Joseph R. Levenson, "'History' and 'Value': The Tensions of Intellectual Choice in Modern China," *Studies in Chinese Thought,* ed. Arthur F. Wright, Chicago: University of Chicago Press, 1953, p. 146.

慷慨地假定其他人也和他們一樣具有極高的文學和語言造詣。
因此，他的寫作有時顯得很晦澀，似乎被文字困住了一般。但
是，他要表達的意思其實就在那裏，等著有智慧、有學識以及
（某些時候）有耐心的人去發現。

能從列文森那裏汲取靈感的歷史學家，不太可能創造出像他
那樣的作品。柴可夫斯基將莫扎特奉為神靈，不過在他的音樂中
很難找到與莫扎特的相似之處。對於柴可夫斯基而言，莫扎特展
示了用音樂可以做到什麼。對於歷史學家而言，列文森展示的不
是某種獨具一格、非同尋常的風格，而是用歷史可以做什麼。像
極少數歷史學家一樣，列文森從特定時間和地點的問題中抽象出
了全人類問題的範式，然而並不是假裝或特意做這樣的嘗試，他
作品中的普世關懷是內在的、自明的，像自我發現一般在書中與
讀者相遇。列文森當然有意於此，但實現起來並不容易。如果最
好的歷史能夠為人類的處境樹立一面鏡子，並超越構築它的特定
時空，那麼列文森就已經創造了一個典範，而未來的歷史學家可
以適當從中汲取靈感。

如同具備一定音樂訓練和經驗的聽眾會更加賞識莫扎特，許
多有文學素養的歷史學家在閱讀列文森的著作時也會更加欽佩。
因為懂技術的人不僅僅只在技術層面有最好的理解力，對列文森
作品的廣度和深度也是如此。對某些人而言，列文森似乎是在
技藝精湛地玩弄語言和概念的多重含義及不同組合。但對另外的
人來說，他顯然與莫扎特一樣，技藝精湛只是附帶的。更重要的
是，一位具有如此出色的思想和語言天賦的歷史學家，無論做什

麼都毫不費力，可能有時甚至是三心二意，但他所追求的是更深刻的意義。他不只是在玩耍，而是在探究，在舊的問題中尋找新的含義，並以驚人的清晰思路，闡明那些人們認為事實已經唾手可得但對其全部的蘊意此前還只有模糊理解的問題。

他把讀者帶入了一個時常令人困惑的語言和隱喻世界，那些看似虛假或隱晦的悖論、看似簡單或純粹的警言妙語，隨著他的闡述而醞釀出豐富的意涵。他的修辭不玩詭計，而是像莫扎特的精湛音樂技藝一樣精心規劃，以建造一座完整的大廈。與莫扎特一樣，他也運用張力來深化意涵、增強衝擊。在所有層面，他的著作都是作為藝術品而構思和創作的，儘管人們經常指出那些作品可以在多個層次被閱讀，正如莫扎特的音樂可以在多個層次被聆聽一樣。他的主題和探索被編入了一個宏大的設計之中，具備內在而非外在的連貫性和動力。

不過，列文森的著作之所以既令人愉悅又啟人深思，部分原因仍然是他的精湛藝術。這絕不僅僅是專業技術能力的問題。他敏銳且富有活力的思想，以及廣博的文學和藝術造詣，始終光芒難掩，但讀來又總是渾然一體。當其他人還在徒步前行或者步履維艱時，他已經展翅高飛，就像人們喜歡在與其他眾多音樂家的比較中去刻劃莫扎特。閱讀他的著作，恰如在生活中聆聽他一般，讀者時常會感到眩暈，但仍不放棄追索 —— 之所以追索，很大程度上是因為列文森既能激起好奇心，又能發人深省，時不時還會給那些難免步伐緩慢的追隨者在路上留下些許獎勵、線索，乃至誘惑。

　　列文森以淵博學識給人帶來愉悅和啟迪，而非為了引人注目。他運用的典故和類比，有時可能會讓某些讀者不知所措，時常出現的複雜句型、雙關語、括號夾註和結構化的悖論也是一樣。他用這些不是為了炫耀，而是為了發掘提煉和傳達意義。他太過想當然地恭維讀者，好像他們能夠像他一樣毫不費力，跟隨他的引領。

　　列文森在生活中是典型的人文主義者，一再為人類精神呈現的範圍之廣而激動，無論是下里巴人還是陽春白雪，因此他的著作很容易被貼上人文主義的標籤，這也是恰如其分的。與對人性總體的關照不同，他在為人上的寬厚溫柔恐怕很難在著作中直接顯露。不過，同樣的主題如果出自他人之手(倘若可以這麼設想的話)定會大有不同，至少部分因為其他人缺乏他那顯著的人文色彩。正是因為可以輕而易舉且發自本能地共情於自我之外的事物，他才能夠如此生動地再現歷史，從而引導讀者如他一樣進入那些與現代世界纏鬥之人的頭腦和靈魂，正是這些人構成了他筆下的思想圖景。他的著作兼具強烈的個人風格與真誠的普世關懷，憑藉自己的眼界和洞察力與人類所經受的種種掙扎、困惑及歡樂產生了深刻的共鳴。

　　我們或許禁不住想要借用最受推崇的偉人的悼文來形容列文森，特別是托馬斯‧莫爾(Thomas More)爵士的「……天使般的智慧和非凡的學識……充滿奇思妙想的歡樂和消遣，有時又傷感肅穆」。但是，不管這些話用在約瑟夫‧列文森身上多麼貼切，用莫扎特做類比似乎更具有說服力，特別是用於評論他的著

24

作。我們已經提出，列文森的作品不太可能形成一個學派，在某種程度上是因為風格乃至形式與內容在本質上就傾向於變化。未來的學者會走不同的道路。但我們認為，他們會一直把列文森的作品視為一座豐碑，視為史學藝術的巔峰。1891 年 12 月莫扎特逝世一百週年之際，蕭伯納（George Bernard Shaw）以音樂評論家的身分所寫的內容，很好地概括了我們對列文森的感受：

> 許多莫扎特的崇拜者，難以接受他們的英雄不是時代開創者的說法。但在藝術領域，其實最高的成就應當是跑在一場競賽的末尾，而非開頭。幾乎每個人都可以起頭，但真正的難點在於收尾──做到無法超越。

列文森：為人與治史

列文森：學術生涯的開端

費正清 (John K. Fairbank)

為人師者皆知，學生也可啟發老師。若某位學生恰好是當世最富創造力的翹楚之一，做老師的定會受益良多。

我比喬·列文森年長13歲，1938–1939學年及1939–1940學年他在哈佛大學唸大二、大三時，我有幸成為他在柯克蘭宿舍樓 (Kirkland House) 的本科生導師。他是一位朝氣蓬勃、精神飽滿的本科生，興趣廣泛。我對他的指導不局限於中國，而是整個歷史學領域，在那個年代也即以歐洲為中心的歷史學。作為一個本科生，喬的學術興趣還沒有特別傾向於所謂的「遠東」。1931–1937年間在波士頓拉丁學校 (Boston Latin School) 接受的六年基礎教育，使他更偏向主流的西學傳統。1939年夏天，他還在萊頓大學度過了一段時間。

二戰的爆發改變了一切。1941年6月，喬以極優等的榮耀 (magna cum laude) 畢業。次年2月*，他上了美國海軍開辦的日語學校，在加州大學和科羅拉多大學度過一年，隨後奔赴太平洋

---

* 譯註：本文年代信息與〈附錄一〉年表略有出入。

戰場。就這樣，他開始學習日語這門戰爭期間的實用語言。喬隨同新西蘭陸軍與美國海軍在所羅門群島和菲律賓地區參戰。1942年3月他作為文書官中士（yeoman second class）參軍，1946年3月以海軍中尉（lieutenant senior grade）身分退役。

　　喬本科畢業的時候恰逢戰爭打響，1946年秋天回到哈佛，又恰逢中國區域研究項目的啟動。不過他並沒有參加這個項目，而是於1947年取得歷史學碩士學位，1949年2月取得博士學位，迅速完成學業以彌補錯失的時間。不過，與此同時，他一直積極參與區域研究項目的活動，並且從這兩個小圈子中獲得了最大的收益。1946–1947學年及1947–1948學年，因其才華，歷史系聘他為授課教員和指導老師。1948年7月開始，他被遴選為哈佛研究員協會的初級研究員（Junior Fellow in the Society of Fellows），任期三年。在此期間，他與我一同教授現代中國史課程，並將博士論文修改為專著《梁啟超與近代中國思想》。因此，我們有幸在哈佛與他共事五年（1946–1951），並且見證了他從研究生成長為講師、教員、作者的歷程。

　　接下來，我將從我們的書信往來中追述喬從哈佛研究生轉型為伯克利教授的歷程。我們之間的通信大都關於行政事務——譬如幫他推薦第一份工作、出版他的首部著作——因而無法全面反映他在這段時間的學術成長。然而，與喬的通信，即便是關於最日常的事物，都是一場智慧的考驗，而他又總可以輕而易舉地勝人一籌。簡要概括這些通信，對今天的研究生或許會有所幫助。任何人在面臨學術訓練、綜合考試、論文撰寫和畢業求職方

面的困惑時，想到即便最頂尖的學者曾經也是研究生，或許會感到些許寬慰。

在這裏，我們看到從研究生向學術教職轉型時種種困難的例證。與大多數情況一樣，喬‧列文森至少要在三個方面做好積極的計劃：首先，獲取在研究領域內的實踐經歷，對他而言就是在香港，且嫻熟地掌握語言；其次，完成書稿；最後，申請空缺職位，參加面試，請求導師寄送推薦信。今天的讀者或許會注意到1940年代末至1950年代初中國研究領域的起步狀態，以及美國的政治氛圍。

很快，教職空缺就出現了。1947年12月，賓夕法尼亞大學歷史系的科尼爾斯‧瑞德 (Conyers Read) 來函，想招聘一位可以教授中國史和日本史的教員。我覆函推薦了喬。我在信中寫道：「他在戰爭期間學習了日語，戰後專攻中國研究，他的論文關於近代中國的一位領袖人物，代表了西方思想與儒家思想的交融。」我表示，他的著作問世之後將會對學界作出「重大貢獻」，此外，「上個月他給我們做了一個報告，討論了湯因比 (Arnold Toynbee) 關於遠東歷史的解讀，並作出了他的評論。報告很有意思，可以說十分精彩」。與此同時，我們歷史系也在推薦喬成為哈佛研究員協會的初級研究員，「鑒於研究領域的性質 —— 中國現代思想史 —— 他最需要的是持續的努力和發展，而初級研究員的職位可以為他提供這個機會」。

然而，在這項招聘落實之前，1948年2月，伯克利歷史系主任布雷訥‧戴爾 (Brainerd Dyer) 又來函詢問，希望在遠東歷史領

域「尋找一個人，足夠年輕，願意從講師開始做，而且有足夠潛力，可以與我們共事直到升任最高頭銜」。我回信寫道：「列文森先生是一位傑出的年輕人，潛力卓越，會在現代中國思想史領域作出重大貢獻⋯⋯他有歐洲史方面的扎實背景，日語像中文一樣運用自如⋯⋯我們歷史系目前沒有其他學生像這麼優秀。」

與所有這些開端同步，喬還向社會科學研究委員會（Social Science Research Council, SSRC）申請了一份區域研究訓練獎學金，哈佛的唐納德・麥凱（Donald C. McKay）教授在1948年3月寫道，「他在思想史和政治理論的高地遊刃有餘，同時又不失腳踏實地⋯⋯為人親切友善⋯⋯可謂頗有前途」。即便他應當獲得初級研究員獎學金，還是有人建議他應當申請SSRC的經費，去一趟中國。我也寫信給SSRC，支持他的中國之行，「我期待他在中國可以與北京大學的錢端升教授、胡適博士、傅斯年教授等人共事」。

1948年5月，喬收到了初級研究員獎學金，不再中意賓夕法尼亞大學。年末，我們準備好了喬的個人簡歷，以備諮詢，並寄送了一份給耶魯大學以回應歷史系的問詢。我敦促喬在1950年遠東研究學會（Far Eastern Association）的年會上發表一篇論文，於1949年7月給他寫信，「提前告知你，《遠東研究季刊》很快會宣佈由斯坦福大學歷史系的芮沃壽（Arthur Wright）教授負責1950年遠東研究年會的會議議程。如果你想在會上發表論文⋯⋯到時候請給他寫信」。

1949年11月，伯克利大學歷史系依然表達了興趣，我們給約翰・希克斯（John D. Hicks）教授寄送了哈佛大學就業辦公室的

文檔，包含了喬的導師們的保密推薦信。我自己的推薦信寫道，他本科的時候專攻近代歐洲，表現了「對人文領域，特別是對歐洲文化的廣泛興趣和學術熱忱。他在戰爭期間的日語學習和實際經歷為他今後的穩定發展提供了明顯的推動作用」。他「作為講師，極富感染力……具備卓越的天賦……擁有勤奮工作的毅力和能力。他會作出獨特的貢獻，有可能成為尚待開發的遠東思想史領域的開路人和領袖」。

希克斯教授來函稱，「加州這裏需要一位可以在遠東方面課程活躍教學氣氛的人，特別是通論課……我們希望聘用一位優秀的研究者，但他必須要是一位好老師」。我回覆道：「列文森在主題講演方面很有天賦，總體而言，他是戰後我見過的這方面最有潛力的人。我相信他會證明自己有能力啟發和吸引大量本科生聽眾。他很有文字天賦，聲音洪亮，性格活潑，富有幽默感，對戲劇性很有感覺。兩年前，在給我們中國研究班做的一次講座中，他把史學流派歸為『我的天啊史學』（Gee Whiz School of History）和對立的斯賓格勒派（Spenglerians）等流派，這番妙語博得滿堂喝彩，至今仍是學生中的佳話。我引用此事不是把它當成學術貢獻，而是凸顯他在講演方面的某種天賦。」

伯克利歷史系的老師安排在聖誕節後於波士頓召開的美國歷史學會會議上與喬碰面。冷戰剛剛揭開帷幕，其中一位資深的、更重視歐洲的面試官提出一個問題：喬是否傾向於馬克思主義意識形態。1949年1月我寫信就這個問題打了包票。「作為史學工作者，他有一個優點：儘管對理論的興趣極為濃厚，但

31

對個人教條卻毫無興趣。一切都只是他研磨的材料。」總之，伯克利歷史系後來決定1950年不招聘，這讓伍德布里奇・賓漢姆（Woodbridge Bingham）教授頗感遺憾。

1950年8月，喬把《梁啟超與近代中國思想》一書提交給哈佛大學出版社，並計劃在英國度過秋天，12月前往香港。10月，出版社社長托馬斯・威爾遜（Thomas J. Wilson）轉發了「一位堪稱中國思想史領域真正的權威」對書稿的評論，認為這部書稿絕對值得出版。這位評閱人提出了一個問題：「近代中國思想」這個標題是否貼切，鑒於這個問題在書中被一筆帶過。喬對評閱人的建議作了詳盡的回覆：

> 評閱人準確地指出了拙作的若干不足——如他所言，傳記部分相當簡短。然而，我認為這部分已經對當前所能獲取的材料做了大致全面的陳述，即使進一步挖掘也未必會找到更多資料，除非梁家能夠公佈梁啟超的書信或其他資料。我打算在例行的「作者前言」中交代這些內容。就目前的狀況而言，我猜想，拙稿關於梁啟超生平的部分內容頗為翔實，引證嚴密遠遠勝過西方世界有關近代中國人物（孫中山、袁世凱或蔣介石除外）的著作。在風格上，儘管涉及梁氏行止的章節看似乾癟，但我相信它們很好地觸發了其他章節中更加豐富的討論：關於梁啟超同時擁有的極富戲劇性且令人興奮的內心世界。或許評閱人已經猜到，我主要的興趣是研究梁啟超的思想世界，書稿中對此也有暗示，將來也會在前言中加以說明。
>
> 然而，評閱人認為這部著作主要是對梁氏的心理學分析，對此我表示質疑。我絕對沒有執著書的標題，而且我相信拙作提出了頗多嶄新的見解，關於「近代中國思想」、關於歷史以

及傳記、關於文化與社會 (不僅僅只是一位名人) 變化和發展
的方式。我同意，拙作的核心內容確實是某種對梁氏的精神分
析 (類似於哈里・沃爾夫森〔Harry Wolfson〕在《斐洛》中所用的
方法，他稱之為「假設演繹法」*)，但我意在通過探尋梁氏懷有
何種憂慮，來證實社會環境對他期待什麼，以及能為他提供什
麼。當發現梁氏所使用的歐洲思想在歐洲人當中引發了不同
的焦慮，或者發現他對中國觀念的建構方法不同於更早的中國
人，我們不僅加深了對梁啟超的理解，而且更好地瞭解為什麼
中國不同於歐洲、為什麼清朝有別於漢朝。我相信，在整本書
中我始終著眼於歷史與個人之間的相互作用，對梁氏的著作進
行史學分析，並反過來通過梁氏的作品更多地揭示歷史。如果
以為本書是一部最凸顯梁啟超的名人肖像館，可能會覺得「近
代中國思想」被一筆帶過。正如評閱人所指出的，情況並非如
此。此外，正如他所指出的，拙作雖然充分討論了梁氏的影響
問題，但並沒有強調。相比於他的影響而言，我更感興趣的是
梁啟超的意義，特別他的思想對中國歷史而言揭示了什麼。

　　我始終一視同仁地利用梁氏的主要著述和次要作品 (評閱
人指出我在「梁氏與科學」方面的討論頗有不足，我對此並不認
同)。但是，長篇幅的學術著作並不一定基於比短篇文章更加
精巧的論證前提，我更願意去從梁氏的前提進行推演，而非把
已經寫下的東西照抄過來。組織大量文獻材料的最佳方式似乎
是分析，而不是事無巨細的總結。

---

*　譯註：哈佛大學教授哈里・沃爾夫森於 1947 年出版的《斐洛：猶太
　教、基督教及伊斯蘭教宗教哲學的基礎》(*Philo: Foundations of Religious
　Philosophy in Judaism, Christianity, and Islam*) 一書，研究了古羅馬哲學家斐
　洛・尤迪厄斯 (Philo Judaeus) 的宗教哲學推理方法。

　　我在此重申，拙作當前的標題我也不是很滿意。或許《傳
統的瓦解：中國思想家梁啟超研究（1873–1929）》會更好。這才
是拙作真正探討的問題，而且這個標題也表明了拙作超越傳記
的、不褊狹的一面，表明了對思想如何變遷的關注，而這也是
我希望強調的。

　　在回覆托馬斯‧威爾遜的評論中，我詢問道，「評閱人是否
能指出他未明說的一些相關參考資料……當然，腳註中可以堆
砌很多不怎麼樣的文獻，但它們畢竟不怎麼樣……我也不是特
別喜歡列文森建議的『傳統的瓦解』這個標題。或許可以用『梁啟
超與中國傳統的瓦解』這樣形式的組合，但這個名字給人感覺是
在說梁啟超不過是殘磚碎瓦」。

　　關於《梁啟超與近代中國思想》一書所需的資助，1950年11月
克蘭‧布林頓（Crane Brinton）教授向出版社提議將該書放入「哈佛
歷史研究」系列出版。「我覺得我們還未曾出版過任何關於遠東的
著作，我認為該部門會接受這份書稿。然後，研究員協會可以籌
集五百美元左右來協助該部門……我們正要把列文森送到香港，
沉浸於中文環境，直接接觸中國人，這將花費我們近兩千美元。」

　　1951年1月，我給喬寫信：「親愛的巴德（Bud，喬青年時期
的暱稱），我們瞭解到美國政府在香港設立的相關機構知道你將
抵達，而且就在你抵達港島兩天前已經宣佈希望所有美國公民撤
離香港。我相信你現在已經安頓在太平山頂一間舒適的房子裏，
配置了必要的傭人。我們熱切期盼著你的第一封來信，關於你對
中國的衝擊以及中國的回應。」

與此同時，喬在1月25日也給我寫了一封長信：

疑慮可以打消了，我們真的在香港安頓了下來，或者更確切地說是在九龍，為了讓我們融入新中國稍微容易點兒。這個城市看起來自信滿滿，特別是如果你剛從士氣消沉的馬尼拉過來。英國人宣佈了城市營建計劃，讓一台打樁機在市中心不停運作，向民眾展示皇家殖民地會始終存在，以及鄙視美國政府建議其公民撤離。不過，政府的建議卻給我們一家帶來好運——在告羅士打〔酒店〕以每晚66港幣的價格經歷幾天大出血之後（這是弗里曼〔Frillmann，美國駐香港總領事館的公共事務專員〕能幫我們找到的最好的酒店），我們被剛把妻兒送走的喬‧雅格（Joe Yager，美國總領事）收留——因此得以搬進一處寬敞的免費公寓，配有幾位殷勤的傭人，而且（我希望）有助於向廣州司令官證實我們是民主人士。我想喬很快就得拔營搬去香港——如果這樣的話，我可以搬去一位海軍老朋友用不上的公寓，他在這兒當一家石油公司的老闆。香港的潤滑作用正在喪失。美國的制裁行動預示著香港的生意快要做不下去了，這裏的英國社群中反美態度之激烈令人驚奇，這當然是一大緣由。許多英國人心中似乎隱隱有種故意抬槓一樣的對中國共產黨的熱衷——這來自商界——僅僅是因為美國人反對他們。然而，大班們並不是真的想要自找麻煩——我記得上週六的一個生動場景，幾乎是對亞洲共產主義者反帝漫畫的滑稽模仿——他們在太平山頂舉辦了一場精緻盛大的宴會，北京烤鴨式的菜餚一道接著一道，大約有30名英國人、美國人、各式各樣的歐洲人，以及富有的中國人（其中一位用毫無瑕疵的牛津口音跟我說，中國共產黨肯定會失敗，因為它蔑視傳統！），隨後在美麗的花園裏還提供了利口酒，以及祝酒詞。"Mort á Staline et Mao Tse-Toung."*

34

---

* 　譯註：原文為法語。意為：「去死吧，斯大林和毛澤東。」

　　下週六，我要會見一位名叫馬鑑的老學者。據說他與梁啟超、康有為、章太炎等人過從甚密，我希望能夠通過他見到其他學者，或許可以找到一位導師親自跟我講解20世紀的歷史，帶我熟悉更早時期的思想史文本。不過，他兒子馬蒙*……告訴我一件圖書生意上的好事〔喬之前在幫哈佛買書〕。「威靈圖書公司」（Willing Book Co.）僅僅有一間閣樓上的前台辦公室，沒人領著去肯定找不著。他們從中國大陸購入圖書。他們給裘開明先生〔哈佛燕京圖書館館員〕寄去了一張標明價格的清單，是總價一百美元的1945年以後出版的非共產主義的圖書（給芮瑪麗〔Mary Wright，那時在胡佛〕也寄了一份），而且我覺得他們也能搞到他在最近那封信中列出的滿文書或其他書籍。我已經幫芮瑪麗找到（我會在給哈佛燕京的信中開一個單子）不少近期香港和台灣出版的歷史和社會研究方面的反共著作——簡短且相當有宣傳意味的小冊子——有些還是知名學者所作，比如錢穆。

　　至於來自處境艱難的加州大學的最新消息〔這裏指的是州政府要求教師簽署特殊的效忠誓言而引發的抗爭，教師們反對該項誓言〕†——我認為在我們離開後不久，法院就對終身制作出了裁決。從伯克利離開的時候，我的印象是他們會給我一個助理教授的職位，儘管科納（Kerner）等人因為我與費正清之間的關係而對我大加指責（他剛做了一場演講，報紙報道的時候用了這樣的標題：「教授稱戰爭帶來和平」）。美國歷史學會有沒有給加州大學提供什麼政策建議？坊間傳聞說比爾·霍蘭

---

*　　譯註：馬蒙（1916–2006）父子二人曾先後出任香港大學中文系主任。

†　　譯註：「效忠誓言」（loyalty oath）事件發生在1949–1950年。當時加州大學校董會要求全體教職員簽署一份效忠誓言——其中包含反共內容——此舉遭到眾多教師的強烈反對，抗議持續到1950年。

德（Bill Holland）會接掌他們學校。這很好。香港有傳聞說春節
期間會攻打台灣。這很糟糕。誰知道哪些炮彈會隱藏在煙花之
中？韋恩・阿爾特里（Wayne Altree）在檀香山與我們一同登船，
現在也是這裏的一名學生——我們在一起相處甚好。羅斯瑪
麗向你問好。你的，巴德。

鑒於上面的內容都寫在一頁航空信上，為了確保今後信件的
可讀性，我回信稱願意資助喬買一台打字機。1951年3月1日，
我注意到太平洋關係研究所（Institute of Pacific Relations）「正在遭
受國會麥卡倫委員會（McCarran Committee）的攻擊。遠東研究學
會即將在費城召開的年會頗引人注目⋯⋯最新一則令人激動的消
息是，魏復古（Karl Wittfogel）、拉鐵摩爾（Owen Lattimore）和艾博
華（Wolfram Eberhard）都不願意共同參加東方學會（Oriental Society）
的會議。華盛頓大學的教員對該事很惱火，並且如往常一樣覺得
遭受迫害。因此，他們正在奮力抗爭他們自認為的包圍圈」。兩
週後的4月2日，我告知列文森「遠東研究學會會議順利召開，沒
有什麼意外事件，雖然總共報告有92篇論文⋯⋯很多項目正在進
行之中，需要多個委員會之間來回遞送備忘錄。我們將自己建立
一個項目，每個人都有機會擔任主管。唯一的要求是每個人必須
完成論文，並在華府找到一份年薪八千美元的工作。我們也正在
組建一個中國思想研究委員會，之後芮沃壽會來接管，以便在我
組建完成之後給委員會注入思想⋯⋯我們正在籌備若干大方案，
就像其他二十多所高校的教授一樣，如果資金全部到位的話，我
們恐怕會根本忙不過來，得靠二年級研究生承擔工作」。

35

以上是回覆喬3月22日的如下香港來信：

親愛的威爾瑪和約翰，

正如人們所説，赤潮正威脅著吞噬整個亞洲！我和羅斯瑪麗搬到了山上的一座白色小別墅裏，這座房子曾經是標準石油公司的。我就在這裏和我的温徹斯特44號步槍和飄仙一號酒一起等著他們，還有廚師、女傭、半個園丁（另一位先生擁有他的另一半），以及我們的兩條跑來跑去的狗——一條阿爾薩斯母犬和一條（西德）臘腸犬。我對現在的情況完全滿足了，但我想知道為什麼他們説亞洲人民很不滿足？大米不是一切，而且他們隨時可以吃鴛鴦。我自己吃過了，而我甚至不會説中文。

我剛剛在港大參加了一個「討論小組」——參與者分別是吉恩·博德曼（Gene Boardman）、韋恩·阿爾特里、葛德石（George Cressey）、一位名叫金斯伯（Norton Ginsburg）的年輕的富布賴特（Fulbright-fellow）地理學家，一位姓王的學生，他想要寫一點關於中國歷史的東西，問應該對什麼感興趣，以及主持會議的天才經濟學教授斯圖亞特·科比（Stuart Kirby）。後者是我見過最迷糊的好人之一。他偏愛東亞的舊秩序，而我懷疑其實是美國東部的舊秩序——這裏的文明當然需要得到保存，但如果相信以美國人的教養足夠勝任這份工作，那就太荒唐了。哦，至於保齡球館（Bowling Alley Bar）的尷尬處境——正如科比的回答所象徵的（阿爾特里告訴我的），用以答覆某位用共產黨的方式批評美國戰後對華政策的學生——「不是我不同意你，而是那個答案實在是講不通」。

這裏還有其他的教授更值得認識，譬如研究太平天國的歷史學家簡又文，為人親切友善，處事周全，對於更偏向西方的中國知識分子的立場有著真誠的困惑，學識淵博，解釋縝密。

36

簡氏非常欽佩《美國與中國》(*The United States and China*)，但是他好奇費正清博士是否上了赤匪的當，因為該書認為在太平天國起義中存在農民問題或類似問題。簡氏說，他研究太平天國這麼多年，從來沒有發現其中有任何一點階級意識的表達。有的只是滿漢對立。哦，好吧。但他向我展示了很多中國現代藝術，跟我討論了中國現代藝術史上的傳統派、折衷派與西洋派之間不斷變化的潮流，我正試圖圍繞這個主題組織一些關於現代中國思想史的觀點……

在此期間，國會麥卡倫委員會繼續每週在華府搞出兩個頭版新聞進行各種披露，在伯克利，校方的招聘流程持續引發強烈騷動，喬在伯克利的任職一直懸而不決。1951年5月1日，我寫信寬慰他，美國的中國研究正在蓬勃發展，所以即便加州大學的職位不能落實，肯定會有別的地方需要他。「目前，各研究中心關於未來幾年研究項目進展的討論很超前，到夏天的時候很有可能會激烈爭奪你這樣的人才。或許會有人想要聘你當某個主任之類的。」

5月21日，喬在回信中答覆了他的字跡很難辨識的問題，「我會盡力把字寫得清清楚楚，去年12月我把超重的打字機丟棄在了波士頓機場。你就把我的信件當成一組藍色答題本(bluebooks)吧，讓自己勉強屈就一下這場考試* …… 你提的關於

---

* 譯註：美國高校通用一種藍色封面的小本子用作考試答題冊。教員在批改試卷時常遇到學生字跡潦草難以辨識的問題。

津貼的想法很令人感激。關於『研究機構』的計劃也很有意思。賓漢姆給我寫了兩封信，確認只有州立法機構，大概真的是好的『聯合農場主』*吧，才會設法彌補審判共產主義的法庭所造成的損害，並在預算決議案中加入一件褫奪公民權法案 (bill of attainder)，這樣才會給薛愛華†等人帶來驚喜，列文森才能繼續趕路」。

5月28日來信：「我收到了加州大學執行主席凡．諾斯特蘭德 (Van Nostrand) 的來函。這算是鏡中世界中的最佳可能了‡，他寄給我的不是一份合同，而是一份預扣稅表格 (和一份宣誓書)，信函的正文如下：『我很高興向你確認伍德布里奇．賓漢姆已經向你傳達的內容。很遺憾，我的這封信無法比前一封更加正式。隨信附上兩份空表格，表格提交之後，你的事情就會有所進展。明年的預算已經打印出來了，下次會議時將提交給董事會。預算中沒有直接寫你的名字，但是有一行寫著「歷史系助理教授預備人員」。你知道，大學管理層也知道，大學理事會的預算委員會知道，教務長戴維斯 (Davis) 也知道，「預備人員四號」指的就是你。』」

---

* 　譯註：「聯合農場主」(Associated Farmers) 是1930年代加州農場經營者成立的一個反罷工組織，其宗旨是抵制和阻撓各農場所僱傭的勞工進行罷工，以維護農場主利益。

† 　譯註：薛愛華 (Edward H. Schafer, 1913–1991)，美國漢學家，著名唐代研究專家，長期執教於加州大學伯克利分校。在加州大學校董會要求教職工簽署反共效忠宣誓的爭議中，薛愛華是強烈反對並拒絕簽字的教師之一。

‡ 　譯註：鏡中世界 (looking-glass world) 是路易斯．卡羅在奇幻小說《愛麗絲鏡中奇遇》創造的一個虛構世界。

「這個戲劇性的變化，你怎麼看？如果董事會真的被哄騙得同意錄用我，我得開設如下課程：一、現代中國史，每週三學時，全學年；二、中國近代思想史，每週二學時，秋季學期；三、中國歷史學，每週二學時，春季學期；四、現代中國研討班，每週二學時，全學年。對我來說這聽起來很不錯。」

到了這個時候，一些讀者或許還記得，我們已經深深捲入了麥卡錫主義所帶來的所有緊張感和不確定性。我原本打算在1951–1952學年訪問日本，但卻被耽擱了，轉而花了一年時間進行自我審查，以準備一份自我辯護的證詞。伯克利歷史系正在力所能及地落實招聘列文森的事宜，但是正式的流程被耽擱了。6月1日，喬從香港來信：「加州大學方面沒有進一步消息。不過，我正在從香港寄去一些個人物品，我已經在一位領事面前簽署了他們那可愛的效忠誓言（尚未寄出），如果這齣戲變得更加複雜，我肯定會非常惱怒。」1951年6月13日：「經過一段頗有收穫的美好逗留之後，我們終於要飛離香港了。但最終目的地仍然未知。我已經寫信告訴了你加州大學的保證，至少就大學高層而言，但是令我驚訝、錯愕的是，校董會和州議會仍然沒有批准，我不相信一所大學可以這樣運作。在我不得不離開香港的時候仍然沒有收到任何決定，幾個禮拜內毫無音訊。」

「你能否具體概括一下我有哪些替代方案？哈佛會不會開設一個研究機構？歷史系或通識教育需不需要有經驗的助教？橄欖球隊要不要送水員？在最近的一封信中，芮沃壽隱約提到了你寄給我的那封關於我就業前景的信件的複件。他希望能在伯克利

38

看到我。我真的需要看到一個確定的計劃——時間、地點、任
務、薪俸、前景，而不是天上的餡餅……你永遠的巴德寫於深
淵*（低海拔，英國海外航空班機），1951年7月17日，已到家。
列文森夫人會斟茶。」

　　最後的結果是喬於1951年9月開始在伯克利教書。《梁啟超
與近代中國思想》最終於1953年出版，該書前言的落款是4月，
書末附有一張18頁的術語表，列出了人名、術語和書名的漢
字寫法。此時，喬已經開始推進另一個研究項目，其最終成果
即1959年出版的《儒家中國及其現代命運》。在此過程中，他於
1952年9月參加了在科羅拉多州阿斯彭市召開的第一場中國思想
研究會議（先後共開了五場），並發表了一篇文章。他向社會科
學研究委員會申請資助，用於支持1953年夏天在哈佛的研究工
作（那個年代的申請金額都很微薄），其申請文書簡要概括了他的
思想的核心。喬的研究計劃簡明扼要地概述了他在研究現代中國
思想過程中所運用的歷史—價值方法。

> 本研究擬驗證如下原創性假設：
>
> 　　在19世紀中國，有關「歷史」（對自身文化傳統資源的傾向
> 性）的斷言開始干擾人們對「價值」（對普世真理的追求）的判斷，
> 而且那些已經喪失哲學支配力的觀念依然繼續為思想家所擁
> 護，當這些思想家的信念開始動搖時，他們在情緒上受迫於歷

---

*　　譯註：原文為拉丁語「De Profundis」，意為「來自深淵」，是王爾德獄中書
　　信集的書名。

史，將價值施加於那些觀念之上。當思想家的動機產生變化，即其提的問題、其否認的替代方案都發生了變化時，他們對儒家思想的忠誠也開始逐漸從基本的哲學承諾轉化為次一等的浪漫式承諾，儒家的「意義」也隨之發生變化。這種長期存在的觀念所經歷的內在變化，最終助長了另一種思想變革的趨勢，在此之前尚被接受的觀念最終被疏離。將價值施加於歷史的嘗試（即堅持中國傳統依據普世標準是有價值的這一信念）不斷遭受失敗，結果又把歷史施加於價值（即設計一種合理性解釋，讓那些不再遵循先例的思想抉擇看起來依然順應中國歷史的自發潮流，從而使西方化的中國在文化上依然與西方是對等的）。

來自現代西方的衝擊深刻地激化了中國人價值上的忠誠和歷史上的忠誠之間的衝突。現代中國思想史，即中國傳統文明的衰敗（兩個必然過程：反傳統主義者逐步摒棄傳統，傳統主義者則固化傳統），可以被解釋為一系列思想上的權宜之計使這兩種忠誠吻合。鑒於本土中國人在抉擇中的折衷主義（以「體用」理論和「今文」學說論證革新的合理性）、民族主義以及共產主義之間的關係可以被如此理解，那麼用於解釋上述系列的一個原則就可被接受為是有意義的，即便不可能僅憑其中單個事例證明其合理性，但是這個原則符合將所有事例匯總一起的整體事實……

……這個研究主題要求我儘可能廣泛地涉獵19世紀和20世紀的材料和學術文獻（而且需要頻繁地引用更早的史料）。鑒於要在未知領域展開如此廣泛的閱讀，在哈佛度過一個夏天將會變得彌足珍貴……

與此同時，哈佛大學歷史系犯了一個極其丟臉的嚴重錯誤，不僅讓《梁啟超與近代中國思想》脫銷，而且為了節約還讓其絕

版。這部先鋒之作初售時，在中國研究小圈子裏尚未打破紀錄，但其市場需求當然在持續增長。喬因此安排了英國修訂版，讓該書重新印刷。1954年9月，喬在新罕布什爾州拉科尼亞附近的斯蒂爾山舉行的第二次中國思想會議的附屬研討會上發表了論文。到1956年，《儒家中國及其現代命運》的書稿已經準備出版。

鑒於喬當前已經成為現代中國研究領域的領軍人物，對其書信的簡要概括無法再現當初作為年輕人剛剛開始這份事業的時候所遇到的問題。喬的事業並不平凡 —— 他的事業擁有天才般的成就。以下摘錄的信件片段展現了我為了與他保持聯繫所做的努力。1959年11月，我寫道：「收到新版的《梁啟超與近代中國思想》一書，頗為感激，我有時候會把它當作現代列文森的思想，這本書讓我愛不釋手。跟你比起來，那些年輕同行還都沒有什麼名氣，這本書的出版不僅讓你脫穎而出，而且給了我們搞東方研究的人一個好用的護身符，可以用來嚇一嚇以後那些搞西方研究的人。」1961年8月，「如此提前就給你寫信，就跟那些提前12個月就登記要在年會上發言的女士一樣，顯然在嘗試提前預約你的熱情款待。面對你的盛情，我唯有動身赴約，讓你我都可以有所期待，無論帶著什麼樣的心情。我們的短暫相聚總是過於匆忙，而且總有美食相伴，所以我想我們還得再聚一回」。

讓我再用一些信件收尾吧。1968年8月，我給喬寫信 ——「你的耳鳴是因為我給〔美國歷史學會〕歷史服務中心的系列叢書寫了一本小冊子《有關中國傳統與現代化的新觀點》。在大選之前，各地報攤應該會出售。隨信附上一件與你的《儒家中國及其

現代命運》相關的段落複本，希望你能第一個讀到。你會發現，你的著名風格誘使了作者步你的後塵，且並沒有踩到他自己的追隨者的腳。我很欣賞你的書，也分享給了別人，因為讚美不算是誹謗。」

我的那本文獻綜述式小冊子的相關段落，試圖戲仿喬的文風，茲摘錄如下：

約瑟夫・列文森教授的《儒家中國及其現代命運》是一部三卷本專著，其副標題分別為(1)《思想延續性問題》，(2)《君主制衰亡問題》，(3)《歷史意義問題》(加州大學出版社，1958年、1964年、1965年)。這套三部曲，可謂通今博古，徵引浩繁。列文森先生的文字極富感染力，他在書中提出(poses)看似悖謬的雋言妙語，比《道德經》裏還要多(於是乎，明代文人畫家的「性靈的程式化」正是「以學院派立場反對學院主義／院畫風格」(academic anti-academicism)的一種體現)。但這並非裝腔作勢(not a pose)。他的論點(points)都是言之有物。若說他的雋語經常指向(point)兩端(「從古到今的各個里程碑……來自過去的墓碑」)，就好比是禪師出的一道模稜兩可的難題(posers)(兩手相拍：可曾聽到聲音？隻手而拍：可曾聽到？再聽，直到聽到為止！*)，他之所以援引(invocation)儒家之「陰」與馬克思之「陽」，僅僅出於他的業餘愛好(avocation)，是從他筆下自然流露而出。這既不是該書的主要意圖(intent)，亦非其核心內容(content)。作者對於多重歧義有著根深蒂固的意識──「我們可以把人類史冊中的某件事描述為在歷史上(真的)有意義，

---

* 譯註：即禪宗公案「隻手之聲」。

或者（僅僅）在歷史上有意義。區別在於，前者是經驗判斷，斷定它在當時富有成果，而後者是規範判斷，斷定它在當下貧乏無味。」——這或許會讓讀者對於圍繞在每個詞周圍的對立面產生警惕（wary），甚至疲倦（weary）。此種列文森式的辯證法（dialectic），能夠察覺出隱藏在觀念之中，以及如交流電一樣自觀念之間穿行而過的其他選擇。其結果也是電光火石般。某些人會感覺被灼傷。但這並非私密的行話（dialect），而是教給我們所有人的信條：「抵制分類學式對準確的熱衷（拘泥字面意思的人那種堅持一個詞只能對應一個概念的局促態度），是對歷史學家思想和道德的雙重要求。作為一個完整的人，他確實要滿足思想和道德的雙重要求——他必須知道自己站在流沙之上，但必須站穩腳跟。而且，假如歷史（作為人類留下的痕跡）與歷史（作為人類書寫的記錄）要逐漸靠近、相互呼應，那麼在『歷史意義』中隱含著的張力，也即中立的分析和具有傾向性的評價之間的緊張，也必須得到承認並保留下來。」（列文森，卷三，頁85）。

在這片茂密的詞匯叢林之有眾多概念，關乎中國思想與制度現代化的每一個方面：科學與清代經驗主義之間的對立、明代審美及文人畫中的佛家理念、曾國藩採納兼收並蓄的折衷主義、張之洞誤用「體用之辯」、康有為以今文派重新解釋經典、民族主義與文化主義之爭、基督教未能比儒家更長壽：「當唯有基督教作為儒家的對應物，儒家向工業主義投降就不必像是中國向西方投降——只要基督教也投降。」（列文森，卷一，頁122）

除了有關中國驕傲地尋求與強大的西方平起平坐的主題之外，列文森先生還闡明了太平天國起義者背離中國傳統的許多層面、民國時期對傳統價值的困惑，以及共產主義者重新評估他們

的過去並且陷入矛盾的種種途徑。這其中的諸多內容都頗有挑戰性，而列文森先生文筆優美，啟人深思——縮手縮腳不是他的風格。他有極好的駕馭文字的能力，讓每個字詞都富有生命力，而認真的讀者皆會大加讚賞，不會錯失他的洞見。他的精湛技藝，足以俘獲詞句，令讀者們可以隨處採蘭擷芷，含英咀華。

上述段落中的最後一句話，我依然頗為得意，但是我戲仿列文森式文風的嘗試，只不過略得他把玩文字的皮毛而已；我寫的段落，缺乏列文森筆下那源源不斷的概念與圖景，而他的文字遊戲僅僅是一種潤色與修飾罷了，有時甚至是消遣娛樂。

9月9日，喬的回信：

略備薄禮，以感謝你的盛情厚意。我的天。你已經有了李·希金森教授（Lee, Higginson & Co. Professor）的頭銜，還能往哪兒升遷，但我還是會往天上遞一張便條，把你推薦給聖約翰神明（St. John the Divine）。那樣，你就能給諸靈傳遞這則神言（logos），《儒家中國及其現代命運》現在（或者很快）有售，三卷合一冊，一冊含三卷，平裝本，定價區區 3.25 美元（無印花稅）。

我很高興，也很感激忝列「約翰王國」（John Kingdom）的一員。這肯定是托馬斯·潘恩以來最振奮人心的小冊子了[*]。它分析了所有儒家立場或後儒家立場的可能性。封皮裝幀很樸實。

很快就要開始講課了，我想我該要準備好滿嘴荒唐言了。要是今年不用教課該多好。你為何不來伯克利，至少待上一陣子，為何不來這兒教課呢？你很快就能融入這裏。祝好，你的喬。

42

---

[*] 譯註：托馬斯·潘恩（Thomas Paine, 1737–1809）於美國獨立運動期間發表的《常識》（*Common Sense*），堪為美國歷史上最廣為流傳的小冊子。

　　對於最後一封信，請容我為其背景提供幾個註腳：(1) 宋代
史學家司馬光 (1018–1086) 著有《資治通鑑》，內容博大精深。(2)
《通鑑》延續了始於《春秋》(記述公元前722–前481年之間的歷史)
的編年體史書傳統。(3)《詩經》簡稱《詩》。(4) 我給喬寄了一冊
(大綱？)，但是沒有索引；給《通鑑》做索引，恐怕得自成一本書
了吧。(5)「光」、「周」二字與「廣州」諧音。茲錄喬的信函如下：

> 尊敬的蘇門答臘・光 *，
>
> 頃聞巨著付梓，感佩至極。《詩》云，
>
> 明鏡明鏡懸於牆，
>
> 史家數你最內行，
>
> 冷落《春秋》在一旁 †。
>
> 承蒙見賜大作，欣然不已。爾後，懇請增添索引為荷。
>
> 你的爪哇・周 ‡。

---

* 　　譯註：蘇門答臘・光 (Sumatra Kuang)，諧音「司馬光」。

† 　　譯註：列文森戲仿童話《白雪公主》中那句耳熟能詳的咒語「魔鏡魔鏡告
　　訴我，誰是最美麗的人兒？」(Mirror, mirror on the wall, who is the fairest of
　　them all?)，作了這首三行打油詩。此句原文如下：「Mirror mirror on the
　　wall / You have much more on the ball / Than that boring *Spring and Fall*」。

‡ 　　譯註：爪哇・周 (Java Chou) 之「周」諧音「喬」(Jo)。

在伯克利追思會上的致詞
（1969年4月13日）

唐納德·基恩（Donald Keene）

43

約瑟夫·列文森對於學術世界的意義，對於我們這些朋友的意義，顯然不是說幾句動聽的話就可以全部概括的。悲劇歷歷在目，我仍無法接受，喪友之痛也難以言表。但是還有另一個問題，幾乎讓我在這個莊重的場合說不出話來：我對喬的記憶，從1942年2月在伯克利最初相見開始，都是美好的回憶，很多都是讓人捧腹的趣事。甚至在他的學術著作中，解釋性的批判與扎實的學問奇妙地融合在一起，也展現了他在交談和書信中隨處可見的機智與精湛表達。我們此生恐怕再也不會遇到如此富有魅力的朋友了。

喬的談話總是才華橫溢，嚴肅且不失風趣，始終激動人心；傾聽他的談話，我的思考與表達也會獲得前所未有的突破，至少對我而言是如此。與他相處絕不會感到厭倦無聊，雖然有時候能感覺到他的想法超出了我能理解的範圍。他涉獵廣泛，知識淵博；許多大學者勤於閱讀是為了掌握歷史、文學和藝術的客觀事實，但這對他而言並非主要目的。相反，喬始終致力於探尋千變

萬化的事實背後所隱藏的核心意義，尋求這意義所告訴我們的人類的總體經驗。跟他一起去看畫展，哪怕是很平庸的展覽，也會別有一番啟發；因為他不僅能講解畫作的主題，或者畫家技法的高低，再或畫作的風格流派，還能討論每一件作品對於畫家的意義，以及對於我們觀眾而言又有怎樣不同的意義。

44

　　喬的中國思想研究展現了他在西方文獻方面驚人的淵博學識。著作註釋部分引用的文獻來源之廣，令人嘆為觀止，而且沒有一個註腳僅僅是為了擺設或炫耀。他挑選的每一句引文、每一條註解都是絕對相關的，比任何其他文獻都能更好地闡釋他所討論的問題。這正體現了他優異的稟賦，有能力捕捉到最直接、最富有意義的關聯性。這種不可思議的能力當然也從側面印證了他的機智過人。請容許我在此追憶一件小事。有一回，我跟喬一起去看普契尼的歌劇《曼儂·萊斯戈》(*Manon Lescaut*)。第三幕的末尾，曼儂(高貴優雅的苔芭爾蒂*飾演被人抓著腋下沿著跳板拖上一艘在旁邊等候的輪船，這時喬轉過身輕聲對我說，「那是蘇聯國際旅行社(Intourist)給你派來的」。我無須去一趟俄國就能領會其中的關聯。

　　在著作中，他經常引用研究領域之外的書，從中找到貼切的證據來論證他的分析，譬如，分析有關20世紀中國知識分子所面臨的某種矛盾。毋庸置疑，在閱讀各種提供了此類貼切說明

＊　　譯註：苔芭爾蒂(Renata Tebaldi, 1922–2004)，意大利著名歌劇女演員、女高音歌唱家。

的書籍時，他也在發掘與其研究之間存在的隱藏關聯，今後可以為他所用。他甚至知道哪些時候引用吉爾伯特與沙利文*會有效果，而且會毫不猶豫地這樣做。

得益於他的西方知識，列文森在書寫中國時具備獨特的權威性。與此同時，關於中國的淵博知識也賦予了他許多關於西方文化的洞見，他的著作不僅對於研究東方的人重要，對於研究西方的人也是如此。譬如，《儒家中國及其現代命運》中有一處段落最具代表性，引用如下：

> 藝術史家有時會將其研究對象從人的世界中抽離出來置於由藝術品組成的世界中，在這裏，變化的法則似乎內在於藝術，而非由藝術家的決定來主宰。因此，他們使我們相信，17世紀荷蘭風景畫與勃魯蓋爾毫不相似，因為到了17世紀，勃魯蓋爾的風格主義風景畫傳統已經枯竭。或者，他們也會用同語反覆來應付我們，按照這種解釋，當藝術「達到其定式的極限」就「注定走向死亡」，「在綻放其最後的花朵」時表現為「已經竭盡所能」——18世紀歐洲的華麗風格和19世紀的浪漫主義運動都是這樣終結的。
>
> 　　美學價值是如何真正被取而代之的？以上這類說法假裝揭露了原因、回答了問題，其實仍未找到答案。按照任何「內在的」評判標準，在清中期之前多年，隨著折衷主義的繪畫大師和鑒賞家被奉為圭臬，中國畫就已經達到其定式的極限，並綻

45

---

*　　譯註：吉爾伯特與沙利文 (Gilbert and Sullivan) 是英國劇作家威廉‧吉爾伯特 (William Gilbert) 與作曲家阿瑟‧沙利文 (Arthur Sullivan) 的合稱，兩人共同創作了多部歌劇作品。

放了最後的花朵。然而，昔日的價值還持續了好幾代人的時間，而對陳陳相因的擔憂、創造力需要藝術家有新意這樣的想法，在中國人心中一直都很陌生。

我發現此類段落是列文森著作中最富有啟發性的部分，其重要性體現在他持有異議的兩位歐洲藝術方面的作者——在我看來非常令人信服——並非他為了輕易取勝而樹立的稻草人，而是肯尼斯‧克拉克 (Kenneth Clark) 與鮑勒 (C. M. Bowra)。

這則簡短的選段，足以說明列文森的寫作在評論方面具有原創性與成熟性，而這在早期西方的中國史權威的作品中是不多見的。我之所以這麼說，不是為了貶低那些奠定了西方中國研究知識基礎的學者的辛勤勞動。但是，他們經常滿足於僅僅弄清事實，而喬卻選擇從事實中推導出他自己的觀點：關於中國傳統的變遷與延續，以及這對於中國和西方的意義。他的研究領域如此廣泛，原本可以為如此聰明的大腦提供足夠一生的研究主題。想到我們已經無緣聆聽這樣的智慧，這是多麼糟糕。我自己的領域有所不同，但是他的著作能一次次帶來我在別處找不到的洞見。至於列文森的學術成就，還是留給中國研究的學者們來概括，他們比我更能夠充分描述它。

正如我在前面所說，我與喬的初次會面是在1942年，當時我們是一群參加海軍日語學校的大學生。從初次交談起，我就深深折服於他的才智與學識，此外，他的親切與熱情也讓人難以抗拒。我從他那裏學到數不勝數的東西。此後，我又發現喬從不吝惜他的友誼、讚美與知識。即便他的弱點也討人喜歡。我還依然

記得，喬穿的海軍制服襯衣的領子和領扣異常倔強，我們兩個人
費了很大力氣才扣上，整個過程中喬一直在尖叫著抗議。我想，
讓我們覺得至少有一方面比喬厲害，或許能給自己帶來一些滿
足，又或者，我們能夠認識到他在某些方面的特殊的無助，恰恰
對應著他在智力方面的天才。我們可以很自信地認定，喬寫的文
章一定很精彩；我們差不多可以同樣自信地認定，如果在某些重
要場合有人忘帶了護照、錢包或者講課筆記，那人大概就是喬。

喬是幸運的，因為在這些以及其他方面，羅斯瑪麗一直幫助
著他。喬和羅斯瑪麗新婚伊始，我就與他們相識──其實，他
們在倫敦的婚禮上我是伴郎──我一次又一次地看到，她帶給
了他多大的幸福。羅斯瑪麗面對的悲痛恐怕是最難以承受的，我
們向她和她的孩子們致以深切的慰問。

失去列文森給我們帶來了莫大的悲痛。我們當中認識他的
人，依然能夠聽到他的聲音；未來的人，即便與他不相識，也能
被他的文字打動。但是，我們失去的無法被替代，能給我們帶來
慰藉的是我們的感恩之心。溫暖、歡樂與關愛，如此豐厚的饋贈
實屬罕見，我們對他的記憶儘管現在被悲痛籠罩，但在今後的孤
寂中一定會存續，而這也是我們最大的慰藉。

46

在坎布里奇追思會上的致詞
（1969年4月25日）

雅各・列文森（J. C. Levenson）

即便是中國歷史的門外漢，也能欣賞約瑟夫・列文森的學術
作品中所展現的包羅萬象的內容、豐富多彩的想像，以及本質上
的求真精神。但是，他的貢獻超越了他的專業，惠及整個人文主
義的知識領域。在所有研究中，他都致力於探討一個問題，即我
們如何聲稱擁有過去。大多數人都直接忽視自身行為背後通常相
互矛盾的假設，擁有獨特天分的列文森則對歷史研究的前提假設
始終保持著好奇。有關歷史主義與相對主義、客觀性與中立性、
價值與分別的問題，始終是困擾他的現實問題，不僅在他獨自思
索時，也在他做研究、整理成果、教課以及跟朋友談話時。

他的事業圍繞著相關性、執著與忠誠這些時下的主題。但是
當下的問題不僅僅需要當下的答案。他展示了在一個方向的畢生
努力可以產生真正富有教益的答案。首先，他證明了忠誠與無功
利的探索絕非不相容，而且是彼此在思想上的必要條件。其次，
他對價值與分別的強調，不僅僅是道德上，也是審美上的考量。
還原過去的動機，與記錄過去的動機在其目的上都是給人類帶來

滿足，而不僅僅只是一種工具。但是，當人文性的目的被滿足之後，工具性自然也會得到解決。就像當今許多中國歷史學者一樣，一開始他的課題一般都被當成富有異國情調的，他見證了其成為組織公共生活的一個核心問題。但是，如果說只有毛澤東才能影響中國在美國學界中的相關性，未免太令人沮喪了。那些從與西方經驗相聯繫的角度來看待中國的思想行為——諸如《儒家中國及其現代命運》的思想行為——讓中國歷史成為我們普遍歷史的一部分。當相關性超出新聞標題而達到這樣的深度，當中國不再僅僅是**外交**事務的話題，我們或許可以期待在一個我們更加瞭解的世界中更加明智地行事。

喬性格溫柔，聰明機智，任何人都會覺得他氣質非凡。這些特質，他的同僚、朋友、學生和我這位堂弟瞭解的一樣多，作為堂弟，我很難再增添其他證詞。作為見證人，我想在此簡單分享一些作為他生命中一部分的家族情感，我也認為這家族情感與他某些最深層的學術動機有關。在那個以原子化和疏遠感為特色的年代，他所在的那種家庭，如我們所知，是與時代脫節的。他父親與我父親是兄弟，也是律所合夥人，兩人終身相處融洽，兩家人也挨在一起住。於是，我們倆從小到大比鄰而居，但在那個大家族中，每個人有很多堂兄弟姐妹，且都是同齡人。我們倆都各自喜歡跟所謂的同齡人一起玩，不巧被幾歲的年齡差而隔開。當我還在彈《歡樂的農夫》時，他已經在上和弦課程了。教課的人是另一位堂兄，住在幾個街區之外，現在回想，我認為這些和弦課程反映了精神生活可以將因同齡人的圈子無謂隔開的家

族的幾代人聯繫在一起。因此，對我和巴德而言，從羅克斯伯里區（Roxbury）的家到波士頓拉丁學校學習的那些年讓我們待在同一個地方，而優秀的老師羅伯特·德魯米（Robert Drummey）讓我們看到時光和智識上的興趣讓我們成為同齡人：他有兩張歌劇票，自己不能去看，就給了我們，把我倆送到了那場激動人心、讓人難忘的二流的《弄臣》（Rigolleto）*演出。我們長大後的親近感始於他參加伯克希爾學院（Berkshire Institute）那妙趣橫生的第一個學期的夏天。那個時候，似乎整個世界為他開啟了每一種可能的方向，他善意邀請年僅 17 歲的堂弟到訪檀歌烏（Tanglewood），分享新朋友、新想法、新音樂帶來的興奮。我們或許很容易把那個時候想像成快樂無憂的有趣時光：那些自鳴得意的佩戴著威爾基†競選徽章的人，在檀歌烏的草坪上四處溜達，一些學生在抗議「親英國」利益的演唱會，在三百人的合唱團邊上壓制他們的聲音。我們更容易讓 1940 年聽起來是現代歷史的最低谷。但是，就我現在的語境而言，那一年我開始懂事，因為巴德總是跟我分享他的理解。此後的幾年中，在哈佛，他在我的成長中始終扮演著重要的角色。此後的歲月中，閱讀他的著作能給我帶來愉悅，我自己寫作的時候也會把他想像成理想聽眾中的核心人物，

49

---

* 　譯註：意大利作曲家朱塞佩·威爾第（Giuseppe Verdi, 1813–1901）以雨果的戲劇《國王取樂》（Le roi s'amuse）為基礎改編創作的歌劇。

† 　譯註：溫德爾·威爾基（Wendell Willkie, 1892–1944），1940 年美國總統選舉中代表共和黨參選，敗選於羅斯福。

親情、自豪感和家族情感，與職業目標、學術評價融洽地聯繫在一起。

雖然聯繫在一起，但並沒有混淆在一起。與他之間的親屬關係，或許會意味著我把我們之間的堂兄弟關係看作社會文化的一座小舞台，但是它禁止煽情和懷舊。他邀請人們看到與美國中產階級相關的家庭組織，以及背後的猶太人移民史，去理解改變一切的現代主義帶來的壓力。他有能力鑒別必須得到合理保存的家庭生活的價值。他也發自內心地喜歡他的家庭，這種自發性證明家庭這種制度仍然足夠有活力 —— 不管中性的歷史分析做了怎樣的指示。因為具有道德與審美判斷力，他也容易感到快樂，這也是他與過去保持鮮活聯繫的一種方式。

或許，藉由表達這位我們珍愛之人的離世所帶來的缺失，我們能夠為彼此澄清還有什麼留給我們去守護。

一則針對列文森「三部曲」的
老腦筋評論

康無為（Harold L. Kahn）

50

列文森無須修訂。下列這則評論，作於1965年，發表在《亞非研究學院學報》（*Bulletin of the School of Oriental and African Studies*），第29卷，第1期（1966），第185–187頁，對作者——那位**最重要的**作者——作了一些討論。我現在不會再寫同樣的評論，因為我的觀點改變了，「三部曲」本身也發生了變化，都是劇烈的改變。這是對的。列文森的作品不需要激活就能常保活力：本身已經豐富的東西，再多的伴舞（恭敬地說，對他而言，楚國的音樂雖然不敬，倒也不落俗套）也不會使之更豐富——雖然我認為它會給伴舞者留下烙印。

在正式刊印之前，我給列文森寄了一份評論的草稿。他的回覆認真又活潑有趣：既是對一位年輕舞者的溢美之詞，也是一堂探戈課程。原文摘錄如下，日期是1965年9月9日。我刪除了「作者本人的思想探索之旅，時常也是現代與前現代中國思想的探索之旅」，因為他是對的，我錯了。

尊敬的哈爾，

　　真的很感謝你給我寄來評論的樣稿。感謝你想得如此周到，我非常高興。你的評論寫得認真仔細，很有說服力——從來沒有人在評論我的著作時對書的主題展現出如此多的耐心、專注以及智識上的關切。我很感激並接受你提出的史實方面的修改意見；如果有機會再次刊印拙作，我會作出相應的修改。在文風方面——好吧，它確實引起了很多人的憤慨。我寫書的時候就已經意識到這個問題，但還是頑固任性地保留了下來。書裏討論的基礎主題很嚴肅，要一步一步得出結論、以有說服力的方式排佈材料，極為費神，所以我偶爾會有難以抑制的衝動要在我的帳篷裏放串鞭炮，打破嚴肅的氛圍。這確實是有點兒調皮搞怪的態度。我懷疑很多讀者並不能跟你一樣敏感地察覺到這一點。或許我不應該指責那些消費美國人寫的亞洲歷史的寥寥幾個主顧，但是我認為他們中的大多數人，每翻一頁書就會在裏面埋頭苦尋農民或者治水，從來不會想到會蹦出來一句語意雙關的俏皮話。不過，「表演才能」我是不太在乎的，而那句「作者本人的思想探索之旅，時常也是現代與前現代中國思想的探索之旅」，聽起來有點兒不公平，還略微讓人懷疑這是修辭之術，而非嚴肅的批評。

　　至於說我的「標籤」用得太過簡單化，我並不完全同意。畢竟，我在書裏隨處都在為儒家發愁，包括有一章是關於「儒家與儒家：基本衝突」——我在這一章以及所有地方都試圖解釋儒家似乎可以處在許多問題的所有層面——但是仍然堅持（我認為必須要避免解釋上的虛無主義）不能在一種「我太了解了」（oh-so-knowing）的懷疑氣氛中就這麼拋棄儒家這個術語。在我看來，如何使用這個詞而不安於一個湊和的定義（為我的英語讀者！）是書寫中國歷史的真正問題。當然，如果你用了一個

術語、一個名稱、一個本質（quiddity）（不是雙關），唯名論者（nominalists）會說你破壞了歷史事件的獨特性。如果你承認第二卷的構想不是一部濃縮的中國史，而是在探索一個複雜的傳統在**現代**衰退，那麼我認為使用一種關於張力的模式，並且最終也能看到它的消解，並沒有違背大家普遍接受的歷史研究方法。我並不是突發奇想地使用倒敘的方法。我瞭解**類型**可能是非歷史的。我曾經評論過韋伯對新教倫理和儒家倫理的討論，對此專門提出過批評。我認為我並沒有沿著那些路數做研究，而且我提出的「士大夫—類型」也沒有讓我覺得難堪。對我而言，它不是在篡改早期王朝史，而是站在合理的基礎上闡釋現代歷史進程，並且順帶展示了早期和現代的延續性……

你誠摯的喬·列文森

《儒家中國及其現代命運》（第二卷、第三卷）評介

隨著這兩卷才華橫溢、啟人深思、時常令人惱怒的作品問世，列文森教授關於儒家的衰亡和轉型的三卷本複調式研究終於告一段落。作品的主旋律（*leit motif*，沿用作者最喜歡的提法），在第一卷《思想延續性問題》（1958）中已經出現，而且具有深刻的歷史性與終極的悲劇性：傳統、普世價值在現代、特殊論的世界裏所呈現的脆弱性。也就是說，時間不會為了絕對（因而永恒）的價值而靜止，反而會源源不斷地產生替代價值。當那些替代物不再出自傳統內部，而且比舊的絕對價值更吸引人時，傳統可能會變得無關緊要。要麼改變，要麼消亡，而且有可能作出改變之後**依然**會消亡。這正是19世紀至20世紀中國所發生的事情。當

52

嶄新、異質的(儘管未必是外國的)選擇逼迫舊的選擇時，儒家思想與制度的真正意義已經被抽空了。與現代性之間持續的妥協削弱其意義，直至儒家傳統開始代表它曾經否認的事物：狹隘的民族抱負、脫離政治責任的倫理文化、官方的宗教狂熱，以及民意政治取代了天命政治。儒家傳統曾經滿懷自信地主張的普適性已經蕩然無存。以中國為中心的儒家文化宇宙已經消失，它已經淪為歷史遺跡──是歷史上的參照物，而非當下行為的依據。留存下來的唯有記憶。

列文森教授關注的正是儒家走向衰落、喪失相關性的過程。第二卷從制度層面展開討論，第三卷則從史學層面展開討論。兩卷中所使用的方式是一致的：內容涉及中國歷史的絕大部分，以及西方歷史的許多部分，由一系列獨具一格、基本上自立自足、看似互不相關的文章組成，從多個方面來探討古老的儒家傳統如何最終走向衰敗。任何事情都能說得通、一切事情都能放得進去，彷彿作者試圖通過挑戰歷史來證明沒有什麼事情不能為他所用、沒有什麼事情不符合上述宏大設計。其結果令人不安，雖然不乏趣味。從有關思想相對性的深奧討論(第一卷)到袁世凱黃袍加身出盡洋相的更通俗分析，從今文經派儒學到哈西迪派民間傳說，從康熙、雍正等人的宮廷到凡爾賽宮和霍亨索倫王朝的宮廷，讀者被帶入了一場探索作者本人思想以及現代、前現代中國思想的旅程。當文獻記錄無法提供充分的史實來達成需要的結論時，列文森教授就會利用他靈活的邏輯來補救，這一方法幾乎無往不利，不過有時候會略微讓人懷疑修辭與歷史是否已經被混為一談。

　　作者高度富有個性的文風進一步加劇了人們的這種懷疑。列文森教授是一位善於使用隱喻、警言、妙語、悖論、雙關的語言大師，他的歷史寫作也因而時常迷失在語言的叢林之中。因此，對他的美國讀者而言──在討論袁世凱的愚蠢行為時，他用了一句戲仿亨利‧克萊的原則的話來描寫：「他看重的與其說是總統頭銜，不如說是這一祀典。」*（第二卷，第6頁）或者，對他的英國讀者而言──在討論回報（*quid pro quo*）的制度安排時，即君主制與官僚制之間的關係有一個重要特徵，帝王以其庇護來換取忠誠：「如果學者能提供支持，也即換取回報（quid）的力量，那麼皇帝仍然……沒能壟斷權力。」†（第二卷，第66頁）或者，對他的中國讀者而言──他注意到晚清時期對「中學為體，西學為用」的體用二分法的迷思：「……若『體』真的無法救回來，那麼滿人就危險了，甚至比執著於『體』的漢人更危險。」（第二卷，第8頁）最後，在他著作的末尾，還有一個最為粗野的例子──為了拖延時間，利用最後一篇文章嘗試著把整部混雜的文集整合在一起，他孤注一擲寫了這樣一句

---

* 譯註：原文為「He would rather the rite than the presidency」。亨利‧克萊（Henry Clay, 1777–1852），美國政治家，曾先後五次參選總統。1939年在面對奴隸制存廢的爭議時提出名言：「我寧願選擇做正確的事，也不願意當總統（I had rather be right than president）。」列文森在這裏戲謔地模仿克萊的名言來嘲諷袁世凱。

† 譯註：拉丁文「quid pro quo」是指回報物、交換條件的意思，而「quid」在英國俚語中指代一英鎊。

話：「之前的結論都是暫告一段落（concluded roundly），現在讓
我們用最後的結語（concluding conclusion）來徹底結束（conclude
squarely）這三部曲。」（第三卷，第110頁）。讀者不禁會想，在
研究傳統思想的衰落和意義喪失的時候，作者本人是否偶爾也
喪失了意義。

　　不過，無論修辭如何令他的敘述跟跟蹌蹌、跛足而行，仍
然是那些缺乏勇氣、四平八穩的歷史寫作趕不上的。他的寫作
傳遞了許多重要信息。他做了一次頗為成功的嘗試，把儒家思
想——被明智地當作中國思想及社會政治生活的主要模式，儘
管不是唯一的模式——從平淡乏味的泛泛之論中解脫出來，
使之成為一個有機的問題，具備富有活力的真正價值——變
動不居、千差萬別、容易受到壓力的影響、易被破壞，即使在
舊秩序中也容易發生變化。那種認為中國是靜止、永恒不變的
陳腐觀點，從而進一步被人遺忘。同樣將會被人遺忘的是那種
自以為是的觀點，認為中國歷史太過獨一無二和奇特怪異，無
法與西方思想史進行比較；因此，列文森的著作也會比肩史華
慈（Benjamin Schwartz）的《尋求富強：嚴復與西方》（*In Search of
Wealth and Power: Yen Fu and the West*, Cambridge: Harvard University
Press, 1964），給思想史領域通常的狹隘研究方法帶來一種必要的
矯正。

54

　　該書的優點不止於此：作者有力挑戰了歷史本質上是成功
者的故事這一歷史主義觀點，揭穿了用東方專制主義解讀中國
歷史所得出的荒謬結論，有效論證了所謂「費子智綜合症」的弱

點*——要將中國革命解讀為傳統改朝換代的現代翻版。列文森
教授是一位歷史相對論者。他相信失敗——不幸的人物與不重
要的事件——在主流歷史中也應有位置。因此，舉例而言，最
後一位也是在各個方面最不起眼的當代傳統主義者廖平；五四時
期其他緬懷過去的保守派；辛亥革命之後的復辟帝制運動，其實
只是對過去之真實的滑稽模仿；康有為等人後期幾乎無望的努
力，試圖將儒家思想的死屍供奉在廟宇之中來使其神聖化——
這些皆與歷史息息相關，都具有清晰的現代特性，而且均以各自
的方式深刻展現了歷史的變革。基於同樣的相對主義推理，作者
認為，在描述中國傳統國家的運作機制方面，東方專制主義關於
權力理論的關鍵概念——極權恐怖（total terror），要比君主制與
官僚制之間的張力更加缺乏概念上的說服力。換言之，這個遊戲
需要兩方才能玩。此外，基於相似的理由，作者批駁了那種認為
現在「不過是改朝換代」的觀點，因為這否定了傳統的有機複雜
性，否定了與傳統之間的徹底斷裂使得即便是現代的傳統主義者
也對過去感到陌生。

　　在該書提出的諸多問題中，我們將對其中一個問題進行更為
深入的探討：君主制與官僚制之間關係的本質（參見第二卷）。實
質上，它可以被理解為兩大既得利益集團之間的共生緊張關係，
彼此對立，卻又互相依存。最初，在先秦封建時代，這種緊張關
係以國王和貴族為代表，君主的向心需求與貴族的離心貪婪之間

---

* 　譯註：費子智（Charles P. Fitzgerald, 1902–1992），澳大利亞漢學家。

相互對峙。在秦朝到唐朝的漫長歲月中，士大夫—官僚階層逐漸入侵行政舞台，中央集權的皇帝開始利用士大夫—官僚對抗貴族階層。最終，貴族階層的獨立性被剝奪殆盡（雖然它還是保留了一些虛張聲勢）：貴族轉而投靠了君主，把對抗的舞台留給了文官階層。對君主而言官僚如今已經不可或缺，但官僚階層對獨立行動、財富與權力的訴求又對君主造成威脅。反過來說，官僚也需要依靠君主來保證自身的特權和延續性。兩者在一種緊張的關係中分享「權力之餅」（第274–276頁），既無一方的極權恐怖，也無另一方的分崩離析。只要這種關係能夠維繫，一個朝代的政治生命力就能夠維繫。當太平天國之後這種張力被打破，清朝也注定走向衰亡。當官僚階層為了生存被迫與朝廷站在一邊，反對叛亂者的激進意識形態與西方的革命性觀念時，他們放棄了在思想上不依附於君主的獨立訴求。官僚階層成為皇權的附庸，而非與之抗衡的力量；當清朝在新興的民族主義潮流下垮台，依附於官僚制的儒家思想也隨之衰落。

　　以上概述就是列文森教授對於中國官僚制理論的貢獻。雖然並非完全具有獨創性（例如，劉子健〔James T. C. Liu〕的文章〈中國歷史的行政週期：以北宋皇帝為例〉〔*An Administrative Cycle in Chinese History: The Case of Northern Sung Emperors*〕就曾隱約提到過許多觀點，載《亞洲研究》，第21卷，第2期〔1962〕，第137–152頁），但這是迄今為止最為詳盡全面的討論。它到底多有價值呢？答案是，極有價值。這是迄今為止解釋王朝權力的最佳範式。它以複雜性替代了其他過分簡單化的理論，那些理論把國

家的統治主動權全部賦予了因完美無缺而不太現實的專制君主，或者無所不知、自我賡續的儒家建制，或者獨裁者與儒家制度合謀共同對抗底層人民。它無須把官僚看作皇權的卑微工具就能夠解釋宋代以降君主專制的強化。換言之，如果皇帝的力量相比官僚變得更強大，那麼官僚的力量相比其他社會階層而言也獲得增強，同時，儘管在君主面前蒙受羞辱，官僚階層在角力的過程中仍然保留了評判君主的權利。作為一種獨立及相互依存理論，它提出了前所未有的、更複雜、更以人為本的中國制度分析模式。

不幸的是，列文森教授在這個問題上從來沒有超越一般性的討論。他的理論還有待專題性的驗證。這個理論當前的狀況顯得太完美、太想當然，有些誇大其詞，某些結論也很可疑。公元3至7世紀的新型貴族，即門閥士族所扮演的複雜、關鍵的行政角色，幾乎全都被忽視了，彷彿這段反常的歷史會讓作者提出的概念陷入窘境。而且，由於作者堅持認為貴族階層在喪失政治重要性之後依然長期是君主和官僚的心頭之恨，他很難給後期朝代中的貴族定位。在明代，除了明初分封的藩王，貴族階層便是宦官；在清代，則是滿洲貴族。作為特殊的宮廷特權的代表，他們確實算是貴族。作為被豢養的人、**帝王的**人——作者如此描述唐代以後貴族的特徵——他們更成問題。如何理解明末東林黨人所巴結的那些宦官呢？他們站在哪一邊——或者，他們是否保持了自身的「貴族」獨立性？又如何理解最終向皇帝發號施令，而非聽命於皇帝的魏忠賢？更重要的是，該如何理解同時屬於貴族和官僚這兩個陣營的清代中葉滿洲重臣，諸如徐元夢、鄂

爾泰、阿桂？行政生涯的現實充滿複雜性，會使理論張力的清晰界線變得模糊不清。史景遷 (Jonathan Spence) 最近在耶魯大學完成的博士論文中提出了一種解決途徑，他使用漢人包衣 (某種旗人，但並非種族上的貴族)，代替滿人作為宦官階層在清代的對等者。這才是真正的國王的人，他們的特權是被選擇授予而非與生俱來的。不管怎樣，這個問題意味著如果要讓該理論適用於任何時期或者所有時期，就必須要有更加精確的年代序列的支撐。

　　但是，列文森教授的論證中最薄弱的環節在於他試圖給歷史張力的參與者貼上各式意識形態標籤：官僚階層是儒家，皇帝是法家，還有更加中立的標籤，即貴族階層是封建的。通過反覆套用這些簡單化的公式，他損害了自己致力追求的複雜性，將歷史縮減為善與惡、弱與強、現實主義與理想主義之間的鬥爭。他寫道 (第二卷，第 26–27 頁)，君主曾經在不同時期支持庇護過非哲學性質的道教、世俗佛教、宦官、貿易，而且經常捲入弒父屠兄的家族相殘，從而分別觸犯了儒家文人這種類型所秉持的理性主義、懷疑精神、文官本位、審美取向和倫理準則。問題出在**類型** (Type) 這個詞。列文森樹立了一個合成的理念，但與一系列歷史事實並不吻合。他的論點並不公允，而且是非歷史的。作為官僚的儒家就像皇帝一樣經常觸犯他們自己的理想。事實上，他們作為地方官員或者行省長官，就像微縮版的皇帝，他們的治理同等程度地依賴於嚴刑酷法和聖人經典。專制獨裁與現實政治 (real-politik) 不為君主壟斷，恰如理想主義不為官僚壟斷。畢竟，宋代以降皇帝與文官一樣都要接受倫理課程的教導。兩者享有共同的

思想世界，且受到特定文本和固定理念的約束，倘若君主有時候只是說說而已，官僚恐怕也會如此。兩者皆非完美的**類型**，都是一個不完美的世界中有缺陷的人。

拿掉這些標籤，列文森教授的張力理論就言之成理。貼上標籤，就不成立了。君主與官僚之間的對立意味著真正的政治問題，法家與儒家之間的對立則僅僅是不切實際的抽象。

約瑟夫·列文森論中國與世界

舒扶瀾 (Franz Schurmann)

心之所繫雖然有時會被隱藏，但從未丟失。然而傳統卻因他，
以及許多其他人的疏遠而死。

——《梁啟超與近代中國思想》，結尾處

1971 年春天，當乒乓球運動員和新聞記者先後造訪中國時，美國人過去對中國的尊重又重新獲得了合理性。曾經被謾罵為「紅色中國」的國度，如今在新聞報道中卻獲得了一致的好感。一些報道甚至提出，中國人已經成功解決了當今正在困擾發達工業化國家的現代社會病症。另一些報道則在新中國重新發現了勤勞、守紀、樸實等傳統美國價值。1950 年代後期，我們曾經認為需要向蘇聯人學習一些技術和科技培訓。如今，中國似乎成為在處理人與社會問題方面的楷模。很遺憾，約瑟夫·列文森沒有看到今天，因為近年的西方學者已經無人能像他那樣通過如此出色、如此敏銳的寫作，延續為西方人闡釋中國的意義這一傳統。

　　這項傳統如今在美國鮮為人知。與這個國家的其他任何事情一樣，美國漢學是一項大型產業。它有自身的潮流趨勢，但是並不包括馬可‧波羅（Marco Polo）、紀堯姆‧伯斯特爾（Guillaume Postel）、孟德斯鳩（Montesquieu）、魁奈（Francois Quesnay）這一脈絡的傳統。有些美國漢學家在血統上是華裔或被華人收養，他們的寫作仍然延續著某個時期的中國傳統。另一些是古典歐洲意義上的漢學家，他們探索遙遠而未知的世界。有些寫作是為了給政策制定者建言獻計。另一些則是通過中國這個案例來研究某些社會科學理論。除此之外，還有一些是報道中國大事的新聞記者。列文森不屬於上述任何類別。他是徹底的西方人。他著迷於中國歷史的大勢，而非細枝末節。他從來不嚮往在中國事務方面扮演任何政治角色。他不是職業的社會科學家、人文學者，甚至也不是歷史學家。他從來沒有去過中國大陸。他對中國的興趣發端於早年在康奈爾和哈佛的求學經驗、其後在海軍服役期間的經歷，以及後來在哈佛讀研究生的訓練。這是「用」，是其漢學的技術部分。至於「體」，即本質，則來自他自己 —— 早年沉迷於文化、藝術、音樂與文學；終身有著宗教歸屬感，歸屬於眾多宗教中的一種；擁有來自整個西方文化遺產的巨大的精神財富，此後又增添了中國和日本的文化遺產。正是這些要素形成了他的學術著作中所呈現的思想脈絡。它們既屬於他個人獨特的風格，又在廣義上屬於西方傳統的一部分。它們算不上是美國漢學特定的一部分。

　　「體」與「用」以及變革的辯證法是貫穿其著作的核心線索。「體」指的是身體，讓人聯想起骨骼、肉體與體型的畫面。「用」

指的是使用，因此暗示著朝向特定目標的有指向性的行為，就像用手捏出一個特定的物品。中國很明顯是一個巨大的「體」，其面積廣袤、有上千年連續的歷史、物產豐富。單是這一點就必定能讓中國具有獨特的本質，恰如人之為人而非其他動物的獨特性。中國的「體」如此龐大，在許多人看來是永恒不變的實質。黑格爾稱中國為「原則永遠循環」的土地。列文森從來都不贊同黑格爾。他認為傳統中國始終處在變遷之中。他相信大革命讓中國發生了天翻地覆的變化，革命都是如此。他在寫作中談到了源自文藝復興以來不斷擴張中的歐洲的「用」（《歐洲的擴張與作為反例的亞洲，1300–1600》〔*European Expansion and the Counter-Example of Asia, 1300–1600*, New Jersey: Prentice-Hall, 1967〕）。他知道這種「用」在中國最終產生了一種「逆用」（counter-*yung*），進而催生了20世紀最宏大的革命。他不太重視認為毛時代的中國基本上是換了新型皇帝的新天朝這一流行觀點。但是，如果今天的中國大地上更多的是鬥爭，而非和諧，那麼列文森對鬥爭不是特別感興趣。他也不太感興趣民國早期的鬥爭。列文森關注的不是靜止的、內在的「體」，而是處在變化之中的「體」，它可能面臨死亡，也可能以怪異的方式生存。他相信宏大，而宏大的事物必有其本質，必定是「價值」而非「歷史」。中國是卓越的，因此必然具有價值。西方傳統也是卓越的，因此必然也具有價值。他自身的猶太教與他欣賞的基督教同樣也具有價值。但是所有的「體」都搖搖欲墜。它可能並不是被取代，而是凋零枯萎，只剩下易碎的外殼與齷齪的姿勢。這差不多就是他對蔣介石領導下的中國的看法。

60

　　他第一本著作的主題——梁啟超，通常被視作「轉型期中國」的一位重要人物——梁氏鼓動改良，後來又試圖遏制革命。但是按照列文森的描述，在梁氏的內心世界中，他的信念（conscience）和觀念（consciousness）的鬥爭催生了其政治行動，而不是後者催生了前者。列文森筆下的梁啟超首先是知識分子，其次才是官員。梁啟超與胡適不同，胡適首先是開先鋒的改革者，最後又成為反動政府的特使。梁啟超的激情持續了一生（比列文森得壽略長）。他始終想拯救點什麼，實質上就是要拯救中國。他厭惡晚清的頑固派，對那些人而言，一觸即潰的「中國」只是被用來保衛自己的特權。他懼怕革命者，特別是為了讓新生、未知事物興起而意圖掃除一切障礙的狂熱的孫中山。1911年之前梁啟超的立場，類似馬克斯・韋伯在1918年的立場：保留君主制，但是改變其他一切。不要捨棄尚且穩定的樞軸，不論它有多不穩定、有多鏽跡斑駁。當民國成立之際，梁啟超又迅速接受民國作為新的樞軸，反對袁世凱復辟稱帝的企圖。梁氏的「進步黨」只是國會中的一個小團體，他短暫的政府任職也是在高層的金融政策領域。與馬克斯・韋伯類似，梁啟超注定只是一名知識分子。他作為知識分子的「體」要比他作為政治家的「用」更重要。列文森為梁啟超這樣的人物所吸引，恰如他被自己經常引用的韋伯所吸引一樣，不是為了追趕社會學的潮流，而是因為真切地感受到了那位德國梁啟超的靈魂深處的鬥爭。列文森相信，任何時代都會有人——也許受神的指示——被要求說出必須要說明的真相，即使歷史的潮流從周遭一掃而過。

61

顯然，這種關於知識分子的觀點具有宗教性。梁啟超在民國年間放棄積極的政治參與之後，開始轉向佛教。列文森認為這與梁氏根深蒂固的儒學信仰並無衝突，他的儒學信仰要比他在19世紀晚期對形式化儒家的批判更加長久。列文森一直有虔誠的宗教信仰，在他生命的最後幾年更加篤信宗教。在我們合著但由他的視野主導的《詮釋中國史》一書中，他這樣論述漢代儒學：「這些儒家禁令背後的約束力不是道德或哲學層面的，而是毫不掩飾的宗教約束力。」（參見第90頁）如果他活得更久一點，或許會拓展對儒家的宗教學闡釋。他觀察到了自己信仰的猶太教與儒家之間的相似性，而且兩者間的類比也成為其思想進程的主要組成部分。對列文森和梁啟超而言，道路是進一步走向宗教，而非遠離宗教。

列文森的學術工作從梁啟超之類的「轉型」人物開始，在《儒家中國及其現代命運》三部曲中則轉回到傳統中國。他對於這兩段歷史時期有著同等的喜好，從他家裏和辦公室裏堆積如山的書籍就能看出這一點。他帶著同情來書寫「轉型」時期的共產主義者及其馬克思主義。他知道儒家已經死亡，並通過共產主義者將儒家「博物館化」來論證儒家的死亡。但是對於1949以後成長的中國，他著墨甚少。他的個人背景中沒有任何因素讓他本能地靠近馬克思和馬克思主義，但也沒有任何因素讓他拒斥，正如1950年代眾多美國自由派一樣。他既不反共產主義，也不親共產主義。大腦告訴他，共產主義已經來到中國，過去將要被掃蕩一空，但列文森從來沒有被人民共和國吸引。他能看到，共產

主義者最終已經讓中國成為他所信奉的世界歷史的一部分。他能看到，整個世界所分享的馬克思主義是新型世界主義的載體。但是，他始終不能不去懷疑，馬克思主義與馬克思主義的中國只不過就是中國人所體驗的集科學、技術與經濟擴張於一體的龐大的「用」，正是這個「用」讓西方及其文化和實力領先於世界。他在馬克思主義之中看不到「體」，倘若能看到，他一定會大加歡迎。他不會對任何宏大但缺乏宗教精神性滋養的事物產生好感。

1960年代中期，他編了一冊關於歐洲的擴張與亞洲反擴張的富有想像力的讀本[*]。其主題大家已經耳熟能詳：當歐洲國家在全球範圍擴張之際，少數有擴張心態的中國政治家則遭到國人謾罵，日本人則實行鎖國政策。他這麼做大概是為了駁斥當時在華盛頓流行的「中國擴張主義」的意識形態。麥克納馬拉（Robert McNamara）把林彪的一篇文章標籤化為中國版的《我的奮鬥》。他在書中提到，東亞兩大民族都避開了擴張主義，因為它們更加關心內部的基本穩定，而非短暫的外部收益。相比之下，歐洲第一個擴張主義國家葡萄牙，實際上放棄了自身的內陸鄉村，轉而尋找海外帝國。確實，英國的擴張出於重商主義的緣由，法國則源於使命感和重商主義。列文森充分強調歐洲擴張主義和伊斯蘭擴張主義背後的宗教動機。儘管這動機很宏偉，他依然將其看作西方之「用」的流露。正如他在結論中所說，「歐洲人發展出來的交

---

[*]　譯註：即《歐洲的擴張與作為反例的亞洲，1300–1600》。

通方式，以及他們對交通的壟斷，使其有能力知道該去往何方、做何事情、如何去做，而且以非西方人無法企及的方式」（參見第132–133頁）。他對歐洲擴張主義的態度必然會如此，正如他覺得共產主義在中國必然會如此。但是兩者都可能具有價值，如果它們催生了新的「體」。

對列文森而言，這個新的「體」，無論是歐洲之於世界還是中國之於世界，必須是世界主義的。他相信同一個世界這樣的觀念，而且許多次帶著肯定地使用了「世界主義」（cosmopolitanism）這個詞。他用的世界主義不是指所有人都變得相似的普遍主義（universalism）。他喜歡多樣性，而且的確認為多樣性是世界主義不可或缺的。倘若普天之下都是基督徒，或馬克思主義者，或猶太教徒，他都會為此驚恐。毋庸置疑，他的世界主義觀念是在思考儒家思想的那些年形成的。儒家思想在其「價值」年代（在晚清時期降級為「歷史」之前）是一系列標準，人們依此接受教化，從而具備能力與廣袤世界各式各樣的人交流。實際上，多樣性對於儒家而言是不可或缺的，因為普遍性離開了特殊性就不可能存在。作為價值的儒家思想是「天下」——世界。中國始終是那個有著行省、鬥爭、土地所有制的中國，以及大大小小數不盡的生活表象。有兩個傳統詞匯對應著中國——「中華」與「中國」。只有對局外人、現代人而言，兩者才是等同的。在歷史早期，「中華」指代的是我們如今稱之為儒家的事物，但實際上是人通過長期的學習和經驗掌握的一套標準，據此得以生活在天下的任何角落，而非僅僅是某個村莊。「中華」是早期的中國的世界主義。

63

當「中華」等同於「中國」的時候，它就不再是世界主義的了。
列文森不是披著美國外衣的儒家信徒。人們偶爾會在美國漢學家
中發現這類人。但是毫無疑問，對列文森而言，曾經支配中國
的「中華」之「體」是「體」的典範，有朝一日會在世界各地崛起。
列文森在總結歐洲擴張主義的時候，首先就提出全球交通，這並
非巧合。歐洲人在物質上讓世界連為一體。與大多數非歐洲人
以及許多歐洲人一樣，他不相信歐洲，即西方，能夠用相同的方
式創造出適用於整個世界的「體」。文化相對主義者會回應說，
這樣的全球性的「體」不可能也不應該存在。經濟學家和現實政
治家則會說全球互相依存的紐帶才是真正的「體」。列文森不是
「體」、「用」二元論者；他不相信一個來自天上，另一個出自塵
世的泥淖。但他也不相信一個在邏輯上或自動地從另一個之中產
生。他從來不贊同列寧所謂的蘇維埃加上電氣化就等於社會主義
的說法。但他也否定了正確的行為來自正確的信仰這種觀點。他
不喜歡毛澤東思想的原教旨主義 (fundamentalism)，它在「文化大
革命」時期的狂熱表現就跟基督教或伊斯蘭教的傳教一般讓他反
感。他在知識分子的特殊角色中看到了「體」與「用」之間的關聯。

64　在列文森看來，知識分子是變革辯證法中的關鍵人物，而變革的
主題就是其大多數著作所寫到的內容。如果一個新的包含整個世
界的「體」會誕生，它會出自知識分子之手，古代「中華」的學者
為此扮演了很好的模範角色。

列文森著作關注的一個核心問題是「君主制與官僚制之間的
張力」。這是中國傳統國家的兩項重大制度。除了短暫的幾個時

期之外，沒有一方淪為另一方的工具。沒有一方可以離開另一方而生存。列文森很少談論鬥爭（struggles），他從來不認為這兩者在互相鬥爭，雖然馬克思主義傳統下的某些人或許會將其類比為階級鬥爭。跟馬克斯・韋伯一樣，他更喜歡用「張力」這個詞。鬥爭意味著明確的目標，許多人欲求但是僅有少數人能夠獲得。雖然皇帝與官員之間經常陷入鬥爭，但是鬥爭的議題並沒有原則重要。這兩種制度之間之所以有上千年的張力，是因為兩者按照原則性的理由被並置在一起。儘管他察覺到了官僚的惡劣，也樂意發現許多君主的偉大，但仍然偏愛官僚中最卓越的分子——文人士大夫。這些人是業餘愛好者，是他筆下所寫到的通才——他們公正地治理，掌握許多技能但是沒有一樣是專業性的，他們創造藝術與詩歌。在政治方面，他們最重要的功能是緩和內在於君主制的專制主義。列文森寫到明代鄭和下西洋的時候對其頗為讚賞，但是從來沒有斥責過那些貶低鄭和的官員，後者說鄭和是為了暴政而進行密謀的野心勃勃的宦官。那些官員，不管多麼卑鄙、多麼缺乏遠見，依然尊崇著西漢理論家—官員董仲舒的教導。正如列文森在《詮釋中國史》所寫的，董仲舒編織了一套依靠宗教力量（如今稱作儒家）運作的意識形態，用來讓君主做正確的事情。只有受過教育的人才能辨別是非，因為他們熟悉神聖文本，有能力正確解讀一切人類及自然現象。

西漢官僚制並非是秦代的制度殘留。其原型是戰國時期仿效周朝制度建立的官僚制，而周代制度最終的原型又是商朝的祭司階層。祭司關心的當然是宗教的本質，不應干涉塵世的事務。在

大多數人眼中，官僚應當安排事務，不必詢問究竟。但從西漢以
來發展成熟的中國官僚制卻同時囊括「體」與「用」二者。中國官
僚既治理國家，又能闡釋卜筮。也可以找其他人來治理（譬如馬
可・波羅），但除了受過訓練者之外，無人能夠解讀卜筮和神聖
文本。即便是一位精通典籍的聖君也不能與官僚階層同日而語。
聖君只是一人而已，但官僚階層卻是一個整體。

「體」與「用」之間的張力，既存在於君主制與官僚制兩種制
度之間，也內在於每位官僚自身。列文森或許會說，在其他社
會，祭司為了統治者和人民的利益而培養「體」，但是卻把「用」
發展為一項副業，譬如謀求地產和妻妾。他不讚賞基督教歐洲
的祭司階層，但也不喜歡宗教改革。對於前者，張力並不存在，
因為祭司理應虔誠聖潔。對於後者，張力存在於革命派之中，他
們想要把理應互相牽制的部分組合在一起而造成的張力。列文森
認為，相比世界上的其他人而言，中國的文人官員為行動派知識
分子所構成的世界主義整體樹立了典範，他期待有朝一日那樣的
知識分子能夠在世界上形成一股力量。在列文森眼中，中國曾是
全世界最成功的社會。它保留了世界歷史上最悠久的規模宏大的
社會和政治運作秩序。中國在經濟活力和對外征服方面確實不如
歐洲，同時，除了現代過渡時期之外，中國也不像其他社會一樣
週期性地墜入絕望與墮落的深淵。眾多社會都有國王、軍隊、官
員、生產型經濟以及優秀的價值觀，但是卻不像中國具有一整個

文人官員系統。中國從來都不像拿破崙和黑格爾所認為的那樣，是一直慵懶地沉睡了幾千年的巨人。列文森認為中國始終處在變化之中，始終充滿興奮。興奮來自日常生活，尤其是政治生活中接連不斷的戲劇性事件。在那漫長的千年之中，文人士紳階層必須努力工作以保持中國的活力。正是幾個世紀以來中國不斷發生的戲劇性事件，促使他策劃了整套《詮釋史》。這不僅僅是為大學課堂增添了一冊新的教材，而是一套系列叢書，以展示創造、摧毀以及修復社會秩序的千變萬化的努力，它們構成了這齣中國的大戲。

　　一旦「體」與「用」、君主制與官僚制之間的張力不復存在，中國便進入了革命階段。列文森認為這個過程意味著價值轉變為歷史。更具體地說，當中國人為儒家思想做民族主義式辯護時，當他們說因為儒家思想是中國的所以對中國人而言是正確的，它就已經死了。梁啟超努力維持儒學的存活，但胡適埋葬了它。胡適後期的民族主義觀念使他把佛教和馬克思主義都斥責為遲早會被真正的「中國特性」掃地出門的外國進口之物，列文森對此頗為蔑視。列文森的世界主義讓他只能容忍民族主義作為暫時的權宜之計，用以解決某些民族問題，挽回民族自豪感。但他認為作為教條的民族主義是空洞的，被蔣介石之流的人物用來鞏固自己的權力。關於蔣介石的一切他都感到虛偽，尤其令他憤慨的是蔣試圖利用古代的本質來掩飾現代權謀的「新生活運動」。馬克思主義之所以遠遠優於民族主義，只是因為它所公開宣稱的普世主義使其不可能僅僅成為野心勃勃的人尋求權力的掩飾。列文森從

來不曾懷疑，馬克思主義在 1920 年代初來到中國之後成為了已經死亡的儒家思想的唯一可能的 (或可見的) 繼承者。

列文森沒有背離帝制中國衰落的傳統解釋 —— 即它在西方帝國主義的衝擊之前就已經崩潰了。但是從對知識分子的社會必要性的觀點出發，他借研究「體」的崩潰來研究帝制中國的崩潰。他毫不懷疑，即便像嚴復、康有為、梁啟超這樣深刻投入儒學的人，也已經察覺到西方帶來的遠遠不只是船堅炮利。這些知識分子意識到，整個世界比傳統經典中描繪的要大得多，而經典文本沒有提供解釋。中國思想領域在 19 世紀晚期出現的事情如同哥白尼革命一般。中國人此前已經瞭解物質世界是什麼樣的，但他們仍然相信憑藉中國的舊科學還可以弄明白這一切。到了 1900 年，他們知道情況並非如此。

如同所有革命一樣，這場革命也在中國的許多地方進行。正當康有為和梁啟超絞盡腦汁尋找解決方案的時候，青年毛澤東在偏遠的湖南閱讀著他能弄到手的西方著作的中文譯本。某些晚清改革者曾希望年輕人可以學習工程學，因此將學生送到歐洲和日本。畢竟，歐洲的優勢不正是其令人驚嘆的工業技術嗎？但成千上萬與毛澤東同齡或年長的年輕人著迷於這個奇妙的廣闊新世界。中國人終於邁入了歐洲人幾個世紀以前開啟的地理大發現時代。在歐洲，探索的激情從宗教之「體」轉移到了新的科學之「體」。但是他們仍然保留著祭司傳統，科學家依然是科學家，至於如何利用他們的發現則留給技術人員和政治家去處理。中國並無祭司傳統，因此年輕的探索者想要將自己發現的東西付諸實

踐。不過，由於那些發現具有紀念碑般的規模，工程師這項職業很難滿足他們。讓上海和廣州聰明、有野心的人去學習技能和賺錢吧。更年輕的人們高呼著革命，很快就把梁啟超之輩拋在了身後。雖然「革命」這個中文詞帶有舊式的變革天命的意思，但這並不要緊。「革命」意味著西方意義上的**革命**，帶著今天仍然具有的所有情感內涵。1850 年，華南的窮人發起了一場大規模的叛亂，這無異於一場革命。但是中國知識分子從來沒有把太平天國起義視作革命的偉大先驅。即使是共產黨人也對太平天國不感興趣。太平天國引入了強大的外國宗教，但他們把新宇宙的形象描繪得過於原始和奇幻，難以吸引知識分子。像歐洲哥白尼時期的科學家一樣，中國的知識分子必須自己發現新宇宙，一旦發現，一切舊範式都將被打碎。

年輕的中國人在世紀之交發現了新宇宙，這在列文森眼中必定具有革命性。古代中國的「體」與天下 —— 即宇宙 —— 密不可分。這不僅僅是一組價值觀，雖然人類學家可能會如此描述。這是一套結構類似星體宇宙的宇宙論哲學，有一套明確的原理可以解釋世界萬物。而且，由於人與自然之間的界限是流動的，這套哲學也能解釋人。中國哲學中充斥著各式宇宙論。孔子記錄並且評論了上古時期流傳下來的宇宙論。董仲舒提出的宇宙論闡述了主導自然與政治現象的原理。朱熹提出的宇宙論則闡述了人與社會的秩序。只要存在已知的宇宙，所有這些宇宙論都是完整自洽的。如果宇宙崩塌了，那麼任何事物都不再可知，都將無法解釋。人會因為孤立而死亡。梁啟超充分理解中國人對宇宙論的深

68

刻需求，因而敦促不要立刻摧毀所有支撐舊宇宙論的物質基礎。
如果僅僅只有君主制被保留，正如他所欽佩的英國、日本等國家
的君主立憲制，那麼至少維繫人間秩序的宗教紐帶會得以保存。
也許，在這個國家經歷了調適的創傷之後，新的和諧秩序就會重
現。但是，梁氏在1911年的希望已經算是老朽的希望了，儘管
他當時還年輕。年輕的中國人在探索，但只探索了很短的時間。
到1920年代早期，不僅僅是那些組建共產黨的人，許多年輕中
國人都已經找到了馬克思主義。另外一些人發現了科學，就像他
們的西方同行一樣。少數人選擇了基督教，或重新發現了佛教。
如果中國存在祭司傳統，中國人恐怕會經歷一個漫長的發現新宇
宙論的過程。但是作為行動派學者的後裔，他們想要獲得新的
「體」，從而可以應對新的「用」，而這正是革命的具體過程。

　　如今宇宙只有一個，中國和西方同在這個宇宙之中——列文
森對此深信不疑。中國被強行拖入這個宇宙引發了中國的革命。
鑒於從專業上說列文森是所謂思想史家，他並沒有研究那場革命
的具體運作，而是留給其他人研究。只有看到「體」的元素再次發
揮作用時，他才開始探討共產主義。總體上，在共和國政府努力
建設新中國的過程中，他更願意站在一邊觀察，通常帶著同情。
只有一次他表現出了憤怒——在「文革」期間。與包括我在內的
許多人不同，他認為「文革」真的關乎文化。隨著「文革」的展開，
他越來越不再抱有幻想，不是因為紅衛兵的猖獗，而是因為中國
日益增長的仇外運動和明顯的孤立主義。如果中國革命意味著中
國和西方正在成為同一個宇宙的組成部分，那麼「文革」似乎是

69

後退了一步，也許退到了義和團運動時期的蒙昧主義。他看到偏執狂式的民族主義正在中國湧現，無論是何種形式，他都十分反感。他可以理解為了讓新事物誕生而最終埋葬過去腐爛的殘餘物的必要性。但是，如果儒家的形象要被毛主義的偶像取代，那就意味著中國正在墮落到任何一個「現代化」小國的基準面。他堅信，中國是一個典範，因而對世界負有特殊的使命。排外運動是對這項使命的最大的背叛。直至衰落之前，中國對待外國人一直頗為友善，雖然並不覺得他們有什麼可取之處。只有在最糟糕、最絕望的時刻，若有正當理由，中國才會攻擊外國人和外國事物。毫無疑問，如果得知「乒乓外交」的突破以及中國人顯然回歸了世界，他也一定會感到欣慰。但是，這場變革的方式及原因會讓他困惑不已，正如中國的共產主義也曾讓他感到困惑。

在生命的最後幾年，列文森對地方主義 (provincialism) 產生了興趣，這個問題在他早期的著作中並不明顯。假如他依然健在，我不知道這項工作會如何進展。乍一看似乎很奇怪，像列文森這樣一個如此關注人類宏大信仰的人，會去關注一個更適合人類學家或者近來的職業歷史學家所關注的問題。我可以將他新的關注點與他對中國共產主義的持續困惑、他不斷尋求的演化中的世界主義聯繫起來。我也可以將之與他內心日益增強的保守主義和幻滅情緒 (disenchantment) 聯繫起來。保守派在傳統意義上而非法西斯主義的意義上，應該支持多樣性，而激進派則是普世主義者。所以在中國古代，儒家是保守派，而墨家是激進派。墨家開創了「天下」的觀念，法家提供了組織手段，最終導向了秦代

施行的「一體化」(*Gleichschaltung*) 政策。列文森不能接受共產主義始終無法包容多樣性，尤其是共產主義對知識分子的敵視。他認為知識分子是確保社會公正的必需品。中國古代文人，儘管接受共同的儒家宇宙論，但仍然是具有多樣性的群體，這在他們的藝術和詩歌中展現得尤為明顯。列文森永遠都不會喜歡共產黨的幹部，在他看來，他們都是一個樣。或許他相信，如果根植於中國各省份的多樣性泉源能夠存續下來，就可能會迫使墨家式的馬克思主義接受一點儒家對多樣性的包容。這種觀點如果確實是他心中所想，那就與他關於變革辯證法的觀念是一致的。如果北京代表著統一的力量，那麼各個地方或許代表著多元化的力量，二者可以製造曾經存在於君主制和官僚制之間的那種富有創造性的張力。對於列文森而言，這從來不是一個權力制衡的問題，而是一種相反事物之間的緊張關係會產生真正的「體」。如果馬克思主義在中國確實蘊藏著新的「體」，那麼是多樣性之間的張力，而非簡單的統一，會讓其最大程度地實現潛力。

列文森在過去幾年中經歷的幻想破滅，對我來說顯而易見。他身上的所有人道主義和人文主義的衝動都讓他對越南戰爭感到厭惡。然而，他對大部分反戰運動的荒謬性質也頗為震驚。雖然他是我認識的最不傾向暴力的人之一，但是我認為不是反戰運動中偶然發生的暴力——現在回想起來相當微不足道——讓他產生幻滅，而是反戰運動早期某些領導者嘩眾取寵的滑稽醜態、追隨者盲目的不寬容，以及示威遊行中公然的反智主義。在他看來，「文革」或者同時發生的美國反戰學生運動都不是真正的革

命。他能看得出1919年中國學生在推翻什麼，但他看不出1966年他們除了推翻文化本身之外在做什麼。他覺得同樣的情形也發生在了美國，反戰情緒迅速引發了全國性的運動，旨在破壞唯一能讓文化和知識分子擁有合法地位的機構——大學。與某些用暴力反對激進學生的人不同，他沒有站在專制主義的立場上來捍衛大學。列文森從不追求權力，倘若他擁有權威，也是源自知識與激情，而非來自正式的職位。但他深信在美國，大學是他認為至關重要的世界主義的「體」可以獲得發展的一種機構。他自身的宗教信仰也跟中國一樣包含世界主義的元素，但這無法取代大學中這群由多樣化的人組成的整體，他們致力於把文明打造成具有本質內涵的事物，而非僅僅是某種社會政治秩序。美國的大學是中國古代「官僚制」——文人官員的整體——最好的對應物。他完全支持用一切努力遏制華盛頓政權發動侵略外國戰爭的專橫權力。他相信知識分子依然可以發揮作用，知識分子「博物館化」（museumification）的時間尚未到來。他覺得學生運動和反戰運動在太多層面掩蓋了盲目的仇恨和對權力的渴望。這是一場針對依然脆弱的美國和世界之「體」的攻擊。

71

列文森人生的最後幾年與梁啟超很類似。與梁氏一樣，他早期的著作見證了中國邁入新世界的歷程，他覺得自己也是那戲劇性事件一部分。我們需要記住，麥卡錫主義被粉碎之後，1950年代基本上是美國的樂觀時期。大多數中國研究學者認為中國和美國遲早會走得更近。只有少數極右派的愚昧分子還在持續抱怨共產主義的幽靈。列文森天性樂觀。此外，當知識分子認真研

究「體」的時候，正如中國和美國的知識分子各自以不同方式所
做的那樣，人們對未來就會充滿希望。在美國的大學裏，各種學
問都在蓬勃發展。舊式的蒙昧主義被避免了，新的社會科學造成
的蒙昧主義尚無法將極權主義的模型強加在所有思想之上。韋伯
主義或許已經成為社會學領域的風尚，但這從未蒙蔽其人自身的
偉大。中國研究領域儘管分隔成形形色色的他並不甚感興趣的
潮流，但卻保留了一個難以界定的核心，只能稱之為對中國的熱
愛。儘管某些經濟學家在書寫中國的時候顯得非常鐵石心腸，但
總體而言，他們對這個國家和人民的興趣超過了對數學建模的偏
好。列文森對此感到滿意。但從1960年代中期開始，列文森的
幻想破滅，就跟梁啟超在1920年代中期以後發生的情況一樣。
與梁氏一樣，列文森沒有退出，而是投入了新的思想，偏離主
流，但仍然契合他對「體」的終身關注。他的離世確實太早了，
因為他剛剛達到一個能夠擺脫職業主義最後的殘餘、思想可以自
由翱翔的境界。

列文森是一位傑出的教師，他自己和他的許多學生都很感
恩這個角色。然而，他的著作經常讓讀者困惑。有時候，似乎
精彩的辭藻 (*tour de mot*) 對他來說要比認真鋪陳思考的過程更重
要。他在講話和寫作的時候有一個習慣，在實際上最嚴肅的時候
會講一些俏皮話。猶太教中想必也有某些禪宗傳統吧，當遊吟詩
人在山巒之間見到神的時候，也會出聲大笑。但這是他的個人風
格與特別的個性。實質上的激情始終都在，且隨著他身影逐漸遠
去而愈加清晰。讀者之所以會困惑，很大程度是因為在美國知識

界，從本質與行為（essences and actions）、變化的辯證法（dialectic of change）等角度思考問題的方式並不常見。不妨看一看社會科學處理「價值」問題的方式。人類學家通過田野考察、社會學家通過閱讀韋伯，發現人類社會受「價值觀」的支配。鑒於這些是社會事實，它們必須可以被描述為「信仰體系」，或者最好是作為邏輯系統中的元素被抽離出來。舉一個特別荒謬的例子，美國軍事研究機構多年來一直嘗試做出俄羅斯和中國的「操作規範」（operational codes），軍方為此向社會地位較高的學者支付了大量經費。另一個例子，社會科學中有汗牛充棟的文獻，認為在某些西方國家「成就」（achievement）來自「新教倫理」（Protestant ethic）。邏輯實證主義大體上是美國心靈中根深蒂固的唯物主義的操作性延伸，這種唯物主義認為人體在原子層面可以被分解，最終不會留下任何痕跡。顯然，這排除了任何宗教觀念。然而，若缺乏宗教敏感性，就無法理解列文森。在實證主義層面，他的貢獻可以不如一篇關於雲南的鋅生產的論文。美國大學的訓練中幾乎沒有任何內容有助於提高宗教敏感性。宗教是校園外的事情，無論是在教堂裏，還是在公寓裏醉酒嗑藥。大學是關乎「用」的世界，而「體」則是私下在自我的心靈中培養出來的。列文森無法接受這種二分法。在教育和學習的公共之「用」，與關乎價值、宗教、人和人之間際關係的私人之「體」之間，肯定存在某種張力。

有些人認為列文森在對中國的研究中引入了自己的猶太教情懷，我認為這是事實。但所有思想工作者都是如此。即便是冷酷的博弈論專家也會將自身的偏好帶入模型設計中。但我不相信當

他思考中國的時候猶太教會在他的腦海裏。試圖闡述別人的宗教信仰總是帶有風險的，但我願意嘗試一下。列文森的宗教信仰既關乎他的工作，也關乎他大部分的生活，同時與世界觀也息息相關。任何時代、任何時期，都會有某些人被賦予一種關心世界上重大的戲劇性事件的意識。他們覺得有必要以文字或造型藝術表達這種意識。他們掌握了能夠做到這一點的相關技能。這些人是全世界的知識分子。他們看到了整個地表景觀的輪廓，而大多數人只會處理某些岩石和樹木。當表達自我的時候，就像梁啟超表達他對中國的思考那樣，他們會明確指出成千上萬人的所作所為的本質究竟是什麼。列文森從不相信通過學習世界歷史或世界政治就能獲得這種意識。那可能會使一些思想工作者能夠構建一個岩石的圖案，但永遠不會是一個整體的景觀。世界意識必須通過其他途徑才能形成。他毫無疑問地相信是猶太教和《聖經》賦予了他這種世界意識。他明白，在中國的經典還是價值而非歷史的時候，它們也賦予了傳統中國文人世界意識。或許意味深長的是，業餘愛好者的中國文人畫家大多喜作山水畫，每一幅畫作都是自成一體的世界。他們的繪畫總是與其履行官僚職能的日常瑣碎行政生活有很大的不同。我從來沒有聽說過列文森談論上帝，也不記得他在這方面寫過很多東西。他似乎不太感興趣對上帝的形式上的信仰，在討論商代的「上帝」時也沒有欣喜若狂，好像中國人獨立發現了耶和華一般。但他對中國經典十分著迷，就跟著迷中國繪畫一樣。如同《聖經》一般，中國經典中提出了一套宏大的宇宙論，支配了中國人的思想長達兩千年。我相信，這種以天人合

一的方式理解宇宙的宇宙觀，是列文森宗教信仰中的主要元素，也是他著作的核心部分。他信仰的宗教為西方創造了比得上中國的宇宙論，這對他來說是值得驕傲的事情，但這並不是說它有某種特殊的優越性。這種宇宙觀讓他對所有同樣心懷世界意識的知識分子產生了親近感，無論他們信仰何種宗教或意識形態。

〰️

這把我帶回到列文森關於中國的討論。正如托克維爾（Alexis de Tocqueville）為了法國而討論美國一樣，列文森將中國呈現為世界的典範。兩者用類似的傳統寫作，並且在個性上也有許多相似之處。兩者都認可不可阻擋的革命和民主進程。兩者都借用另一個國家來闡述他們認為一位知識分子必須陳述的真理。不過，托克維爾筆下的美國是一個靜態模型（模型理應如此），而且他抽離出了該模型中的關鍵元素，因此至少在類似情況下可以適用於法國。托克維爾將美國呈現為一個可以被效仿的國家。但列文森則將中國描繪成一個處在動態中的世界。與其他國家相比，中國是獨一無二的，因為除了近代以來，中國始終意味著一個世界，而非一個民族國家。羅馬創造的世界延續了幾個世紀，遺產由其他國家繼承。但中國人創造了一個持續了兩千年的世界，這是人類社會絕無僅有的例子。它並非一個像基督教世界或伊斯蘭世界那樣的抽象世界，而是一個由真實的制度以可見的、有形的紐帶聯結為一個整體的真實世界。二戰以來，有很多關於「同一個世界」的討論。但實際上，如果這個世界確實出現過，那麼它會是一個

74

「美利堅帝國」（Imperium Americanum）。現在看來，這個帝國已經飽受重創。列文森筆下的中國讓人聯想的不是「帝國」這個詞，而是「中華」，這與在那種文化中孕育的文化和制度密切相關。中國人向他們所知的世界傳播了一種本質──一種「體」，並且創造了統一性。隨之而來的是制度、法律和軍隊。或者，它們的成長與「體」之間存在著辯證關係。

　　列文森是一位通才、一位業餘愛好者，恰如他筆下傑出的中國文人一般。因此，他必須要否定馬克思主義關於知識分子是思想工作者，與人民之間只是分工不同的觀點。他同樣否定了當前美國關於知識分子只是具有特殊技能或教學能力的學究的觀點。不過，倘若其信念讓他認為知識分子與別不同（好比藝術家），列文森也不會主張知識分子要擁有特殊的權利和地位。他喜歡優渥的生活，喜歡當教授，但他從來沒有在這一職業中謀求官職，而這種風格在美國的中國研究領域頗為發達。正如托克維爾一樣，他身處邊緣，沒有尋求中心或者頂端的位置。但他堅持要留守在宇宙論大戲的中心。當他覺得越來越少的人看到這齣戲時，幻想就破滅了。

75　　　倘若他依然健在，或許會問：在「乒乓外交」的突破之後，今天的中國是「中國」還是「中華」？如果僅是前者，他會感到悲傷；隨著二戰後美國創造的世界關係的減弱，民族主義和保護主義逐步抬頭的總趨勢將會使他更加悲傷。這意味著世界將再次邁向「用」而遠離「體」。但他或許會感到欣慰，許多年輕的漢學家開始將中國視作我們的榜樣。中國教育分權的舉措，列文森應該

不會研究，但他會認可其他人研究這個問題，而不是另一篇關於
政治局內部權力鬥爭的論文。同時，倘若中國繼續深切關注學校
和課程，他會認為這是「中華」得以回歸的有利的跡象。「中華」
正是他所有著作關注的問題所在。

歷史學家的求索[1]

安格斯·麥克唐納 (Angus McDonald, Jr.)

美國人為何要研究中國歷史？

以前，對這個問題的大多數回答，都會圍繞兩個中心主題展開。第一種認為中國遠離西方文明的實際利益，學習中國只是為了滿足對異國情調的好奇心，以證明我們有能力掌握任何話題，不管多麼晦澀難解。因而有了漢學。

第二種辯解的重要性在二戰和中國的解放 (Liberation of China) 以後逐漸凸顯，主張中國對於西方有正面的重要性，應當根據「知己知彼」的原則來加以研究。因而有了區域研究。

---

1 〔原書編註：本文最初發表於《關注亞洲學者通報》(*The Bulletin of Concerned Asian Scholars*)，第 2 卷，第 3 期 (1970)，此處有所修改。感謝《通報》的編輯允許此文收入本書。〕

本文最初為雷蒙·桑塔格 (Raymond Sontag) 在伯克利開設的歷史學研討會 (History 283) 所撰寫，並發表於《關注亞洲學者通報》，第 2 卷，第 3 期 (1970)。因篇幅所限，我們刪減了本文中與本書其他篇章有所重複的內容，並對文章作了有限的調整。本文的主體部分仍然保持原樣。

這兩種回答在堅持西方中心論層面反映了同樣的自我中心主義，並且都具有重要的政治意涵。通過宣稱中國研究與他們所處社會的任何問題都沒有關聯，漢學家含蓄地表達了對現狀的支持。迪安・臘斯克*比這些中國研究專家更瞭解中國的相關性。區域研究在中國問題上的取向則為美國在太平洋地區的帝國主義提供了學術上的辯護。它基本接受了冷戰鬥士的世界觀，即一種最新的「白人的負擔」原則，宣稱美國有責任（通過「價值中立」的學術研究）來理解亞洲社會、革命及共產主義的本質，以便最有效地對抗這些威脅。塞繆爾・亨廷頓（Samuel P. Huntington）為美軍空襲越南農村作了廣為人知的辯護，認為空襲造成的破壞有助於推動「城市化」進而「現代化」，這僅僅是該學派野蠻主義的一種體現。

針對這個問題還有第三種更為複雜的回應，值得中國和西方的相關學者認真對待。正如我們的許多導師和同事的作品中所體現的那種信念，中國經驗與任何其他民族的經驗一樣，是人類經驗中不可或缺的一部分。為了理解人類的境況我們應當理解中國經驗。

代表這類中國研究觀點的最重要的人物之一，正是研究「現代中國思想」的歷史學家約瑟夫・列文森，1969年復活節，當洶湧的俄羅斯河掀翻了他的獨木舟時，他的研究生涯永遠停留在了48歲†。

---

*   譯註：戴維・迪安・臘斯克（David Dean Rusk, 1909–1994），美國政治家，1961–1969年曾出任美國國務卿。

†   譯註：1969年4月6日，列文森在加州北部的俄羅斯河（Russian River）漂流時遭遇傾船事故，不幸遇難。

　　大多數人在身後會因為一兩個緣由而被後人紀念，但人們悼念列文森的原因卻很多。他對待朋友熱情、親切，言談機智風趣，是虔誠的猶太教徒，也是受人尊敬的學者和教師。他不追求公開的政治影響力。列文森在做些什麼？他為什麼要研究中國？

　　在生命的最後幾年，列文森曾經這樣描述這個領域最初對他的吸引：

> 中國歷史的吸引力在於其獨特性。研究一些鮮為人知的事情，肯定不會陷入無聊。涉足像美國歷史這樣非常發達的領域，就不得不要適應一種充斥著圍繞細枝末節或者修正主義問題而產生惡意爭論的學術環境，這實在沒有什麼吸引力……無論是歷史本身，還是我的性情，都不適合這種任務。在中國歷史中有很大的開放空間，有希望能找到漫長的回家之路。我認為這需要一種對業餘主義的賞識。[2]

　　這是一種現代式的混合動機：一方面是對新興領域的專業興趣，至少對美國大學和西方思想來說是新的，而且該領域尚未受到過去和現在的戰爭埋下的地雷所造成的阻礙；另一方面，這又是一條「漫長的回家之路」，以研究中國思想作為一種研究西方思想的方法。對梁啟超的研究凸顯了中國知識分子在絕境中的奮鬥，以求既保存中國的偉大遺產——作為中國人的身分認同的

78

2　轉引自 Robin Radin, "Joseph R. Levenson: Dimensions of an Historian"。這是 1968 年秋季提交給伯克利歷史學研討會的一份論文手稿。

源泉，同時又要進入現代世界，讓中國恢復往昔的自信。列文森觀察到的病症並非中國獨有的：

> 之所以對中國產生興趣，是因為中國面臨的問題越來越成為我們同樣面臨的問題。我不把中國當作一個區域，而是把它視作一系列問題，是在這個世界主義的星球上我們都共同遭遇的問題……在心理層面，中國人和猶太人的經歷之間有可比性；兩者都是西方歷史傳統，即歐洲傳統主線之外的部分；兩者都被帶入了世界主義。[3]

列文森同情那些捲入了根植於歐洲的世界主義的中國知識分子，因此覺得自己有一種特殊的能力來承擔「開放空間」和「漫長回家之路」的雙重隱喻所暗示的雙重任務：將源自**西方的**關於人的本質和歷史經驗的見解，施加於混亂、失序的現代中國思想史之上，從而創造出一種可以將那段歷史的「事實」進行綜合的「範式」——以此將中國帶入「普遍的話語世界」，將之帶回到我們考察人類歷史、思索人類未來之際所仰賴的知識體系之中。

列文森對他所研究的中國知識分子的同情，並不僅僅是一位在情感上認定世界主義的敏感的歐美學者所抱有的同情。列文森展現的是作為猶太人的同理心。如果病症是一種普遍狀態，那麼它在不同的群體中有不同的根源。猶太人持續不斷地面臨著兩種抉擇：堅守族群的歷史傳統以保留其文化身分認同，抑或採納

3　同上註。

「流亡」所在地國家的部分或全部歷史和認同，從而轉向本土並減弱流亡意識。對於遭遇了現代性和理性的猶太知識分子而言，猶太文化的**傳統**特性進一步凸顯了這個問題，該文化由一個拒絕消失的民族通過集體意志保存和發展了兩千多年。這種傳統性對許多猶太人來說都顯得狹隘，但非傳統方案則意味著放棄猶太人的歷史——也就是被同化。

在其「三部曲」的最後一部分，列文森引用理查德·麥吉恩（Richard McKeon）討論邁蒙尼德（Maimonides）的文章：「對我們而言，如今傳統感不那麼強了，與其說是因為我們沒有傳統，不如說因為我們將太多傳統混雜在了一起。」[4] 問題在於要選擇可以接受的身分，作為猶太人、美國人，或者人。這讓我們想起尼采（Friedrich Nietzsche）——確實，猶太教徒列文森顯示出受到無神論者尼采的強烈影響：

> 我既不知出口，也不知入口；我就是一切不知出入之徑的總和」現代人嘆息說……我們曾經患上**這種**現代性的病症——患上懶散的和平，患上膽怯的安協，患上現代之肯定和否定的全部德性污點。這種心靈的寬容與大度，因為「理解」一切就「原諒」一切，對我們來說，就是西羅科熱風。寧願生活在冰天雪地，也不願生活在現代德性和其他南風之中！*（《敵基督者》）

4　Joseph R. Levenson, *Confucian China and Its Modern Fate*, vol. 3, Berkeley: University of California Press, 1965, p. 123.

*　譯註：譯文採用吳增定譯本《敵基督者》（北京：生活·讀書·新知三聯書店，2017，第5頁）。「西羅科熱風」（Sirocco）是地中海的溫暖南風，與「冰天雪地」相對。

　　猶太人所面臨的問題是如何處理其智識上的世界主義世界觀
（這讓猶太人與其生活的社區密切相關）與作為猶太人代代相傳的
文化認同（對猶太人而言**存在**意味著擁有**存在的意志**）這兩者之
間的張力。

　　中國人與猶太人具有可比性，但沒有類似性。列文森將可比
性與類似性（analogy）區分開來。可比性意味著有限的特徵並列，
而類似性則涉及更加廣泛的相似性。列文森在《儒家中國及其現
代命運》三部曲中運用的最有意思的一種方法是，分離出可比較
的實體，探討它們為何無法類比，然後探討類比的失敗，這樣不
僅可以從西方的角度來考察中國案例，而且也能反思西方本身。[5]
值得用這種方法來考察猶太人—漢人這對類比的局限性。他對
中國現代思想史的綜合，在多大程度上有助於將中國帶入「普遍
的話語世界」？列文森在漫長回家之路上走了多遠？

80

思想史

　　列文森為其中國史的旅程選擇了一條特殊的思想史脈絡，並
且意識到其局限性：

5　　Joseph R. Levenson, "The Genesis of *Confucian China and Its Modern Fate*," *The Historian's Workshop,* ed. L. Perry Curtis, New York: Knopf, 1970.

歸根結底，思想史只是人書寫的一種歷史，只是一種方法，一種進入的途徑，而非終點。在客觀存在的世界中，在由人創造的歷史中，思想、社會、政治、經濟、文化等諸多線索交織成一張不可割裂的網。在專門研究中，我們打破了自然狀態的一體性，但最終目的是為了以可理解的方式將整體復原。[6]

他用辯證的方式界定他的探索：

> 有人可能會覺得思想史是抽象的邏輯普遍性與為達到它所做的歷史的妥協（特殊的）之間張力的產物：一位思想家的思想，部分依賴於他對周遭客觀世界的觀察，可以說是一種假設上可能的「最終」思想的不穩定版本。[7]

思想的體系可能看似荒謬或不合邏輯，但關注過程和歷時變遷的史學家則將**思想**（thought）視為次要現象——是一種數據——而主要關注**思維過程**（thinking），即與語境和轉變不可分離的心理行為。

列文森在他的博士論文和第一本書《梁啟超與近代中國思想》之中也運用了這種區分，但直到後來才借用柯林伍德（R. G. Collingwood）的術語更加清晰地闡釋這一點：

> 這樣的預設確實存在，也即以下邏輯原則：「一套知識不是僅由『命題』、『表述』、『判斷』組成……而是由這些及其所欲回

6　Ibid. See also "Introduction," in Joseph R. Levenson, *Confucian China and Its Modern Fate: A Trilogy,* Berkeley: University of California Press, 1968.

7　Joseph R. Levenson, *Liang Ch'i-ch'ao and the Mind of Modern China,* Cambridge, MA: Harvard University Press, 1965, p. 153.

答的問題一起組成。」……於是，某個觀念背後問題的變化，正如觀念之外與之競爭的其他主張的變化一樣，也會改變該觀念本身所具有的持續存在的確定內容。[8]

知識語境的觀念、「歷史」與「價值」、對可比性（comparability）的追求，以及其他列文森式的工具，並非是**中國**歷史的產物，而是出自一位受西方方法和傳統訓練的思想家，是一位世界性的美國猶太裔知識分子討論中國知識分子的方式。作為工具或者範疇，它們對於受中國歷史學訓練的中國史學者，或受實證敘事訓練的西方中國史學者而言，意義並不大。[9]對於列文森而言，「事實不是研究的目的──它們是優秀的歷史著作（以及優秀的歷史頭腦）留在話語世界中的可見地標」。[10]人們會放下檔案材料，開始提出更大的問題。根本的問題不是如何瞭解歷史，而始終是**為什麼**？有何意義？

這種問題意識是優秀歷史作品的核心。但是，劃分出一個規模有限的小圈子，由一群擁有共同問題意識、在同樣的大致範圍內提問的知識精英小團體進行討論，確實存在著某些問題。對於

8　Levenson, *Confucian China*, vol. 1, p. xxvii.

9　受蘭克史學訓練的歷史學家恒慕義認為事實會自己說話，或者只需要極少的註釋和解讀。他在發表於《亞洲研究雜誌》上的評論中猛烈抨擊了《梁啟超與近代中國思想》一書，差一點讓年輕的列文森失去伯克利的職位。他寫道：「一個人無法穿透另一個人的思想，除非在某種程度上它成為了此人自我的思想」；該書「難以算得上是部客觀的史學作品」。

10　列文森在伯克利開的歷史學研討班「歷史作為藝術與科學」（History 283）手稿筆記。感謝魏斐德教授慷慨地讓我檢閱了他收藏的這些以及其他手稿。

廣闊的中國歷史而言，知識分子歷史只是一種局部的、狹窄的路徑，由思想話語提煉出的綜合歷史分析會忽略掉大範圍的「開放空間」。列文森對中國引進共產主義的解讀，在其語境下是令人信服的；鑒於中國知識分子尋求中國躋身現代民族國家之林，且拒絕僅僅重蹈西方現代化之覆轍，因此，學習西方最激進的自我批判是合乎邏輯且對稱的。但這不足以闡釋中國革命的肇因。

如果要把共產主義的引入從社會和政治背景中抽象出來，肯定會有所扭曲。不管這是尋求解決歷史／價值這個兩難困境的多麼**合乎邏輯**的結果，它都不是**必然**的結果。在理論模式和實際情況之間存在許多變量。從1840年鴉片戰爭到一個多世紀後解放軍獲得成功，西方帝國主義確實發生了變化，但列文森並沒有充分考慮這一變化。強調思想變遷的節奏與邏輯、輕視社會問題，這限制了其分析的綜合性；但是，通過運用在寫作《梁啟超與近代中國思想》期間形成的工具，列文森得以在「三部曲」中處理中國近代史上的動機、苦痛與非理性。通過用知識分子所面臨的「歷史／價值」兩難困境來提出問題，列文森為我們提供了一條基線，一條可供他人參考的未知領域內的路線。

82

他的簡約範式可以成為對中國的病症進行廣泛調查的點金石（*lapis philosophicus*），排除了很多內容，很易於西方讀者理解。這不僅僅是能量有限或者材料不易處理：《儒家中國及其現代命運》之所以能寫成，是因為它是一種話語的練習，與材料保持距離，在歷史與價值的中心主題上形成了賦格曲式（fugue-like）的變奏（例如，客觀／主觀、傳統／現代、理性／感性等）。儘管有人批評

他的研究缺陷，但列文森對非理性的動態發展所作的研究，可以不帶偏見地比擬於韋伯關於「新教倫理」與西方資本主義興起的論斷，而後者正是一個複雜領域中必不可少的指示牌。

世界主義與「漫長的回家之路」

在《儒家中國及其現代命運》三部曲中，列文森的目標是追溯當受強烈的異化感驅使而不斷創新時，思想和概念的舊有組織如何一再地被修正與顛覆。他的目標不是抽離出中國的「本質」（虛幻的精靈），而是發現中國特色的共產主義如何穩妥地建立在孔夫子的屍骸之上。但由此產生的史學綜合僅是其雄心壯志的一部分。列文森研究中國的部分原因是為了尋找其漫長的回家之路，發現將這個病態世界聯繫在一起的紐帶。他已經開闢了一條道路，設置了路標，隨著第一部「三部曲」的完成，他已經設想了第二部來繼續推動在這條道路上前進：《地方主義和世界主義：中國歷史與「現代」的意義》。

然而，來自有記憶以來塞拉山 (Sierra) 遭遇的最大降雪的徑流淹沒了這個夢想*，它並非完全沒有實現，儘管只是草稿和文

---

* 譯註：塞拉山脈的雪山融水匯入了列文森 1966 年遇難的俄羅斯河。

稿，未能完全成書。[11]這些論文除了在時間上側重考察民國和共 83
和國時期而非晚期傳統時代以外，並沒有對已經完成的「三部曲」
中所鋪設的線索進行根本性的突破。它們在邏輯上延伸了列文
森已經確立的研究傾向，即從具體的世界進一步退回到話語的世
界。這是他的路線，漫長的回家之路。

　　缺乏根本性的突破，正是我認為這些論文存在的問題。他對
中國人在現代世界的自我認同意義的尋求，涉及了一個我認為應
該更加仔細研究的假定。

　　世界正在變得更加世界性(cosmopolitan)，當歷史學家在所
有地域廣泛撒網，直到它們彼此相關時，他們也就為世界主義進
程(cosmopolitanization)作出了貢獻。這並非「空洞乏味」的客觀
描述；歷史學家的客觀性並不是逃避其自己文化的問題。[12]在某
種重要意義上創作歷史(書)；歷史學家的任務是改造他自身所處
的時代，不僅在思考過去之際，在他與當下交流、塑造那些可以
締造未來的思想時也在創造歷史。

11　"The Province, the Nation and the World: The Problem of Chinese Identity,"
　　Approaches to Modern Chinese History, eds. A. Feuerwerker et al., Berkeley:
　　University of California Press, 1967；"The Past and Future of Nationalism in
　　China," *Survey,* no. 67 (Apr. 1968)；"Communist China in Time and Space: Roots
　　and Rootlessness," *The China Quarterly,* no. 39 (1969)；另見收入 *Revolution and
　　Cosmopolitanism: The Western Stage and the Chinese Stages* (Berkeley: University of
　　California Press, 1971) 的三篇講座論文。

12　History 283 課程的筆記手稿。

　　但這面臨著很大的障礙。世界主義的世界文化不會通過簡單的混合而產生，不會通過有意識地挑揀和選擇而產生，好比有一個文化選擇委員會從東西方文化中選擇一樣。它也不會通過一些普遍的範式，例如馬克思主義、湯因比或其他範式，這會使不同國家文化發展的目標本質上趨同。這一點列文森很清楚，也明白表達過。[13]但是，歷史學家在創造自己的歷史時必須作出選擇和判斷：「此」是即將到來的世界主義世界的一部分，而「彼」則不是。這正是列文森在關於世界主義的文章中努力解決的問題：歷史學家在何種情況下必須要停止做相對主義者？

　　他站在「文革」的這一面，站在諸如蕭伯納、皮蘭德婁 (Luigi Pirandello) 和易卜生 (Henrik Ibsen) 之類的文化英雄的一邊。他認為，對於這些人而言，在「文革」的瘋狂之後中國將會回歸。他支持專業人士，那些遭受「文革」浪潮的衝擊最嚴重的現代人及現代專家。「世界主義蕩然無存。複雜與微妙也不復存在。『文革』文化精神是狹隘的。」[14]專家被剝奪了原本與國際社會的紐帶，被迫變得「又紅又專」，而且重點在「紅」：加入中國人民的民族主義前進隊伍之中。根據列文森的看法，這顯示出意識形態的掌控者陷入了絕望，他們擔心除非科學受到掌控，否則它會將毛澤東和毛主義權威中的某些重要元素剝離。他覺得這種與世隔絕及

13　Levenson, "The Genesis of *Confucian China and Its Modern Fate*."

14　Levenson, "The Past and Future of Nationalism in China."

其特殊化的方式是短暫性的。世界主義依然在崛起，中國將會以某種方式重新加入世界。[15]

　　歷史寫作的歧義性之一，在於個人的視野是由客觀參數引導的：歷史學家「瞭解後果」。史家從眾多細節中選擇線條和碎片來建立易於理解的模式，以「解釋」某一結果是如何產生的。列文森的辯證思維為他提供了有效的工具來研究儒家中國現代命運背後的病症，但是由於若干原因，我認為對這個後果尚不明確的時代所做的新辯證法（世界主義／地方主義）似乎缺乏說服力。這些原因讓我們回到政治和學術這個問題。

　　首先，有一個內在的假設，即對於西方和世界而言，世界主義文化的核心內容已經是確定的，並且在根本上是一種善（good）。科學與藝術（以及列文森所致力於發展的普遍歷史），「思想和知識最精華的內容，可以拓寬和完善人類精神的資源」。[16]然而，政治野蠻主義的最終極表現也源於歐洲的核心。我們知道，某些設計和管理奧斯維辛集中營的人也曾被教導閱讀莎士比亞和歌德——他們延續了這樣的習慣。在夜晚的陰影中，他們聆聽巴赫和勃拉姆斯，並利用集中營的揚聲器播放貝多芬。更令人厭惡的是，我們清楚：如果說這些人並不理解他們讀到的和聽到的內容，那將是純粹的偽善。

15　Levenson, "Communist China in Time and Space."

16　Levenson, *Confucian China,* vol. 1, p. 25.

85 　　列文森將「文革」中的集體主義貶低為排外的本土主義（nativism），是普遍歷史發展道路上的倒退。在其遺作中，他未能足夠嚴肅地考慮中國可能已不再試圖在文化上追趕西方；他忽視了一種可能性：中國的集體主義在某種程度上是被設計以將中國的未來與西方歷史上不可否認的恐怖隔絕開來，而那段歷史與處在「世界主義」核心地位的西方文化巨人們密不可分。他沒有足夠嚴肅地對待中國關於資本主義和帝國主義的言論──可能是因為猶太人的經歷在這方面沒有提供太多可比性。[17]

　　此外，在他尋求超然的世界主義的過程中，我覺得他正在將自己看到的世界的爭議歸入一種彌合紛爭、無遠弗屆的文化共識之下。列文森通過自己使用的那些術語來假定現在，含蓄地否定了鬥爭與張力的核心地位──這些觀念在他早期作品中佔有何等重要的地位！他似乎讓「歷史」與「價值」變成知識層面的問題。如果兩者都是知識層面的問題、如果兩者都受理性的約束，那麼通過印刷品這一媒介進行的思想與思想碰撞，就可以應對、解決身分和相關性的問題。政治將無一席之地。

猶太人與專家

　　至此，我們已經很清楚，我認為列文森在「三部曲」中（在其限度內）對中國歷史的解讀是精彩且敏銳的學術成果，是一件藝

17　See also John G. Gurley, "Capitalist and Maoist Economic Development," in *America's Asia,* eds. Mark Selden and Edward Friedman, New York: Vintage, 1970.

術作品，在重重困難中依然充滿火花，兼具趣味、感傷與充實。正如思想史可以被視為由「歷史」與「價值」之間的矛盾所推動，藝術——永恒意義上的最佳藝術——可以被看作是情感與理智的訴求的解決方案。[18]「三部曲」正有著這樣的生命力，而且細心的西方讀者可以在其中找到關於西方問題的一些暗示——因為站在「漫長的回家之路」的最高峰上，有關人類病症及其他處境的壯觀景象會呈現在眼前。此外，我們還應該清楚地意識到，他身邊的許多人，包括他的很多研究生，都深受啟發。他的人情味與風度既體現在為人處世的方式上，也體現在他的專業指導之中。正是因為他一如既往地重要，因為他經受住了尋根究底的檢視，所以很值得進一步探討。

86

　　約瑟夫·列文森不是藝術教師，也不是人道主義 (humaneness) 的教師 (除了以身作則)。他無法傳授他在自己的藝術中為自我設定的問題。他必須教授「道路」，這是他的職業，也是他所生活的中國史學家的世界，無論是為政府工作還是在大學任教。重要的是，他的講課因其才華與機智而富有傳奇色彩，但卻很少吸引一所重要大學裏潛在的大量聽眾。伯克利的許多中國學生對本民族歷史有著情感上的忠誠，覺得他對中國歷史的解讀毫無意義。同時，許多美國學生覺得中國史與他們不甚相關，儘管他們受到了跨文化比較方面的薰陶。

18　See also George Steiner, *Language and Silence: Essays on Literature, Language, and the Inhuman*, New York: Atheneum, 1967.

　　作為在美國大學任教的中國史教授，列文森對19世紀的專家非常順從。他機智詼諧地教授他的「道路」，富有洞見地探索中國歷史的迷宮。他嚮往啟蒙運動時期的通才，仍然覺得自己受限於專業主義的原則，不得不追隨那些拿着半杯晨間咖啡離開情感歸宿的人的榜樣。他喜歡無專業劃分的人際接觸，並試圖跨越師生之間的障礙。列文森不喜歡狹隘的技術型專著，他的好多研究生以為非得如此撰寫不可（他試圖鼓勵更廣闊的視野，但成效有限）。專業人士和教授的角色，意味著必須保持距離，避免接觸——抑或延遲接觸，直到評判的標準得到滿足，學生已經通過考試成為同事。他沒有輕易接受這個角色。作為一位向學生敞開心扉的教師，他通過毅然回應他人的人道主義來勇敢地彌合空隙。

　　但歸根結底他是猶太人身分，在專業之外基於民族而被吸納到一個特定的群體之中，並與他們分享一些19世紀和20世紀都無法完全掩蓋的東西。正是因為猶太教，學者約瑟夫・列文森才得以用意志力讓人道主義與職業並存，並且找到了資源來對抗大學的局限性。他是猶太人，也是一位專家——我想，正是這兩種身分互相影響，讓一位學者成為藝術家，讓一位教授富含人情味。他的學術志趣讓他成為一個更好的猶太人，他對猶太人的情感上的責任感也讓他成為更好的老師和學者。

　　正是因為這種交叉影響的不完整性，在一定程度上妨礙了列文森看到他的觀點與毛澤東的「又紅又專」概念之間存在的關聯。在某種程度上，現代世界的病症是專業價值和個人身分認同之間產生分裂的結果。專業社群內部的紐帶、從事類似工作的專家之

間的紐帶，不可以被低估。我們的祖先在荷馬、柏拉圖和耶穌時代尚是野蠻人，對於我們這些後代而言，族群之外的紐帶可能是唯一能讓我們延伸到鄰里社區以外的紐帶。但對於猶太人和漢人來說，族群遺產也是文化遺產，對這項遺產的忠誠變得很重要。對猶太人而言，可以採取的形式包括一種經過改造的宗教上的忠誠。對漢人而言，則包括對毛澤東思想的研究。

在這裏，猶太人與漢人之間的類比就不再奏效。在中國歷史上，眾多知識精英通過投身共產主義來協調「歷史」與「價值」之間的分歧。但在西方，如果一個猶太人要同時保持猶太人**和**現代人的兩重身分（如果同時接受「歷史」和「價值」），就不可避免地要同時依附於至少兩種傳統、兩種文化。他無法簡單地把自身的歷史存放到「博物館」——在那裏歷史可以保持對身分的重要性，但不會威脅到個人的「相關性」——至少在以色列之外的地方無法如此。這樣做意味著同化。猶太人必須在現代世界中扮演角色，但如果同時還要保持自我身分的完整，又必須躊躇不前。

在1920年代，隨著年輕一代的中國知識分子在處理過去與現在之間的二元對立方面取得了進展，梁啟超的本土主義變得不合時宜。與梁啟超的本土主義類似，約瑟夫·列文森明確選擇了宗教上的猶太身分作為唯一的可行方案，以免於讓自己屈從自身的學術角色並接受20世紀專業化的病症。作為猶太人和老師，他似乎已經找到了某些（不完美的）解決方案：多元文化的綴合工作，只要不去深究，就能獲得個人滿足。中國人在毛澤東思想中所發現的綜合（如果這種以動力和鬥爭為中心的思想確實可以

88

被稱為「綜合」）超越了作為流亡猶太人的列文森。他無法重新定義他的當下，也無法重塑他所生活的社區。

正如上文所提及的，列文森的作品此時可以被視為對包含政治爭議在內的政治的否定。對於那些走上街頭的人而言，越南不僅僅是學術問題，也不是可以在政治領域之外解決的問題。它是情感問題。對於那些瞭解並且重視亞洲人民作為人的價值的學者來說，痛苦尤為強烈，因為學識滲透到了情感之中。約瑟夫・列文森瞭解並尊重亞洲人民。他感受到了痛苦。他也在請願書上簽名。但是，由於可以在猶太人身分上找到主要認同，他個人覺得沒有必要（但眾多他的學生和朋友覺得有必要）嘗試矯正一部帶來身份認同的美國「歷史」因公開、持續的政治行動而陷入狂熱。

倘若我的分析是正確的，那麼我們應該清楚地看到，列文森的那些較少具有宗教情懷的同事和學生之所以不會認同他選擇退卻的原因，在於那些男男女女不是從有機的族群遺產中尋找個人的「歷史」與身分認同，而只能從作為**美國人**的身分中尋找。美國人是一個成份混雜的種族，團結他們的既不是血緣也不是宗教，而是對其社群的終極的善及其法律和制度公正性的一種情感上的（而非理性的！）信仰。越南以及這場戰爭所象徵的制度化愚蠢，強烈衝擊、扭曲了這套信念，而且超出了現有的調解手段。

約瑟夫・列文森努力協調他的職業和個人生活，讓二者變得有關聯。在其最佳狀態下，情感共鳴與智識求索在「三部曲」中融合在一起，他的學術作品成為藝術，改變了我們看待中國的方式以及我們對自身的看法。即使他後來的文章略顯不足，

他的生活方式與思維方式，同樣具有挑戰性和感染力。他瞭解
並且積極應對專業上的困境，他作出了犧牲也抓住了時機，倘
若他的問題與我們許多人的問題不同，這不是因為他承擔的任
務狹窄，也不是因為引導他的目標缺乏野心。在他最細心、最
深奧的學術作品中，列文森尋求著整體的跡象，並努力融會貫
通。他的學生會一如既往受到他的啟發，儘管他們會遵循別的
方法來考察人類的境況。

第二部分

作為史學思想家的列文森

約瑟夫·列文森研究歷史的方法

范力沛 (Lyman P. Van Slyke)

91

首先，把零零碎碎的片段，拼接

或許會搖落出一整個世界；

……

事實與事實碰撞出美妙的衝突

令閱讀變得精密且懂人情世故。[*]

　　　　　　——羅伯特·格雷夫斯 (Robert Graves)

你們不是剛才離開那個車站的人群，

也不是行將到達終點的人們。[†]

　　　　　　——艾略特 (T. S. Eliot)

---

[*]　譯註：出自格雷夫斯的詩作 "The Devil's Advice to Storytellers"。列文森在《儒家中國及其現代命運》第三卷第三部分也引用了他的詩作〈審查者〉。

[†]　譯註：這是艾略特〈乾燥的薩爾維吉斯〉("The Dry Salvages") 中的句子，此處採用湯永寬譯文。列文森在《梁啟超與近代中國思想》第四章也引用了這首詩。

　　1950年代末，詩人羅伯特·弗羅斯特（Robert Frost）曾在伯克利的希臘劇院（Greek Theatre）演講。漫談式的講演中穿插著他的詩歌，隨後有人提問，讓他解釋其作品的整體模式。憑藉狡黠的天真，弗羅斯特否認了存在這樣形式化的模式：「我只是讓內容自己匯聚在一起。」約瑟夫·列文森以不同的語氣和不同的目的作了類似的表述，把《儒家中國及其現代命運》三部曲描述為「一本『網狀』的書，而非『線狀』的書」。他在早些時候曾經這樣評論這套書的第一卷，「這一卷的主題初看似乎有些分散繁瑣，敘事的時間線索也略欠規則，但它討論的其實是連續的變化過程」。[1] 他的其餘著作也是如此：整體不僅僅是各個部分的總和。他的著作是隱秘的歷史感圖案上顯見的節點，圖案始終處在變化之中，變化的方向（我們能感知，但無法全部描述）是一種全新的世界歷史，同時也對他自身與那個歷史世界之間的關係作了強烈的個人表述。

　　約瑟夫·列文森更大程度上是散文家，而非敘事史學或者歷史論著的創作者。讀者無法通過他的著作瞭解1911年發生的事件及其細節。他想當然地認為讀者已經充分瞭解史實，但實際上缺少了這些史實（有時候即便提供這些史實）讀者很快就陷入困境。作為散文家，列文森著述頗豐，行文簡潔。在他長長的著作

92

1　第一個論述見於 Joseph R. Levenson, "The Genesis of *Confucian China and Its Modern Fate*," *The Historian's Workshop,* ed. L. Perry Curtis, New York: Knopf, 1970, p. 279. 關於具體細節及相關文獻，參見本書〈附錄二〉中的書目。第二個論述引自 Joseph R. Levenson, *Confucian China and Its Modern Fate: A Trilogy*, Berkeley: University of California Press, 1968, vol. 1, p. xxi。

目錄中，幾乎沒有超過40頁的作品，大多數著作的篇幅都十分短小精悍。[2]他選擇的題材都有助於發現歷史意義（這裏的強調可以落在「歷史」或「意義」之上）；通過援引證據來闡明論點，而不是通過堆積證據來證明它。

列文森的寫作風格對其歷史感至關重要，他的説話風格在某種程度上也是如此，因此要評論這些「分散且混雜」的文章所面臨的困難就越加複雜。他的語言很嚴密，充滿驚喜。他把內容壓縮到實質層面，但實質是複雜的、並不簡單，因此每一個詞語都蘊藏著——有時蘊藏過度——意涵、細節和語言遊戲。我覺得這就是為什麼我們很多人在嘗試從他著作中理解一些想法或觀點時會感到困難。他的語言活潑豐富，一旦轉述到我們心中則平淡無奇。既然不能像他那樣表達思想，我們剝奪了他在其思想中灌注的那種細微至極的張力，結果就成了「歷史與價值之間的關係就如同我的與真實的之間關係一般」。在追求音質高保真的過程中，我們恰恰冒著低品質錄音的風險。列文森「學派」這個提法在語言上就是矛盾的。

有導師，而無學派。那麼，他的學生可以利用何種教導？把隱喻當作信息（metaphor-as-message），無法將別人訓練得跟他一樣「做」歷史。但他對隱喻的運用，無論是持續的（博物館、舞台、作為語言的文化）還是隨意的，都重申了歷史隱喻在其急需幫助的時刻也

2　他的首部專著《梁啟超與近代中國思想》僅是一個特例。至於《儒家中國及其現代命運》三部曲，其實是一部論文集。

是有效的。列文森本人這個例子，他的眾多案例，或許會讓人看到即使最客觀、最清晰的社會科學模型其實也是一種隱喻。隱喻和模型都是從某些層面解釋現實的方式，但兩者皆非現實本身：

> 在由人創造的歷史中，思想、社會、政治、經濟、文化等諸多線索交織成一張不可割裂的網。在專門研究中，我們打破了自然狀態的一體性，但最終目的是為了以可理解的方式將整體復原。[3]

列文森運用語境的方式與他運用隱喻一樣令人棘手。思想之人的歷史（而不是思想本身的歷史）意味著需要語境：誰在思考、思考什麼問題、為何思考。對於列文森而言，思想是用來解答其他人或歷史情境提出的問題。因此，每個答案都是眾多備選答案中的一個選擇，**未**表達、被否定的答案也參與構成了**已被**表達的、被肯定的答案的意義。當選項改變時，同樣的思想已經不再相同，正如當問題發生變化時，同樣的答案也會有不同的意義一般。這個概念具有雙重力量。它為特殊性與普遍性之間、個體與其他人之間提供了一種確定的關聯，因為前者的重要性在部分程度上來源於後者。此外，這個概念指出了一種理解歷史變遷的不同方式——當某種事物所在的語境發生改變時，該事物也就被轉變了，即便它看起來本身似乎沒有變化。

棘手之處正在於這個概念運用。如果只關注某個事物是什麼（例如，某位思想家說了什麼），那麼這項研究在邏輯上就是有限

3　Levenson, "The Genesis of *Confucian China and Its Modern Fate*," p. 285.

的。但是，如果某個事物也由非它所不是的、在它之外的東西定義，那麼這項定義有可能包含其他一切事物。問題在於，如何探索事物**相對而言**不是什麼，以及由哪些問題引出了這個特定的答案。

倘若暫時可以用隱喻和語境（context）來代表列文森的「方法論」，那麼他最引人注目的研究恐怕不是來自面面俱到的歸納性研究，而是來自廣泛的閱讀、發人深省的洞察力，以及對蘊意的不斷求索。這不是也不可能成為一種清晰的方法，可以直接傳達給學生或讀者。相反，在他工作的方式中，列文森負責任地示範了我們在追求嚴肅的技藝時常常刻意避免的事情：讓思維延伸漫遊、追隨感覺、運用直覺。對列文森而言，學科是必要的，但唯「學科」是從遠遠不夠。其結果不是重新創造過去，而是在不同層次的意義上重新定義。

列文森的思想發展朝向著更廣闊的主題與關懷。我覺得他與他所寫的歷史之間也越來越有更直接、更全面的接觸。「思想之人的歷史」在他的駕馭之下成為一種不可思議的、富有啟示性的方法。不過，他早期的作品儘管才華橫溢、極富真知灼見，但在紙面上看來卻略微顯得冷漠和表面：梁啟超（近代中國思想的代表）經歷著列文森設計的思想障礙之路，[4] 似乎「歷史」與「價值」之間的緊張只是中國知識分子的問題，而不是美國知識分子的問題。人類情感的歷史並未得到單獨的討論或同樣多的工夫。雖然

94

4　　那時候，列文森的一些學生戲謔地稱他是「思想決定論者」（intellectual determinist）。

列文森後來宣稱「思考是心理行為」，[5]但他避開了對研究的題材做任何系統性心理分析——我們或許會感激沒有出現膚淺的業餘精神分析，特別是跨文化方面的分析。然而，在「歷史／價值」的表述中，列文森的早期作品似乎假定了邏輯不連貫和情感困擾之間幾乎存在一一對應的關係。毋庸置疑，兩者確實有所關聯，但如果這種方法被極為嚴密地運用，可能會淪為某種形式的心理化約論，從頭往下，而非從心靈往上。我認為，兩個方向的化約論的來源之一（還有其他來源），就是研究者的整個人格與其研究對象之間缺乏深入的互動。

　　更早的時候，列文森也不像大多數人那樣超然，且隨著時間的推移，這種界限感越加減弱。後來，他超越了作為專業歷史學家的職責，主張人所寫的關於過去的歷史也是他們當下所創造的歷史的一部分：

> 研究中國歷史應該不僅僅是因為其異國情調，或者對西方戰略的重要性，研究它是因為我們試圖用來理解西方的那個話語世界，也可以用來理解中國，而不必強求二者有相同的模式。如果我們能這樣去理解中國和西方，也許我們就能有助於造就這樣一個共同的世界。書寫歷史的行動本身即是一種歷史行動。[6]

95

5　Levenson, "The Genesis of *Confucian China and Its Modern Fate*," p. 285. 在1959年的再版《梁啟超與近代中國思想》序言中，列文森寫道，「但本書歸根結底不是要研究梁啟超的心理。讀者應該將之視為『近代中國思想』的探索之作」。但此外，「我作為歷史學者的努力，在於講述他的所作所為之後，還要指出其中哪些所作所為在折磨著他」。

6　Ibid., p. 284.

稍早的時候，他還論述了相對主義的道德正義性：

> 在歷史中，相對主義就是一切。但是歷史並非全部。……只有公道對待現在的人，才能真正公道對待過去的相對主義。認識到自己所持標準的歷史相對性，既不等於放棄標準，也不必然導致放棄標準。最終目標是保持真誠，去尋求真相，即使真相不可知。
>
> 相對主義對於歷史理解而言是不可或缺的，但這是一種有賴於當代人接受規範的相對主義，而不是取消了規範的相對主義。為了正確地採取相對主義立場，先要成為合格的絕對主義者。如果這像是刻意的悖論，是違背理性，那也許是因為**理性主義對歷史知識而言是不夠的**。[7]

憑藉這兩個命題，列文森說了很多，言外之意更多。其蘊意取決於如下事實：歷史觀察（如同所有的觀察一樣）發生在觀察者身上，內在於觀察者之中；被感知的事物可能外在於某處，但我們對它的感知，以及我們賦予它的意義，永遠無可避免地是內在的。「理性主義對歷史知識而言是不夠的」，因為觀察者並非完全理性的存在，而「這樣一個共同的世界」至少是客觀的，但也是同等主觀的。作為一種理想，這也許只在部分程度上可以實現——探索過去與探索自我是同一個連續、完整的過程。通過適當的替換，上文引用的這段表述可以被解讀為：「研究梁啟超是因為我們試圖用來理解自我的那個話語世界，也可以用來理解他，而不必強求有相同的模式。」

7　Levenson, *Confucian China,* vol. 3, pp. 87–89，強調處為筆者所加。

在早期的著作中，列文森提出的大多數問題以及他使用的大多數隱喻，都是被一種歷史變遷感所激發的。他探索這個主題的方式，是通過歷史與價值之間的張力、通過從傳統 (traditional) 到傳統主義 (traditionalistic) 之間的過渡，以及通過博物館大廳裏供奉著的已經失去對當下的所有權的歷史。列文森從時間問題開始，但逐漸轉向空間問題。沒有驟然的突破，也沒有捨棄早期的關注，但是仍然可以發現在「三部曲」完成之後重點有了明顯的轉變。

96

從 1967 年前後出版的著述開始，[8] 列文森就開始探索空間，可惜未能有足夠時間來完成。地方主義、民族主義、世界主義，帶着各自的強烈的時間感，開始被用於排佈他所關注的素材，不僅作為觀點，也作為 (必然扎根於場所的) 文化現象。包括被涵蓋與被排斥內容的替代方案的存在至關重要。正是這一點，使得「天下」體系中自足的、世界主義的儒家文人，在西方主導的現代世界中反而變得狹隘。反過來説，列文森認為，中國知識分子若以西方的觀點 (並且同樣按照西方的標準) 成為世界主義者，則

8　特別是 "The Province, the Nation, and the World: The Problem of Chinese Identity," *Approaches to Modern Chinese History*, eds. A. Feuerwerker et al., Berkeley: University of California Press, 1967，以及列文森所編輯的文集 *European Expansion and the Counter-Example of Asia, 1300–1600*, Englewood Cliffs, NJ: Prentice-Hall, 1967。後者收入的文章和他的評論共同組成了來自不同地理背景的多種世界觀點之間的深入對話。

會冒著與中國疏遠的風險，成為兩種文化的邊緣人，與兩者都不相關，無法成為任何一方的一分子。

在列文森看來，僅僅因為傳統是傳統而頑固堅持，和那種侵蝕自我文化歷史定義特殊性的世界性，同樣都會威脅到中國人的自我認同感。然而，在「文革」的巔峰時期，列文森看到了中國人以革命民族主義的名義對中國的傳統和非中國的外部世界進行了雙重否定（時間和空間急劇縮小）。他預測這無法持久延續，也許是正確的。

無論列文森對自身的猶太人和世界主義知識分子身分的思索，起初是否啟發了他在這方面的研究，或者是反過來，這兩者已經通過如下核心問題而聯結在了一起：作為中國人或猶太人（列文森本人），是否可以在其文化特殊性（在不陷入狹隘的地方主義的前提下）與跨文化的世界主義（並非無根浮萍，或在他所憎惡的「虛假普遍主義」的情況下）之間作出調和。[9]

在博物館的隱喻中，列文森曾說過，為了在當下創造歷史，中國人首先必須消除過去的當下性，使其成為真正的過去，不再對當下擁有所有權。完成這一點之後（我們不禁疑惑在「文革」期

97

9　若要討論猶太教和猶太認同，我的資格介於極微小和不存在之間。當列文森寫道，「用河南開封（猶太人）方言的一個詞來說，我的這個標題看起來是經典的 *chutzpah*（不知天高地厚）」，一頭霧水，起初只能想起幾個驚恐的哲學家。就這點資格而已。Joseph R. Levenson, "The Humanistic Disciplines: Will Sinology Do?," *Journal of Asian Studies*, vol. 23, no. 4 (Aug. 1964), p. 507.

間究竟有多徹底地**完成了**這一點），中國人可以在土地和思想的博物館裏光顧過去。因此，中國人對當下有多大的信心，可以通過他們在多大程度上以相對主義的方式接納過去來衡量。

但對猶太人、對他自己來說，列文森則採取了相反的策略。將猶太人的過去相對化為希臘文化 (Hellenism) 或猶太—基督教 (Judeo-Christian) 傳統，這並不會導致猶太人在當下的解放，而是會導致猶太人身分最終的消亡。在這種相對主義的同化中，「猶太人的身分被淡化了，所以猶太教的存續似乎也就無關緊要了。」[10]

列文森斷言，有效的猶太教是以一個民族和一種文化為具體體現的宗教。但隨著猶太人的大流散，「民族」和「文化」被賦予了原本並不具備的象徵性特性。民族國家不再被神聖化為應許之地，單一的猶太文化已經成為眾多的猶太文化，分散在不同民族國家，但沒有一個屬於他們自己。事實上，許多反猶太主義來源於對猶太世界主義和國際主義的指控——帶著激進的或反民族主義的言外之意。因此，在缺乏傳統意義上的民族和文化的情況下，猶太主義在宗教中倖存下來。只有通過作為宗教的猶太教，猶太人才能以猶太人的身分生存：

> 猶太人的生存必須要遵守**宗教**律令，而且宗教必然給「猶太文化」賦予了特徵，但文化是附帶發生的，不是最終目標。這種宗教律令，誕生於西奈的猶太戒律 (*mitzvah*)，才是目標；如果

10　"The Choice of Jewish Identity," p. 98, 即本書所收〈猶太身分的選擇〉.

它被同化為「文化」，那麼猶太人真的會被同化和消解，成為我們自身的最終解決方式（就像古代希臘人一樣）──作為終點目標的文化，會走向終結。[11]

因此列文森在暗示，對於猶太人而言，解決歷史與價值（這在思想者的歷史中構成了身分認同）之間張力的方式不同於中國人。無論從「天下」文化主義到「國家」民族主義的轉型是何等痛苦、何等步履蹣跚，中國人擁有自己的熟悉空間和根深蒂固的文化。但是，對猶太人而言，「天下」觀念是截然對立的，而他們在歷史上又被拒絕擁有「國家」。

然而，列文森知道他無法接受讓猶太人的生活取決於宗教律令，除非律令中存有絕對的（不是相對的）正當性。如果不是這樣呢？列文森一開始提出「猶太─基督教」的公式通過將猶太教變成基督教的一個已經過時的前奏「否定了猶太教的真實性」，隨後進一步指出那些猶太教啟示固有的真實性正是通過猶太人對宗教的表現而表現。他不僅斷言這則信息也是真實的，是與基督教真理同樣有效的另一則真理，因為這只不過改變了相對主義的立場──除了出生這個偶然原因之外，為何選擇這個而不是那個真理？通過斷言猶太教獨立於基督教，他也斷言（以泛論形式呈現的個人信仰的表述）一種更高層次的絕對有效性：

98

11　轉引自魏斐德給《革命與世界主義》一書所作序言，見 Joseph R. Levenson, *Revolution and Cosmopolitanism: The Western Stage and the Chinese Stages*, Berkeley: University of California Press, 1971, p. xix。

> 猶太人的推論是：人在實質上不能與神認同，但在（有限的）行
> 動上可以模仿神。基督教的推論是……模仿基督不僅最終是
> 不可能的，而且是不可取的。基督如其所是，無罪，並不是真
> 的要激勵人達到同樣的條件，而是為了彌補這種激勵的不可能
> 性。……堅強的猶太教是不會給絕望讓路的，它否證著基督教
> 那個致命的矛盾——一方面是否定生命的假設（反律法的彌賽
> 亞主義），另一方面又無法建立一致性的機構（或者教義），導
> 致各種地方性的問題終將導向對末世論的瘋狂。[12]

那篇文章的標題具有雙重意義。他主張「堅強的〔意即活躍
的、有生命力的〕猶太教」的核心，是選擇。

> 生命的條件和選擇的條件並非咒詛，因為選擇的力量可以打破
> 那種伊甸園之後的歷史中生命自身因無法戰勝的咒詛而墮落的
> 觀念。在生命中作出良好選擇無異於選擇生命自身。……所以
> 猶太人毫不含糊地用「為生命」（*l'hayyim*）來祝酒。[13]

99　　但這也是列文森的選擇，出自靈魂與理智的個人有意識的選
擇，完全契合他個人的歷史。他必須作出這樣的選擇，以確認特
殊的身分認同，對他而言這種認同是達到真正世界主義所必要的
解放性條件。彷彿他需要這個立足之地站穩腳跟，然後才能實現
真正的飛躍。因此，我們再次對列文森的原文進行替換，這並非
是「刻意的悖論和對理性的違背，為了正確地採取相對主義立場

12　"The Choice of Jewish Identity," pp. 192–193.

13　Ibid.

〔世界主義〕，就應該變得絕對主義〔猶太人〕，因為理性主義對歷史知識〔自我知識〕而言是不夠的」。我認為，只有憑藉這種解放性的方案，列文森才能在「緣起」（"The Genesis of Confucian China and Its Modern Fate"）一文的末尾寫道，「現在，我帶著一種關於我自身連續性的感覺，走向那個世界主義的主題，關於世界主義本身的主題」。列文森的歷史研究已經抵達站點，他已準備好嶄新的啟程。

約瑟夫‧列文森思想中的歷史與文化

史華慈 (Benjamin I. Schwartz)

　　討論約瑟夫‧列文森的思想卻無法享受他妙語連篇的機智回答，讓人很不情願，畢竟一段關於約瑟夫‧列文森的獨白講述永遠無法取代與他展開一場對話。對我而言，他是一位親愛的友人，也是思想靈感的永恒來源。儘管我們之間的對話太少、間隔太長，但與他談話始終令我愉悅，也不斷刺激我思考看問題的新視角與新方法。

　　我們原本希望能和他進一步探討他在很多方面的思想的最根本的基礎。在有些問題上，我發現自己的觀點與他不同，但毋庸置疑，列文森一直關注最重要的事情。首先，面對佔據美國學術界主導地位的無聊、庸俗的行為主義教條，他仍然堅信人們對自身處境的看法與感受具有非同尋常的重要性。當然，他關注的一個宏大主題是現代西方與中國之間的互動，及其暗含的現代西方與所有非西方文化之間的互動問題。我相信，有關現代人類社會所有文化之間日益增長的互動及其影響這一主題，依然是最引人注目、最令人興奮的思想關切之一。

在更深層次上，列文森關注的正是魏斐德為他的遺作《革命與世界主義》所寫的銳見迭出的序言中稱之為 *meum* 與 *verum* 的問題，意即「我的」與「真理」之間的關係問題。列文森本人主要從「歷史」與「價值」二分法的層面來討論這個問題，但其影響要比二分法更為深遠。簡而言之，我們堅持某種價值、觀念或生活方式，經常不僅僅或者不主要是因為我們認為它們是對的，而是因為它們是我們繼承的遺產，無論是來自家庭、民族、文化或是某種社會背景。我們認為這些是對的，因為它們屬於我們。如果缺乏這種對大於我們自身但又與我們密切相關的事物的繼承感，我們會感到心靈上的赤裸，並喪失個人價值感。然而，在應對自身存在的問題時，我們也迫切需要真理或看似真理的事實，即使真理與我們擁有的意願抵觸，甚或來自異質的外部。相比堅守遺產的人，全然拒絕自身遺產的人並不一定就更加純粹地傳遞了那些脫離實體的真理，因為他們的整個視野可能因為徹底拒絕所帶來的心理事實而受到嚴重的制約和歪曲。列文森在著述中探討了這個問題引起的痛苦窘境。

此外，正如魏斐德所指出，列文森的思想關懷所具有的深刻嚴肅性，已經由其存在的本質提供了證明。他之所以對現代中國人與中國文化遺產之間的關係感興趣，與他對自身猶太人歷史的毫不掩飾的關注密切相關。我同樣也有這種關注，這也拉近了我們之間的距離。它非但沒有損害列文森的客觀性，而且在我看來，還使他的思想變得真誠且富有真實性。在許多所謂的客觀學者的著作中很難找到這一點，他們徒勞地想要把自我隔離在研究之外。

　　列文森關注的這些以及其他主題具有不容置疑的核心意義。然而，他的英年早逝使得我們很難對其作品作總結性的評論，因為在生命最後的幾年中，他的按捺不住、渴望求索的思想正朝著新的方向發展。魏斐德在他的序言中告訴我們，列文森正在考慮圍繞世界主義與地方主義的主題撰寫一部新的三部曲，遺作中的那些文章可以作為這項研究的導言。在我看來，這些文章表明列文森提出的新問題正朝著新的方向發展，不但可以豐富，而且──我認為──甚至修正了他早期的一些表述。

102

　　閱讀列文森的作品，我們會發現某些關於歷史和文化本質的基本假設。這部分我下面會進一步討論。不過，在他所有著作中，這些更抽象的假設與那些更緊迫的關注密不可分地交織在一起。作為實踐的史學家，列文森從未將抽象理論與他對中國文化及其「現代命運」更為具體的反思剝離開。因此，在他的梁啟超傳記以及其他許多文章中，可以看到他對一種他所謂「現代性的突破」的獨特關注。他深信，西方文明在近代歷史中的某些我們習慣性歸類為「現代化」的發展，將對中國以及整個非西方世界產生一種無法抵擋、不可逆轉、無所不包的衝擊。在他看來，現代性文化 (the culture of modernity) 已經成為第一個真正的人類普遍文化。只有吸收現代性的本質特徵，例如職責的專業化和世界的「合理化」，其他社會才能作為社會而存續下去 (他假定這些社會有存續下去的意願)。

　　在他看來，這些本質特徵在所有更核心的層面都不能與現代西方文化的整體分離開來，正如中國傳統文化的核心部分無法與

該文化整體分離開來。因此，傳統文化作為一個整體，將被整個現代文化取代。可以肯定的是，過去的文化整體中的某些片段可能會存續下來，但那些片段在本質上沒有生命力、無足輕重（或許在美學領域會例外）。[1]

鑒於此刻的情緒，或許有人會忍不住譴責列文森犯了西方人傲慢自大的錯誤，從而在論辯上獲取廉價的勝利。然而事實是，除了西方對整個非西方世界在軍事、政治和經濟上的衝擊（或善或惡）之外，非西方世界的政治與知識精英們，無論「激進」抑或「保守」，都沒有抵制西方思想範疇的巨大力量。因此，即使我們拒絕列文森的如下論點，即尋求民主、社會主義和其他「主義」的中國根源必定是一種對本土「對等物」的不真實的探索，但事實依然是，到目前為止這些範疇本身仍然是西方的。雖然我會對列文森關於「現代性衝擊」的整體主義觀點有疑問，但很難否定他對其力量和普遍性的看法。

此外，列文森還敏銳地意識到這種文化移位造成的痛苦困境。認識到自己的民族—社會生存需要全新的外來「真理」來否定過去的價值觀，必定會經歷巨大的精神失落。雖然列文森似乎經常以帶有諷刺意味的語調處理這種困境，但他對此基本上還是帶著一種同情。

1　Joseph R. Levenson, *Confucian China and Its Modern Fate*, vol. 3, Berkeley: University of California Press, 1965, pp. 113–115.

在大部分著作中，列文森的注意力都集中於現代中國的「傳統主義」思想，這種思想堅持過去的中國文化在全新的文化歷史時代仍然有價值，從而保持民族自豪感。在我看來，他的這種做法確實揭示了現代中國在讚美過去時存在的許多「不真實性」。很多現代中國民族主義式的新傳統主義確實訴諸那種「從國粹發展出〔的〕浪漫主義的論述」，而且許多在中國歷史中尋找西方思想和價值的對等物的努力並非出於真正的探究精神。但這是事情的全部嗎？難道所有在「現代」和「革命」的中國尋找歷史延續性（無論好壞）的論斷，都必定基於先驗的理論基礎而被駁回嗎？難道所有現代中國人在歷史遺產中尋找當下真理與價值的主張，都必須要歸因於民族自豪感的驅使嗎？為了解答這些問題，我們必須再次轉向列文森關於歷史和文化本質的更宏大的理論觀點，我正希望與他進一步探討這些觀點。

約瑟夫・列文森是絕對的或真正的歷史主義者？我們生活的這個年代，似乎大多數人信奉繼承於19世紀的那種有條件的「進步」歷史主義。我們許多人傾向於認為價值和問題是一個更大的「歷史過程」的「功能」，而這個「歷史過程」在時間中以不可抵擋之勢前進。諸如「某某已經過時」或「與時俱進」這些表達已經滲透進普通的日常語言。這些表達不僅暗示了時間的流動決定了價值，而且還暗示會一步步邁向自由、平等、物質舒適等超越時間的價值目標的徹底實現。就這些價值本身保持永恒不變而言，它們在歷史之外，超越歷史。絕對的歷史主義者不會有這種定向的觀點。所有價值觀、所有問題、所有制度、所有

104

「心態」和行為模式都嚴格地嵌在各自的時刻之中。當然，如何定義某個時刻或時代是絕對歷史主義的一個較為模糊的方面。這個時代可能不亞於「中世紀」，也可能不過是「1960年代」，但無論如何定義，任何重要的社會、文化或倫理現象可以超越「特定時期」。絕對的歷史主義將「進步」觀念與過去曾被力爭或實現的任何普遍的、無歷史的關於人類價值的建議等量齊觀。不僅過去已經逝去，今天和未來的價值同樣會很快逝去。基於同樣的理由，「進步主義」歷史的信徒，無論採用何種歷史相對主義的姿態，都無法完全擺脫評價過去的態度。因此，倘若平等是絕對的人類之善，那麼那些不重視平等的倫理制度所處的時代不僅是過時的，而且也是劣等的。我們可以理解並原諒他們的劣等，但評判永遠不會缺席。

列文森的著作中（特別是「理論與歷史」一章）[2] 有許多段落都表明了一種絕對的、無條件的歷史主義，正如他所說的，「如果一個人用自己的標準去評判其他時代，就會造成這種混淆。他不承認自己身為歷史的後來者（而非歷史的最高點），擁有的也只是其研究對象擁有的那些東西 —— 觀念、美學、道德，它們在他自己的時代也許是合乎常理的、令人喜歡的、值得稱道的，但絕非像超歷史的絕對之物那樣，是理性的、美的，或非如此不可

2　　Ibid., pp. 85–109.

的。沒有人擁有所有規範的規範。」[3] 因此，那些把自己的價值視為絕對價值的人，其實只是把自己的時代視為永恆的時代。這似乎意味著，儘管現代性的價值觀在涵蓋全人類的意義上確實可能是普世的，但它們可能與過去的價值觀一樣具有時效性。列文森敏銳地意識到，把當下的價值絕對化，其實就是賦予這類價值觀一種超越歷史的地位。這就打開了他稱之為「柏拉圖主義的」反歷史主義的大門。

就列文森信奉絕對的歷史主義的程度而言，他深刻地關注這種觀點所帶來的倫理蘊意。尼采曾經評論道，以歷史主義——相對主義的方式理解任何時空的價值觀，會顛覆個人持守任何價值觀的可能性；對此列文森回應指出，只有擁有個人的信念，只有通過「對自己所處的時代鄭重其事」，才能夠理解過去的人所堅持的信念與道德承諾，即使那些信念無可改變地屬於另一個時代。

歷史主義的一種蘊意，是在處理前後相繼的歷史「時刻」時體現的有機主義(organicism)或整體主義(holism)。在特定歷史時刻，文化的各個層面都有機地聯繫在一起。因此，「中世紀」社會與「現代」社會之間被認為完全缺乏連續性，而我們默認中世紀或現代這兩個歷史時期各自在其所有方面都共時地「吻合」在一起。正如卡爾・曼海姆(Karl Mannheim)所述，歷史的

105

3　Ibid., p. 87.

垂直暗含著橫向的有機（the historical vertical implies the horizontal organic）。由此，列文森傾向於將「現代西方」視為一個連貫的整體。然而，在處理完全不同的文化 —— 中國時，列文森關注的是另一種整體主義，即文化整體主義。一旦儒家思想在中國被確立為官方哲學，一旦君主制、官僚制、貴族制之間達成了中國社會和文化中關鍵性的緊張與平衡，就產生了完整且充滿生機的總體文化，能夠作為可持續的實體自我延續幾個世紀。中國文化並非立足於歷史之外，但它足以凍結歷史的流動。內在的平衡確實強大到只能從外部打破。

然而，列文森的著作中也有很多證據顯示，他既不是絕對的歷史主義者，也不是絕對的文化整體主義者（cultural-holist）。首先，很顯然，憑藉美學上的非凡敏感，他能對來自任何時空的藝術價值作出直截的反應。他肯定相信審美價值既可以超越時間，又可以超越文化。但是，列文森不僅僅是個美學家。他頑固地拒絕將審美價值抬高到倫理和思想價值之上。

106　　更重要的是，在某些極富洞見的論述中，列文森似乎已經準備好採用一種迥異於絕對歷史主義或嚴格的文化整體主義的方法來討論具體的政治和社會問題。在將中國的君主、貴族與官僚之間的關係與普魯士官僚制或法國路易十四時期的情況進行比較時，他似乎在斷言這些現象具有可比性，儘管它們有時間和文化上的障礙。他並沒有斷言中國君主制和中國官僚制具有很強的不可言狀的中國特性，以致無法與其他時空的君主制和官僚制比較。他認為自己已經頗有準備地去發現中國古代封建主義與歐洲

中世紀封建主義之間的可比性。誠然，他強調可比性與發現類比性是兩回事，但它確實意味著一個超越歷史與文化、包含人類共同問題與處境的世界。

當然，列文森可能覺得這種跨文化歷史的方法只能適用於前現代世界，而不能跨越前現代世界與現代性世界之間的鴻溝。譬如，他是否相信，前現代語境中的君主與官僚之間的關係和美國總統與其官員之間的關係存在比較的可能性呢？在定義現代世界與前現代世界（至少是中國的前現代世界）之間的分隔時，列文森強調最多的二分法是全能的業餘主義（all-around amateurism）與專業化（specialization）之間的對立。他是否真的認為，這種二分法排除了在其他人類經驗層面上探討現代與前現代的可比性？無論答案為何，他肯定準備好了不時以超越文化的、元歷史的方法來探討前現代世界。

最後，我始終覺得，列文森對他所理解的猶太價值的忠誠是為了保存民族實質。與此相反，他在他的猶太教中找到了普世價值。誠然，他找到的其中一項價值，恰恰就是普遍性必然永遠體現在特殊性之中的觀念。猶太教的上帝關乎時間，也關乎歷史中的個人，但猶太教並非歷史主義。歷史不是上帝。

至於列文森認為有關人的問題最好要在具體的歷史語境中來探討，以及關於中國、普魯士和法國的制度和觀念之間的比較，最好由那些先在各國歷史和文化語境中進行了深入和多方面探討的人來進行，我深表贊同。正如我已經表達過的，我們觀點的差異只在於絕對歷史主義與文化整體主義之間的關係層面。我首先

107

對其解決尼采所提出的困境的方法有些不滿。誠然，我們只有在自身經歷過道德和思想**責任**的情況下，才能夠理解過去的人在道德與思想方面的創新。但是，我們認為自己的忠誠和信念僅僅屬於那個界定模糊的時間片段——「我們的時光」，就此而言，我們懷有信念的方式不同於那些關心永恒和普世真理的人。我們真的能夠理解這些人嗎？如果意識到我們自身的信念有著嚴格的時效性，這些信念的力量難道不會受到削弱嗎？尼采的那個觀點——為了保存我們的信念的力量，必須消除歷史主義為我們的思想帶來的軟弱性——是否依然正確？

在我看來，列文森有時候呈現給我們的選擇似乎驚人的直白。我們的價值與信仰並非僅受時效所限這個信念，或許不一定意味著將「我們的時光」絕對化。我們或許會接受這個悲慘的認知，即我們孱弱的認識與前人一樣偏頗、不可靠、片面，而不去接受它們只是特定「時代」或「文化」的功能這一觀點。在沒有非常深入探討這個問題的情況下，我不會贊同絕對歷史主義的唯一替代方案是列文森所謂的「**柏拉圖主義的**反歷史主義」。我也不相信他本人完全接受了這種二分法。

然而，一旦我們接受了某個特定時代的觀點、問題、關注與價值或許具有元歷史的意義這種可能性，那麼我們就不能把過去的歷史已經無可挽回地死去——無論是好是壞——這類觀點當作先驗的真理來接受。很不幸的是，在我看來，列文森關於這個問題的許多抽象討論始終圍繞著「歷史」與「價值」的二分法展開。這似乎意味著，之所以有些人認為過去依然與當下有關，是因為

他們懷舊式地渴望用當下的合理性來論證過去的價值。但是，我們有可能相信，除了價值以外，過去的問題與關注或許也具有元歷史的、普世的人類意義。誠然，我們甚至會相信過去的邪惡——它的妖魔鬼怪——也不會永久地被封存起來。在《革命與世界主義》一書中，列文森確實提出，毛澤東的領導或許會讓人認為過去並沒有安然地逝去。我們不禁想起桑塔亞納的名言，那些對過去一無所知的人，注定要重蹈覆轍*。

正是從這個觀點出發，列文森的博物館隱喻有一些問題。列文森會由衷地認可，博物館內展出的物品可以因其當下的審美價值而被欣賞。在技術層面，人們會替人類祖先的技術成就而自豪——譬如雙輪戰車和驛站馬車——即使我們無意回到驛站馬車的時代。技術為無可挽回的過去提供了最清晰的範例，因為我們不太可能回歸過去的技術。在我看來，文化的非物質層面不太容易用這個博物館隱喻來處理。我認為，圖書館會是一個更加貼切的隱喻。寫書的作者往往會熱切地相信，把他們的書放入圖書館未必意味著他們的觀點已經死亡。浩如煙海的圖書確實從今往後不會再有人翻閱，但也無法保證它們會永遠處於沉默。

前文已經指出，過去的不可復返與文化整體性的觀念密切相關。過去的某些片段或許留存了下來，但已經不再有生命力，因

---

* 　譯註：喬治・桑塔亞納 (George Santayana, 1863–1952)，美國著名哲學家，其最廣為人知的名言是「那些不能銘記過去的人注定要重蹈覆轍」。

為它們必定被嵌在新的現代性整體之中，它們的本質也被現代性所改變。列文森寫道：「索福克勒斯至今仍在舞台上持續上演，但希臘文化和希臘化時期的文化只在歷史中經久不衰。」[4] 我當然同意，希臘文化作為完整的格式塔 (Gestalt) 在歷史上牢固扎根。但是，如果索福克勒斯能夠在純粹審美之外擁有當下的意義，我會傾向認為其重要性不亞於希臘文化作為整體已經一去不復返這一事實的重要性。我認為過去的經驗領域，無論是好是壞，會在當下持續地存在，因為文化的整體性並非生物有機體，即使整體已經死亡，過去文化的某些「部分」也許會存續下來。在某種意義上，部分大於整體，而且有可能在整體消亡之後依然存在。同樣，如果「現代性」指的是啟蒙運動以來的西方文化，在我看來它是一個更加令人懷疑的整體。「現代性文化」存在如此深刻的裂縫，以致我們無法就這種文化的核心本質達成共識。因此，在討論現代中國的時候，列文森發現他必須把西方自由主義和馬克思列寧主義當成現代性的兩種迥然不同的產物，有著相當不同的影響。由此，我得出如下結論：中國過去的某些重要部分可能在整體文化崩潰之後依然存續下來，正如現代性文化的某些部分可能與其他部分區隔開來。新組合的可能性當然不是無限的。毫無疑問，絕對的不兼容確實存在。然而，「中國的過去」與「現代性」也許不會作為堅不可摧的整體而互相衝突。

4　Ibid., p. 113.

　　這一視角具有如下蘊意：(1) 當某位現代中國人在中國過去的某些部分尋找價值或真理時，我們不能總是假定其態度的終極來源是浪漫的民族主義，即使我們反對其觀點。(2) 某些起源於過去的思想習慣和行為，無論是好是壞，有可能會存續到今天，即使沒有被承認。但是 —— 需要立刻指出的是 —— 這並不證明那些在任何地方都看到延續性的人就是對的。正如列文森所堅持認為的，雖然儒家信徒和共產主義者對待專家都抱有懷疑態度，但這並不能否認共產主義的全能人才與儒家的全能人才在本質上是不同的。但是，沒必要先驗地否認重要的延續性的可能性。延續性與非延續性的問題，在我看來，只能通過具體考察人類經驗的不同領域才能夠處理。對我而言，在《革命與世界主義》中，列文森本人已經在向新的方向發展，修改並充實了他的理論框架。在這些文章中，列文森著手處理由「文革」引發的某些問題。如我們所知，這場革命的特點是向中國的傳統遺產和西方資產階級的世界主義文化發起兩方面攻擊。因此，它顯示了與過去的「博物館」意象徹底、突然的背離。「死去的不再是紀念碑，而是需要被再次殺戮的幽靈和怪獸。」[5] 然而，它同時也攻擊了中國與世界共產主義運動所共享的「現代」馬克思主義式的世界主義的某些成分。那種馬克思列寧主義式的世界主義允許中國共產主義知識分子引介哥爾多尼、莎士比亞、萊辛、雨果等

110

5　　Joseph R. Levenson, *Revolution and Cosmopolitanism: The Western Stage and the Chinese Stages*, Berkeley: University of California Press, 1971, p. 53.

人的作品*（加以合適的共產主義解讀），但在毛澤東看來，這威脅到了革命的純潔性。共產主義試圖解決中國文化困境的方式顯然已經失敗了。

　　在解釋這場失敗時，列文森轉向了他的理論框架之外的偶然歷史動因。他找到的答案是恐懼與西方發生戰爭，以及內部喪失了信心。時代召喚著新的針對西方的好戰精神，但是「反西方情緒的程度之激烈催生了相應的對於中國傳統規範的敵意」。[6] 所有這一切導致了一種新型的地方主義，可以稱之為革命的地方主義或現代地方主義。當然，我們或許會不同意列文森關於文革起因的論述，但在這裏我們主要關心的是「現代地方主義」或者「現代性中的地方主義」這個概念。在此前的著述中，列文森將現代性與世界主義的普世趨勢聯繫在一起，又將地方主義與中國過去的文化聯繫在一起。現代性把中國文化的普世主張降低到了地方的層次。「過去」與「地方主義」並行不悖。當然，我的假設是當列文森説「文革」是「地方主義」的時候，其本意不是否認「文革」的現代性，因為他始終都把激進的革命主義看作本質上現代的應對方式。

---

*　　譯註：卡洛・哥爾多尼（Carlo Goldoni, 1707–1793），意大利劇作家。戈特霍爾德・萊辛（Gotthold Lessing, 1729–1781），德國作家和文藝理論家。

6　　Ibid., p. 48. 至於是否全部接受這套關於文革起因的説法，與這裏的討論不太相關。

在我看來，「現代性中的地方主義」這個概念是最富有成效
的。它不僅適用於中國的「文革」，而且對許多西方的現象也適
用。一個不爭的事實是，西方不同國家亞文化中的學術知識分子
依然生活浸潤在本民族文化所特有的現代性變體之中。英美大學
哲學系提供語言哲學，法國大學哲學系則提供存在主義、現象學
和馬克思主義，各自的學生之間也幾乎沒有共同語言。美國行為
主義政治科學依然是典型的美國特色。倘若我們考察規模更大的
人類文化單位，譬如印度、中東、中國、撒哈拉以南非洲，我們
會認為「現代性中的地方主義」這個概念更加貼切。所有這些文
化毫無疑問都經歷了不同種類的現代化的衝擊。然而，在那些現
代性文化自身存在深刻內部分歧的地區，人們應對各種來自西方
的潮流時也會出現很大程度的選擇性。最後，我們依然會繼續發
現與過去的文化元素之間持續不斷的動態的相互作用，因為列文
森生動描述的民族主義式的浪漫主義，因為真誠地信仰過去的價
值與當下密切相關，也因為過去的條件和態度或許真的存續到了
今天，即使未被認識。儘管中國現在看起來已經從對中國的過去
和現代西方進行文化革命式抨擊的道路上回來了，但它依然陷於
與現代性和中國歷史的纏鬥之中，後者並沒有完全逝去，無論更
好或更壞。從這種掙扎中誕生的混合形態依然可能會讓中國保持
自身的獨特容貌——其自身的「地方主義」。因此，那種認為現
代性自身會根據預設的西方模式創造完全同質化世界的觀念，完
全不可能在可預見的未來實現。事實上，列文森本人拒絕了他所

111

謂「世界主義—大眾抽象化(cosmopolitan-mass abstractions)與同質化」的前景。[7]

與此同時，在我們生活的世界，人類的不同部分處在不間斷、不停息的相互接觸中，所有人類的經歷，無論傳統還是現代，都越來越可以為我們獲取。在我看來，這導向了一種新的可能性視角，雖然不是「柏拉圖主義的」，但在某種意義上或許是超越文化的和元歷史的。普遍的人 —— 複雜、神秘、或許永遠無法完全理解 —— 確實存在。離開了文化與歷史，這樣的人在柏拉圖的世界中也不存在；但如果脫離了普世的人類關注，「歷史」與「文化」本身也就成為毫無意義的範疇。用列文森先生自己的話來說，「中國歷史值得研究，是因為我們試圖用來理解西方的那個話語世界，也可以用來理解中國」。

7　轉引自魏斐德為《革命與世界主義》所作的序言，見Levenson, *Revolution and Cosmopolitanism*, p. xxiv。

張 力

史景遷（Jonathan Spence）

他們不理解異中亦有同：諧和蘊含著相互頡頏的張力，好比弓
箭和里爾琴中就是如此。[1]

存世的赫拉克利特殘片缺乏語境，我們無法知曉其論點要引
向何方。我們既不知箭靶，也不知曲調。我們僅有一些圖像以及
與之相關的銳利的眼睛和耳朵；我們不得不猜測，在弦被鬆開達
成各自的目的之際，肩膀、小臂和指尖會如何感受。

在「弓」的早期象形文字圖形中，我們能看到依然顫動著的
弓弦；在「中國」和《中庸》的「中」字之中，我們能看到箭穿透了
靶子中央。在陰陽宇宙論中，正如在西方的統一辯證思想的發展
中，通過創造性的和諧來調和張力這一觀念至關重要。

1　Kathleen Freeman, trans., *Ancilla to the Pre-Socratic Philosophers*, Oxford: Basil
　　Blackwell, 1956, p. 28, no. 51.

在思想層面，約瑟夫・列文森既是弓箭手，也是音樂家，他用力放箭射向鎖定的靶子，抑或在音符之間徘徊，等待主旋律積聚力量並追尋各自的回聲。但有時候他也會猛然朝天空放一支箭，看它會落在哪裏，或者任意撥弄和弦，細細品味其不和諧音。在他的著作中，嚴謹周密和即興而發會同時出現或者難分彼此，我覺得最常體現這一點的地方就在於張力與和諧這對核心主題。

考察幾個世紀以來的中國歷史（在他逝世前夕，考察範圍已經轉向幾千年來的全世界），列文森著迷於某些悖論，譬如太平天國的挑戰和失敗，以及帝國官僚制的勝利與崩潰。時間序列上先後發生的挑戰、失敗／成功、崩潰，產生了兩方面的長期後果：首先，傳統的知識轉向了自我防禦，然後具有自我意識，然後變得空洞；其次，新興的民族主義式的激進主義即便在奔向未來的時候也在往回追溯已經失落的根基。

這些時間序列在列文森的《儒家中國及其現代命運》中得到了富有學識、技巧和智慧的闡釋。但是，在試圖確定清代的直接歷史背景時——而不是中國帝制時期整體歷史的廣泛背景——列文森得出了某些在思想上連貫但在歷史上卻很脆弱的結論。

他寫道，太平天國破壞的並非儒家官僚制度，也不是皇帝制度，而是維繫二者之間富有生命力的關係的動態張力。「儒家與君主對抗的張力消失，因為太平天國在表現二者間張力的地方（關於『天』的理解）捅了一刀。」[2] 儒家「不再是中國社會具有創

2　Joseph R. Levenson, *Confucian China and Its Modern Fate*, vol. 2, Berkeley: University of California Press, 1964, p. 111.

造力的智慧」。[3]這種缺失了張力的生命，可以體現在同治中興時期文人過分強烈的忠誠，同時因傳統主義內在的不連貫以及「中興」的毫無意義而逐漸式微——最後以作為儒家「小人物」(manikin)的廖平和作為「一個丑角，一個復活了的老古董」的袁世凱而告終。[4]

為了強調失去這種張力的重要影響，在思想上有必要指出那個依然存在富有創造力的張力的歷史時期——指出列文森所謂的「實質上是法家反傳統主義的王朝帝制，無論其族群和文化淵源是漢族抑或外族，與儒家文人傳統主義兩者之間的古老的張力」的黃金時期。[5]這裏相當笨拙的插入語「無論其族群和文化淵源是漢族抑或外族」，顯示出列文森已經注意到了一個難點：清廷是19世紀中國的統治者，而清廷又是滿洲人，對漢族中國而言是異族征服者。如果太平天國的影響力要被充分感知，那麼皇帝—官僚張力中的重要元素在清朝也一定和在明朝時一樣存在。因此，列文森論述道：「外來王朝也許完全不是特例，只不過是權力更大的本土王朝。」而且，他又換個方向論證以強調同一個想法，「也許真正的問題不在於證明異族王朝在何種程度上

115

3　Ibid., p. 112.

4　關於最後這兩幕戲更為詳細的早期論述見列文森發表的文章：*Confucian Personalities*, eds. Arthur F. Wright and Denis Twitchett, Stanford: Stanford University Press, 1962, p. 317, 以及 *Confucianism in Action,* eds. David Nivison and Arthur F. Wright, Stanford: Stanford University Press, 1959, p. 260。

5　Levenson, in *Confucianism in Action*, eds. Nivison and Wright, p. 260.

能被中國文人接受，而在於證明本土王朝在何種程度上與文人格
格不入」。[6]

這就提供了一種延續感，一個連貫的場域，可以讓君主—
官僚之間的張力進行運作。但這種張力是雙向的，而且如果延續
性在時間上被往回推得太遠，這種張力會被貴族制的存在攪亂。
為了解決這個困境，列文森向上方放了一箭：

> 然而，雍正和清朝位於離宋朝這個大分水嶺年代最遠的一端。
> 離宋代更近的時代，儘管已有效清除了「異姓王」，權力的重心
> 也已完全傾向於官僚和專制皇帝，皇帝似乎仍需平衡宗室外戚
> 這些勳貴與官僚輔佐之間的關係（有時候甚至被二者弄得無所
> 作為）。但是到了清初，皇帝不可能保持中立。他本身就處於
> 權力的一端。儘管雍正周圍仍有一群王公貴族，但這些貴族都
> 屬於皇帝。儒家官僚確保了貴族無害，但從很多年前開始，他
> 們就成了某種身分群體，其團結性是專制統治者必須消解的。
> 作為君主主要威脅的真正意義上的貴族，已經被官僚遏制住
> 了，不過他們也會被君主煽動起來，死灰復燃，成為攻擊其對
> 手官僚的武器。[7]

這確實言之有理，但清朝歷史的一個世紀卻消失了。我們把它重
新放進來。

116

努爾哈赤（1559–1626）因統一女真、創立八旗、自立為後金
天命皇帝而位居眾首領之首。他試圖讓皇太子褚英繼承皇位的努

6　Levenson, *Confucian China*, vol. 2, p. 32.

7　Ibid., p. 44.

力以幻滅和災難告終。[8]雖然皇太極（1592–1643）繼承大位，但這是獲得其餘八位世襲王公（貝勒）同意之後的結果；1643年，皇太極的第九子福臨在繼承帝位時，其獲得提名不是出於權力，而是出於妥協──多爾袞、豪格、濟爾哈朗等人其實都有希望繼承。[9]作為順治皇帝的福臨，是一位最堅定的「保持中立的皇帝」。直到1650年多爾袞去世，他始終處在滿洲貴族派系鬥爭之中；1650年之後，他確實開始利用真正的漢人資源來遏制其滿洲貴族競爭對手，但這些漢人是宦官和佛教僧人，而非傳統官僚的後裔。不過，順治願意迎娶官僚階層的女兒進入後宮，讓純粹的漢人加入他的滿洲和漢族旗人妻妾之中，並且讓漢人保持自身的傳統著裝風格──她們大概還纏足。[10]

順治帝死後，滿洲貴族再次掌權，殺害或驅逐宦官；1661至1669年間，輔政四大臣鰲拜、索尼、蘇克薩哈、遏必隆掌握攝政權，頗為強大地獨立於年幼的康熙帝以及漢族官僚。[11]康熙推翻

8　關於努爾哈赤殺害弟弟舒爾哈齊、太子褚英、額爾德尼巴克什的討論，參看 Li Hsueh-chih, "An Analysis of the Problem in the Selection of an Heir During the Reign of Nurhaci," *Proceedings of the Third East Asian Altaistic Conference,* eds. Ch'en Chieh-hsien and Jagchid Sechin, Taipei: Taiwan University, 1969, pp. 174–181。

9　Arthur Hummel, ed., *Eminent Chinese of the Ch'ing Period*, Washington: U.S. Government Printing Office, 1943, p. 255.

10　唐邦治輯，《清皇室四譜》，台北：台灣商務印書館，1966，第50頁，這裏提到了石申，直隸人，順治進士。

11　Robert Oxnam 在其博士論文 "Policies and Factionalism in the Oboi Regency, 1661–1669" (Ph.D. dissertation [1969], Yale University) 研究了輔政四大臣。以下關於康熙執政的評論，來自於我對《清實錄》和《故宮文獻》的研究。

攝政大臣時沒有依靠儒家官僚，而是依靠親信的滿洲和蒙古侍衛
（祖母和他本人的侍衛），而且代價是讓索額圖、明珠以及佟佳氏
家族繼續掌握權力。然後，康熙逐漸選擇他最信任的漢族官僚，
但始終保持著在滿漢各政治勢力之間居中調停的姿態，並沒有偏
向一方而反對另外兩方。康熙與皇太子允礽之間的關係與努爾哈
赤的狀況有些相似，而這也顯示出滿洲大家族的勢力一直持續到
18 世紀。

117

　　康熙確實推動了漢族官僚的壯大，但是他達成這個目標的方
式並不能幫助論證列文森的觀點。康熙有時候選擇富有學術才能
的人出任大臣和各省巡撫，為此頗感自豪且公開慶賀 ── 張英
（1637–1708）、張鵬翮（1649–1725）、陳元龍（1652–1736）、張伯
行（1652–1725）、王度昭（？–1724）等人可以作為明證。但是康
熙與這些受其重用、深深浸潤於「文」的傳統之中的官僚間的關
係更像是綑綁囚徒的繩索，而不是弓或者琴上那富有活力的弦。
這些儒家文人通過新近創設的奏摺制度直接向康熙匯報，根據命
令監督他人，同時又被他們無從知道的人監督，在「權力」的頂
峰也經常被用作奴才。[12]當傳統官僚因為有機會繞開正常的官僚
渠道而受寵若驚時，「傳統」到底還有何力量可言？

　　在處理此後陷入頹廢墮落的滿洲貴族時，列文森通過尋找
「相似的作用」（functional equivalence）的方式來保證歷史延續性。

12　大量關於康熙的材料近年刊登於《故宮文獻》季刊（台北，1969 年及以
　　後）。

他發現晚明的宦官可以算是對等物。他寫道，滿洲人就跟宦官一樣，作為「輔佐的角色」和「第三種勢力」來監督、敵視官僚；他們是「君主新招募的親信」，「中央集權者的工具」，「個人的官僚代理人」，以及「工具」。[13] 然而，這些表述壓縮了太多的歷史，模糊了太多的區分——因為，某些滿人是大貴族，某些是擁有世襲軍隊的有勢力的將軍，但某些只是普通士兵，某些患有鴉片煙癮，某些還是包衣奴才。此外，一些滿人包衣身分低微，而其他一些有機會變得有權有勢，與此同時，滿人「領主」也有可能走向破產。確實，雍正打破了旗人貴族的權力，將他們的軍隊收入自己麾下；但也有證據顯示他同樣打破了官僚的權力，而且把完善的密摺制度當成中央集權者完美的工具。[14] 我們在此進入了價值判斷的世界。雍正朝勤奮的漢族官僚對君主的服從，究竟出自驕傲還是恐懼；其和諧究竟源自張力，抑或來自一個半世紀以後列文森所發現的隨處皆是的枯竭的生命力？[15]

倘若1730年代生命力已經開始枯竭，倘若那個時候已不存在可以維持生命的張力來提供最真實的和諧，那麼我們或許可以解釋1720至1880年間文化和藝術的貧瘠（而不是解釋太平天國的衝擊以及清帝國的衰落）。在石濤、八大山人、王翬、王原祁、

118

---

13 Levenson, *Confucian China,* vol. 2, pp. 45–46.

14 參考 Sila Hsiu-liang Wu, *Communication and Imperial Control in China: Evolution of the Palace Memorial System, 1693–1735,* Cambridge, MA: Harvard University Press, 1970。

15 Levenson, *Confucian China,* vol. 2, pp. 113–114.

黃宗羲、王夫之 —— 這些人皆歿於康熙年間 —— 的時代過去之後，在受他們啟發和維繫的廣泛的文藝圈子的成員紛紛離世之後，清代文化生活的豐富與能量蕩然無存。小說不在此列，但小說又從來不被文人當作「文化」。那個時代有平淡乏味的繪畫與詩歌，精巧而又死板，有艷俗的玉器和瓷器，還有規規矩矩的哲學與史學。衛德明 (Hellmut Wilhelm) 曾經論證那個時代的哲學空氣中出現了人類心理學的全新突破，[16] 而阿瑟 · 韋利 (Arthur Waley) 也認為袁枚是一位富有趣味和才能的詩人。[17] 絲綢依然絢麗。但是，文化成果總體而言是如此微薄，以致難以滋養生活 —— 鴉片吸食風氣的興起正是在 1770 年左右。

18 世紀晚期西方人的到來，帶來了鴉片、條約、屈辱，以及太平天國世界；同時，西方化的中國人不可避免地將中國的文化傳統形式化，從而削弱了他們自以為正在支撐著的制度。世界範圍內的文化拾遺越來越豐富，中國人的參與也越來越激烈、越來越困難。這些都是壯麗的主旋律，列文森在辭世之際面對的正是這些；我們從《革命與世界主義》的三場講座中可以清楚地看到

---

16 Hellmut Wilhelm, "Chinese Confucianism on the Eve of the Great Encounter," *Changing Japanese Attitudes Toward Modernization,* ed. Marius Jansen, Princeton: Princeton University Press, 1965, pp. 283–310.

17 Jonathan Spence, "Opium Smoking in the Ch'ing Dynasty" (文章發表於 1971 年 6 月 27 日至 7 月 2 日在檀香山召開的關於清代地方控制和民間抗議的學術會議).

這一點。[18] 舊的關注依然還在列文森的心中，但是有了新的發展方向，從下面他對太平天國最後的論述中可以看到：

> 他們憑藉著篡改過的基督教來公然藐視儒家，而基督教又是西方思想滲透的一部分。西方的經濟入侵極大地加劇了四處蔓延的社會苦痛，把他們推到了叛亂的邊緣。思想上的叛變突出了這種苦痛。[19]

119

還有：

> 儒家文人，作為「上層文化」的官方代言人（確確實實如此），在他們自我定義的世界裏曾經擁有世界主義的光環（以及可以襯托他們優越感的那些地方鄉野之士）……儘管不希望如此，他們把世界主義的頭銜拱手讓給了新中國的新青年，中國如今是整體世界的一部分，而非是一個自成一體的世界。[20]

這些段落顯示出列文森正在轉向世界思想史，中國只是其中的一部分。從《革命與世界主義》的基調中，我們能夠猜到這對他而言是一件困難的工作：在中國，有太多的事情似乎都做錯了，而那些做對了的事情似乎又缺乏目的。為何皮蘭德婁和施尼

18　Joseph R. Levenson, *Revolution and Cosmopolitanism: The Western Stage and the Chinese Stages*, Berkeley: University of California Press, 1971.

19　Ibid., p. 22.

20　Ibid., pp. 2–3.

茲勒*的劇作出現在1930年代的上海？為何要為想成為中國通的人費力闡釋維也納精神和柏林精神之間的差異？[21] 列文森看到了某種危險：曾經啟發他早期著作的「意義」與「價值」可能會湮滅無痕；文化革命者已經扭轉了事態，但是無路可走：他們支配的中國「煢煢獨立，與中國傳統的紐帶被減弱，與當下外部世界的橋樑亦被阻隔」。[22]

《革命與世界主義》的最後幾行充滿了陰暗的意象。[23] 給予生命的張力不復存在，唯有模棱兩可的意圖，抑或無從解答的悖論。1930年代的中國知識分子和1960年代管理他們的人——「文化中間人，文化革命分子」——分別是在未知的海灘上擱淺的小魚和鯨魚。無需特別的想像力，我們就可以感受到瀕臨死亡之際的刺耳喘息。「他們試圖向全世界訴說……有些人 (people) 在聆聽。或許有些民族 (peoples) 在聆聽。」這裏的語言遊戲很友善，但言語的回聲依然令人窒息——我們被帶回到年輕時的魯迅，以及他關於中國人被關在沒有窗戶的鐵屋裏的想像。魯迅總結道，我們必須要嘗試喚醒那些被困在鐵屋子裏的人，因為他們能夠聆聽，不論這會何等程度地增加他們的苦痛，哪怕他們僅有最渺茫的希望可以逃脫出來；我們必須「慰藉那在寂寞裏奔馳的

120

---

*　　譯註：皮蘭德婁 (1867–1936)，意大利劇作家；施尼茲勒 (Arthur Schnitzner, 1862–1931)，奧地利劇作家。

21　　Ibid., p. 31.

22　　Ibid., p. 55.

23　　Ibid., p. 55. 本條引文以及下列引文。

猛士，使他不憚於前驅」。[24] 列文森也捕捉到了這裏的回聲：被人遺忘的翻譯者「近乎是孤獨的」；1960 年代中國的地方主義正是「孤獨的標記」。

但是，當列文森在上引最後段落的末尾把這些中國的敵人稱作「同類」和「兄弟」時，他的論點在指向的豐富性和複雜性才抵達極致。倘若我們進一步追溯這個典故，不是要用事無巨細的註腳來把列文森弄得僵化，也不是為了指出我們確切地知曉列文森用典的意圖，甚至不是為了斷言他在用典時心裏面有具體的思想語境和評論，而不是僅僅用一些俗套的典故來作一句話的總結。相反，我們的目的是為了向列文森在這個嶄新領域所打開的豐富性致敬，也是為了提示：倘若他還在世，得以將他在研究儒家傳統主義時發展出來的工具運用到全球世界主義研究中，將在怎樣的層面上揭示意義。

「我的同類，我的兄弟」並非只是簡單的稱兄道弟。這是波德萊爾（Charles Baudelaire）對那些虛偽的讀者的致敬。他們短暫地與其為伍，不是出於自由或喜愛，而是出於共同的寂寞之惡，以及為了共同打擊那眾惡之首 —— 無聊：

> 這就是無聊！——眼中噙著難忍的珠淚，
> 它在抽水煙筒時夢見斷頭台。

24　Lu Hsun, *Selected Stories of Lu Hsun*, trans. Hsien-yi Yang and Gladys Yang, Peking: Foreign Languages Press, 1960, p. 26.

讀者，你認識它，這難對付的妖怪，

——偽善的讀者，——我的同類，我的兄弟[25]

此外，作為波德萊爾的致意，它不僅僅只是深埋在審美家的頭腦中，也是通過艾略特的《荒原》而進入世界英語語言中的一種國際回聲——在《荒原》中，這是早晨9點鐘在霧濛濛的倫敦對著斯代真（Stetson）的嘲諷的呼聲。[26]

至於列文森是否有這樣的意圖，我們在此有一個嚴肅且吸引人的世界主義觀點：中國的現代派（無產階級反傳統主義者）與中國從前的現代派（資產階級改良者，但在與儒家傳統主義對立的意義上仍然是現代的）被現代西方詩歌最兼收並蓄的一首作品中的語言聯繫在一起，該詩由一位深深浸潤在歐洲歷史和「傳統」之中的美國人創作，並經過另一位喜歡中國詩歌的美國人編輯。

25　Charles Baudelaire, *The Flowers of Evil*, New York: New Directions, 1963, pp. 2, 4, 234. 關於列文森對波德萊爾的興趣，參考魏斐德為《革命與世界主義》所寫的序言，見 Levenson, *Revolution and Cosmopolitanism*, pp. xxvi–xxvii。
（譯註：這四行詩出自波德萊爾名作《惡之花》，法文原文如下：
"C'est l'Ennui! − l'oeil chargé d'un pleur involontaire,
Il rêve d'échafauds en fumant son houka.
Tu le connais, lecteur, ce monstre délicat,
− Hypocrite lecteur, − mon semblable, mon frère!"
此處採用錢春綺譯文。）

26　T. S. Elliot, "The Waste Land," lines 76 and 69. 譯註：《荒原》採用趙蘿蕤譯文，下同。斯代真是帽子的品牌，指代戴著帽子的普通人。

　　艾略特在文化上的拾遺富有學術性，也是刻意為之；那些內容同時顯現出孤注一擲的絕望，他在一個日益瓦解的文化宇宙中尋找些許秩序：

> 什麼樹根在抓緊，什麼樹枝在從
>
> 這堆亂石塊裏長出？人子啊，
>
> 你說不出，也猜不到，因為你只知道
>
> 一堆破碎的偶像……[27]

它們給了一點希望（「這些碎片我用來支撐我的斷垣殘壁」[28]），但是並不足夠，因為被烈日灼傷而死的替代選擇，通常只是溺水而死。

　　透過艾略特處理《荒原》中斷裂文化的殘餘的方式，我們或許能夠窺見列文森所選擇的那條發展他自己的世界主義主題的路徑。我們可能會遇到的挑戰，在於延伸——超越歷史學通常的做法；在於比較——時間上的、文化上的、地理上的、職業上的，以及同時進行所有這些方面的比較。在艾略特的詩歌所呈現的圈子中，我們遇到「尤吉尼地先生，那個士麥那商人／還沒光臉，袋裏裝滿了葡萄乾／到岸價格，倫敦」；以及「腓尼基人弗萊

27　Ibid., lines 19–22.
　　（譯註：這四行詩的原文如下：
　　"What are the roots that clutch, what branches grow
　　Out of this stony rubbish? Son of man,
　　You cannot say, or guess, for you know only
　　A heap of broken images...")
28　Ibid., line 431.（譯註：原文為 "These fragments I have shored against my ruins."）

巴斯，死了已兩星期」；還有斯代真，「你從前在邁里的船上是和
我在一起的」。[29]他們每一位，都是召喚與象徵，同時都有特定的
歷史和地理屬性；每一位都能通過雙關和回憶來與其他人聯繫起
來：弗萊巴斯「忘記了水鷗的鳴叫，深海的浪濤／利潤與虧損／海
下一潮流／在悄聲剔淨他的骨」。[30]其語言富有召喚力，也蘊含著
唯有我們的後代才能把握的機遇。

中國、世界、語言、智識上的熱忱；憂傷與繼承；生的、死
的、未生的、時間、記憶、工作、歡笑──這就是列文森試圖
把握的。

> 外邦人還是猶太人
>
> 啊你轉著舵輪朝著風的方向看的，
>
> 回顧一下弗萊巴斯，他曾經是和你一樣漂亮。[31]

29　Ibid. 依次是 lines 209–210、312、70。
　　（譯註：這幾句的原文分別為 "Mr. Eugenides, the Smyrna merchant / Unshaven,
　　with a pocket full of currants / c.i.f. London"; "Phlebas the Phoenician, a fortnight
　　dead"; "You who were with me the ships at Mylae."）

30　Ibid., lines 313–316.
　　（譯註：原文如下
　　"Forgot the cry of gulls, and the deep sea swell
　　And the profit and loss.
　　A current under sea
　　Picked his bones in whispers."）

31　Ibid., lines 319–321.
　　（譯註：原文如下：
　　"Gentile or Jew
　　O you who turn the wheel and look to windward,
　　Consider Phlebas, who was once handsome and tall as you."）

關於官僚：君主張力的主題在 列文森著作中的發展脈絡

魏斐德 (Frederic Wakeman, Jr.)

在其傑作《儒家中國及其現代命運》三部曲中，列文森反覆
拷問：「在如此漫長的中國歷史中，新觀念如何以及為何必須面
臨是否與既有傳統兼容的考驗，而在最近的這些年中，傳統卻必
須面臨是否與本身就具有說服力的新觀念兼容的考驗？」[1] 在第二
卷《君主制衰亡問題》中，他從制度層面提出了這個問題：「如何
以及為何皇帝與官僚曾經在儒家文化中如此緊密地糾纏在一起，
以至於帝制的首先廢除和官僚制的繼而轉型，使得最後出現的黨
派政治與其說是傳統的，不如說是傳統主義的？」[2] 他憑藉尼采的
洞見回答了這個問題（「幾乎每一個黨派都明白，出於有利於自
我存續的考慮，反對派也不應該完全失去力量」），[3] 進而自相矛盾

1　　Joseph R. Levenson, *Confucian China and Its Modern Fate,* 3 vols., Berkeley: University of California Press, 1958–1965, vol. 2, p. vi.

2　　Ibid.

3　　Nietzsche, *Götzen-Dämmerung,* as cited in Levenson, *Confucian China,* vol. 2, p. 23.

地定義了中國帝制體系：建立在反儒家的法家原則上的儒家君主制。這個悖論在制度上體現為官僚制與君主制之間不可或缺的張力。一旦這種矛盾——「儒家—君權的相互吸引—排斥」——喪失，傳統中國的國家制度就過期失效了。

《君主制衰亡問題》即以那種削弱的象徵開篇：1916年元旦袁世凱上演「化妝舞會」，宣佈了短命的洪憲帝制。這次假冒的帝制復辟為列文森提供了確切的證據來說明「君主制神聖性的消散」。同時，由於袁世凱將復辟計劃與抬升儒家綁定在一起，這又意味著中國君主制與「單純思想上的『崇古』」之間「非傳統」的聯繫。在「君主制依然活生生存在的時代」，君主制遠非純粹的儒家，而且也絕對不是致力於現代意義上的保守主義。事實上，君主制在其鼎盛時期有時會與官僚知識階層的儒家保守主義相對抗。[4]

列文森並非最先強調統治者與大臣之間存在競爭關係的學者。馬克斯 · 韋伯在《中國的宗教》中已經指出，戰國時期被列國爭相拉攏的「自由流動的士人階層」，在漢代大一統之後成為固定的俸祿階層（prebendaries），為了獲取官職而互相鬥爭。韋伯強調這種社會變遷主要是為了正統儒家的興起。「隨著中國國家制度之日趨俸祿化（prebendalism），士人原本的精神自由流動性也就停止發展了。」[5]但是，他又強調科舉制度防止考生「聯手組

4　Levenson, *Confucian China,* vol. 2, p. 10.

5　Max Weber, *The Religion of China,* Glencoe: The Free Press, 1952, p. 112.

成封建官吏貴族」，[6]而是與君主聯合反對「封建時代」的大家族勢力。宋代以後，封建敵對勢力不復存在，士人階層的主要敵人成為「蘇丹制（sultanism）與支持此制的宦官當政」。[7]「如果統治者能屈從於士人對儀式與典禮的要求，士人就會屈服於統治者」。[8]在韋伯看來，官僚—君主之間的關係是相當靜態的平衡──它是傳統秩序穩定的支柱，保守地抵制著可能會產生影響的經濟變革。相反，列文森則把這種關係視作在歷史中伸縮進退的關鍵張力──一種文化活力的條件，而不僅僅是政治競爭者之間的妥協。

然而，在某種程度上，這種關係所維繫著的文化僅在風格形式上依然保持活力。在《儒家中國及其現代命運》第一卷中，儘管列文森告誡了不要提出「〔科學在〕中國文明為何『失敗』這種專橫的西方式問題」，[9]他仍然描述了「早期清代思想中經驗論的夭折」，暗示清代全盛期政治力量背後嚴重缺乏思想活力。由此看來，列文森似乎屬於中國歷史研究的所謂哈佛學派。當然，他確實是那群卓越的遠東歷史學家中的一員，他們在二戰結束後聚集在費正清的學術影響力之下。儘管籠統地概括這一群豐富多彩的學者難免會帶有偏見，但其中多數人確實有共同的興趣來評估中

125

6　Ibid., p. 119.

7　Ibid., p. 138.

8　Ibid., p. 141.

9　Levenson, *Confucian China*, vol. 1, p. 13.

國如何應對西方的衝擊，而且基本上認為由於舊制度被儒家思想
很成功地整合，中國在遭遇帝國主義的挑戰時拒絕馬上作調整。
與此同時，正是由於舊制度目光短淺的自我防禦富有成效，它最
終也迎來了更加徹底的衰落。對列文森而言，舊制度的陷落正是
以太平天國起義為起點 ── 作為官僚制與君主制共同的敵人，
太平天國使它們形成了共同的利益，從而消除了其間的張力，而
這種張力對於中國政治文化非常關鍵。因此，徹底的整合必然會
帶來徹底的瓦解和崩潰。

由於這一論點包含了循環論證，列文森似乎只是因為後見之
明才發現這種關鍵的張力。第二卷是從洪憲復辟開始的：袁世凱
的親信模仿儒家禮儀為之加冕，而非令臣子們心悅誠服的君王承
天授命。列文森發現後兩者之間曾經存在必不可少的張力，是
否只是從他對20世紀儒家浪漫主義妥協的理解得出的必然推論
呢？還是說，他對歷史早期那種張力的體認是獨立產生的，是基
於其他思想建構的一種先見之明？

為了回答這個問題，我想確切地展示在寫作《君主制衰亡問
題》這一卷之前，官僚制─君主制之間的張力這個概念在列文森
的思想中是如何逐步發展的。已經發表的著作本身無法還原這個
發展過程，不過列文森夫人允許我考察《儒家中國及其現代命運》
一書的研究筆記。這些材料是在列文森遺留的文稿中發現的，正
是透過這些筆記我才能夠追溯這個概念的發展歷程。[10]

10　這些筆記現在收藏於加州大學伯克利分校的班克羅夫特圖書館（Bancroft
　　Library）。下文引用這些筆記時不再註明。

列文森在早期研究梁啟超著作時，就曾首先嘗試提出官僚制—君主制的張力與帝制體系的活力之間的關係。他注意到「傳統中國的二元中心」陷入了「內部張力」的局面，甚至感覺某種「現代的跡象」或許只是「兩者墮落的融合」。[11] 但是，在給這個觀念下定論之前（結論當然就是張力本身的鬆懈），他必須要以其活力來界定該體系。馬克斯・韋伯的〈政治作為志業〉為他暗示了下一步。韋伯寫道：

> 越來越淪為業餘角色的君主，借著合議制和政府內閣，試圖逃脫受過專業訓練的官僚不斷對他施加的無從迴避的壓力。他尋求著將最高領導權留在自己手中。專業官僚體制與君主專制之間的潛在鬥爭無處不在。[12]

11　在追溯梁啟超的民族主義來源——從「天下」到「國家」的轉變時，列文森仔細考量了梁氏在1900年的斷言：中國缺乏民族主義，因為效忠的對象是朝廷，而非國家。參看梁啟超：〈中國積弱溯源論〉(1900)，《飲冰室文集》，卷15，第23b–25a頁。梁氏的論述激發了列文森如下的粗略筆記：

　　這個對於傳統儒家和君主制假設的現代雙重批判——將民族主義定義為對傳統中國雙重中心之一的否定——它們的吸引力因此得以展現。它們的「排斥」也意味著（但不是出自梁——或許是**現代**的跡象，意即兩者墮落的融合）官僚和皇帝兩者最終都自認「國家」（公）而把對方看作「私」（帝制的中央集權）。強人和強有力的中央政府對私人（意即士紳—官僚）擴張的鬥爭。

12　Max Weber, "Politics as a Vocation," *From Max Weber,* eds. Hans Gerth and C. Wright Mills, New York: Oxford University Press, 1958, p. 89.

在中國，統治者與官僚或許就是相互對峙，但是列文森立刻注意到儒家官員似乎沒有通過掌握專業技能來自我保護。相反，「在中國，鬥爭存在於業餘的官員與君主之間 ——（因而存在）依靠業餘身分來保持不受君主控制的獨立性的官員階層」。因此，正是通過反面的類比，列文森才首次構想出「業餘理想」這個在「三部曲」第一卷中至關重要的主題。其餘三項研究讓這一主題得到進一步提煉。首先，亞歷山大 · 索伯（Alexander Soper）關於北宋繪畫的論文提示列文森，儒家官僚通過採用自身的文人畫風來抵制皇家的院畫。[13] 其次，晚期羅馬帝國時期文人頗為傲慢，將上層文化極富戲劇性地當作抵禦地主貴族階層的武器。[14] 最後，任繼愈的一篇關於中國古代專業醫學研究的傳統地位的文章，加強了列文森的如下看法：儒家君子為了自我保護而有意識地保持業餘身分，因為國家「在理念上會追求官僚階層的職業化」。[15]

127

13　Alexander Soper, "Standards of Quality in Northern Sung Painting," *Archives of the Chinese Art Society of America*, 11: 8 · 15 (1957), pp. 8–15. 索伯就北宋宮廷畫院與法國路易十四宮廷畫院所作的比較，引起了列文森的注意：「與路易的類比指明了專制君主如何利用工具；批評指明了儒家文人的抵抗 ——**具有成效**的抵抗 ——（因為）官僚階層為中國世界的價值，而非君主制設定了風格。」

14　列文森的這一點看法來自於 Andrew Alfoldi, *A Conflict of Ideas in the Late Roman Empire: A Clash between the Senate and Valentinian I*, Oxford: Oxford University Press, 1952, pp. 107–111。

15　列文森參考的文獻是任繼愈：〈中國古代醫學和哲學的關係 —— 從黃帝內經來看中國古代醫學的科學成就〉，《歷史研究》，1956年5月，第59–74頁。

因此，到了1956年，列文森已經成功地將業餘主義與官僚的自我利益聯結在一起。這意味著，不同於韋伯所提出的官僚藉由成為技術官僚來自保這一模型，列文森的儒家士大夫通過發展文人文化來同時抵制法家式暴君和軍功貴族。[16] 但是，除了「業餘理想」之外，還有制度力量的問題。列文森以君主、貴族和官僚之間的三角鬥爭來探討這個問題。得益於1957至1959年間集中閱讀歐洲歷史，列文森拓展了他思考這種三角鬥爭的概念維度。譬如，在晚期羅馬帝國，君主可能難以利用官僚階層作為同盟對抗勢力強大的元老院地主階層，而在中國「君主＋官僚的基礎上形成的組織有可能」對抗貴族階層。但是，恰恰因為到了宋代，貴族已經「被淹沒」，「皇帝＋官僚已經無法建立完美的聯盟。（因此）出現了壓力與緊張」。[17] 漢斯・羅森伯格（Hans Rosenberg）所研究的普魯士的例子則更加富有啟發性。[18] 列文森能夠清晰地看到霍亨佐倫王朝的軍事—官僚權力機關與貴族地主階層之間如

128

16　在某種意義上，他對貴族制的關注是從文化問題引申出來的。通過閱讀清水盛光：〈旧支那における専制権力の基礎〉，《滿鐵調查月報》，第17卷，第2號（1937年2月），第1–60頁，列文森注意到在封建主義消亡之後，「士」這個詞語如何以新的道德化、「文明化」的文人（literatus）意涵而延續下來。當「文」被提升而「武」被貶低的時候，「文與武」之間的對立成為了官僚—貴族鬥爭的對應事物。

17　列文森參考的是 William G. Siggigen, *The Officium of the Urban Prefecture during the Later Roman Empire*, Rome: American Academy in Rome, 1957。

18　Hans Rosenberg, *Bureaucracy, Aristocracy, Autocracy: The Prussian Experience*, Cambridge, MA: Harvard University Press, 1968.

何首先並存，後來又達成了妥協。我們不難構想如下情形：官僚階層通過向地主貴族階層作出足夠的讓步，制衡專制，以此來保持自身的相對自主。不僅如此，一種獨特的文化風格，即 *Bildung*（教養），還能夠克服傳統的階級分隔，使普魯士人共享「文」與「武」，而這在儒家中國是難以想像的。

列文森又把目光從普魯士轉移到了法國。重讀托克維爾的《舊制度與大革命》的時候，他起先假定官僚—君主的中央集權完全有效地抵抗了貴族。但是，道格拉斯·達金（Douglas Dakin）關於杜爾哥（Turgot）的研究使他相信，[19]官僚階層實際的力量並沒有托克維爾所想像的那麼大。法國貴族階層既沒有徹底被削弱（如同在中國），也沒有受到特別的優待以至於能夠抑制王權（如同在普魯士），所以貴族維持了足夠的力量來阻礙政府運作，而且看起來是寄生階層。

他在筆記中這樣寫道：「〔法國的〕這種官僚制（如同儒家的非專業〔官僚制〕）不是為了使君主實現有效的獨裁統治（而且事實上在法國也確實沒能實現）。但是與中國不同，法國〔發生了〕革命——因為〔存在著〕貴族階層（寄生階層）。」或許，當革命最終在中國發生的時候，君主制與官僚制雙雙陷落，因為並不存在寄生的貴族階層可以作為攻擊的目標，但是對列文森而言，更重要的是運作模式本身。事實上，他費力最多的地方是為了解

19　Douglas Dakin, *Turgot and the Ancient Regime in France*, New York: Octagon Books, 1965.

釋貴族制在中國消亡很久之後，官僚制與君主制之間依然長期
存在的富有活力的張力。他既認定內藤湖南的假說是正確的，[20]
同時也瞭解可以佐證帝制晚期君主專制權威確實得到增長的所有
證據。無論哪種情況，官僚制都不好過，因為「業餘愛好者理想」
只能服務於個體的學者—官員。然而，列文森發現：要協調如
下二者 —— 1200 年以後君主權力獲得增長這一現象，以及官僚
階層具備足夠的獨立性從而產生保持儒家活力所不可或缺的張力
這一觀點 —— 將貴族階層的缺失納入考慮要更加容易。倘若牟
復禮 (Frederick Mote) 關於1381年以後明朝君主權力的增長這一
看法是正確的，那麼官僚階層是否全部喪失了其獨立性？[21]列文
森的答案是否定的，他注意到牟復禮的描述與他自己「關於君主
權力和官僚權力的**平行**增長，而非此消彼長的解讀」是一致的。
這是因為 (來自他的筆記)：

> 因為只有在那個時期，**官僚階層**的影響力才如此強大 (貴族制
> 徹底衰敗)，至少能夠分享國家的統治權，意即 (牟復禮等人)
> 所強調的宋代**皇權**的增長並不意味著君主對官僚的獨裁掌控，
> 而是官僚的地位同時獲得增長。

20　內藤湖南 (1866–1934) 認為中國的「近世」開端於唐末。當時，貴族階層
　　已被摧毀，君主開始發展個人的絕對權力。該論點最早見於內藤湖南《支
　　那論》(1914)，以及此後的著名論文〈概括的唐宋時代觀〉(1922)。

21　Frederick W. Mote, "Terror in Chinese Despotism with Special Reference to the
　　Early Ming Period," *Oriens Extremus* (Sept. 1959).

此外，皇帝依然聽從 —— 甚至褒揚 —— 那些在道德上批評君主的官員。其中一個直接原因是：

> 儒家堅決主張帝王的德行關涉到**官員**權力舞台的格局，或者可能受其質疑，但這並不會將他提升到某個至高的懸空境界，政務全由**官員**獨立負責。

換言之，中國的皇帝通過尊重儒家的道德評判，使其個人的政治干預變得必要，從而避免成為像日本天皇那樣具備神性但卻孤立無助的統治者。

但是，在中國歷史的晚期帝制時期，強勢君主依然要比獨立官僚更加常見。[22]事實上，官僚階層的奴性象徵，諸如廷杖和有失尊嚴的叩頭，究竟如何才能解釋得通？或許在這裏，「真實」的利益也是以心理上矛盾的方式表達的，大臣對君主這種順從其實掩蓋了官僚的權力。列文森的這個想法，是在閱讀馬克・曼考爾（Mark Mancall）關於中國使團首次出訪俄國的論文時萌生的。[23]曼考爾注意到《清實錄》中沒有提及中國使團向安娜・伊凡諾芙娜女皇（Czarina Anna Iovanova）叩頭之事，並提出雍正帝向朝臣隱瞞了與俄國聯盟的需要。列文森並不同意。

130

22　對列文森而言，這方面最好的例子是雍正皇帝。他主要參考了宮崎市定：《雍正帝 —— 中国の独裁君主》，東京：岩波書店，1950。他也特別感興趣通過《嘉慶會典》所瞭解到的晚清時期的行政層面，其參考的是日譯本：臨時台灣舊慣調查會第一部報告：《清國行政法》，卷1，修訂版，東京：大安，1914；卷4，東京：大安，1911；卷5，東京：大安，1911。

23　Mark Mancall, "China's First Missions to Russia, 1729–1731," *Papers on China*, vol. 9 (Aug. 1955), pp. 75–110.

我的推測（不同於曼考爾……）歸因於士大夫的利益，因為這（向俄國人叩頭）與他們對皇權的觀念產生了衝突——士大夫為君主提出了比皇帝本人更加極端的論斷——**作為抑制君主的手段**……在中國，對叩頭禮儀的堅持同時滿足了帝制和官僚的需求，雖然**出於不同理由**……對儒者而言，他〔皇帝〕是天子……士人階層對此行為的解讀實質上減損了君主專制獨裁權力的純粹性。

正統儒家在這方面的論述，可見於程顥所說的皇帝必須要「辨忠邪之分」*。因此，列文森這樣評論：

責任在皇帝身上。他不可將忠誠定義為毫不置疑地服從其個人意志。相反，真正的儒者可以借由他的建議定義忠誠的內容，而且皇帝必須認可那些同意這類聖賢建議的人是忠誠的。

此外，由於這樣的服從反映了忠誠的程度，因而成為個人的——因此是獨立的——道德表徵，最終為官僚的異議提供了合理性論證。通過閱讀賀凱（Charles Hucker）關於東林黨爭的研究，[24]列文森考察了左光斗的事跡。他被皇帝下令施以酷刑，臨死之前卻說「身歸君父」。賀凱稱之為「法家式的阿諛奉承」，但是列文森認為：

131

---

* 譯註：應出自程顥〈論君道〉（一作「上殿劄子」），原文為：「臣伏謂：君道之大，在乎稽古正學，明善惡之端，辨忠邪之分」（《二程文集》卷二）。

24 Charles O. Hucker, "The 'Tung-lin' Movement of the Late Ming Period," *Chinese Thought and Institutions,* ed. John K. Fairbank, Chicago: University of Chicago Press, 1957, pp. 163–203.

〔君臣之間的〕**私人關係** —— 參考年復禮有關專制主義的論述：關於專制主義的這方面的證據，實質上證實了儒家式的自由 ——〔在這種關係中官員〕是一個人，而非一個齒輪。

因此，即便是最戲劇性的君主暴政的案例，也證明了官僚的道德責任感，列文森以此來論證士大夫與君主之間的核心張力一直延續到了19世紀。他無比肯定「張力等於權力」。

一個好的社會是掌握了內在張力的「緊張社會」。**弱**社會 —— 近來的中國 —— 已經捨棄了這種張力。如果要擁有力量，那麼其基礎就要是一種**新的**張力和控制。[25]

但是，為何晚近的中國會如此衰弱？此前的張力為何會被捨棄？法國又一次可以提供引人聯想的類比：

在法國，君主使貴族淪為寄生階層，同時又保持官僚階層不受勳爵。在中國，秦代以後君主制已經無法將榮譽與官僚權威區隔開來……秦的暴政，既終結了貴族制，又排斥了潛在的官僚制，而後者在漢代確立了儒家與不受約束的專制統治保持「業餘」的疏離……〔這〕相當於說，中國在秦代就已經發生了推翻封建統治的革命，從此革命的潛力就已經被扼殺了。法國沒有發生

25　列文森此時已經深受瓦爾特・考夫曼（Walter Kaufmann）的尼采研究的影響，考夫曼引用尼采本人的話來論證其觀點，「人們應該通過一個社會或個體能夠容忍多少寄生蟲，來衡量其健康程度」（*Nietzsche: Philosopher, Psychologist, Antichrist* [Meridian Books, 1960]，第243–244頁）。這意味著，如果一個人能強大到足以持續掌控強烈激昂的熱情，那麼他就要比禁欲主義式地壓抑那些衝動的人更加強而有力。

〔早期的〕革命，而是由王權慢慢發展為專制主義；法國的貴族
制發生了改變，但是並未被推翻，因此革命的潛力被保留了。

因此，公元前3世紀秦朝的「革命」阻礙了類似二千年後法國大革 132
命之類的革命在中國發生。

　封建階級的缺失確實是儒家中國得以長期延續的一個理由，
但列文森仍然需要系統地解釋1911年君主制和官僚制最終陷落
之際的內部動態。因此，他拓展了在筆記中已經運用到的隱喻。
倘若張力意味著力量或活力，那麼官僚制的健康仰賴於儒家維繫
其內部不同思想流派之間的張力。因此，曾國藩鬆懈的折衷主義
引發了儒家的瓦解。列文森如此寫道：

> 具備內部張力（意即活力）的儒家與缺失內部張力的整體主義儒
> 家存在差異。當儒家喪失自己的「內部張力」時，它也就喪失了
> 與君主制之間的「外部張力」。

倘若像法國大革命這樣的革命，取決於一部分統治階層成為寄
生階層，那麼1911年之前的儒家官僚就得被視為寄生階層才
行——這個隱喻的推論，啟發了列文森思考太平天國對士紳階
層的譴責。[26] 太平天國的這些指責，結合其所宣稱的超越性的君

26　「當革命確實來臨之際，知識分子與官僚士大夫之間已經產生了分離（太
　　平天國之為原始革命，正是在其與儒家世界的意識形態大相徑庭的意義
　　上而言）。這種分離是非官僚類型的（農民、買辦），他們能夠首次在儒
　　家社會之外清晰地表達自我——階級意識的興起；它涉及文人階層的後
　　代。有感於儒家思想的僵化，他們成為了『西方』知識分子，從而與如今
　　已經轉型為法國貴族式的純寄生基層的儒家官僚分子分離開來。」

主制，迫使儒家士紳和帝國君主結為緊密的防守聯盟，從而也就消除了兩者之間的張力。列文森的筆記還寫道，「當儒家思想被耗盡」，「而且儒者不可救藥地淪為保皇派，革命的情境〔終於被〕確立起來」。

列文森關於官僚─君主張力這一主題的最終版本並非以上述形式呈現。完成《君主制衰亡問題》之際，他在一手史料方面的研究已經修正並深化了最初的觀點。但在整個過程中，核心主題還是一直延續了下來──即便某些啟發式的中西類比被捨棄了。因此，列文森關於君臣之間曾經存在對政治和文化都至關重要的張力這一信念，並非只是受到袁世凱復辟悲喜劇的啟發而產生的理論。這個觀念在他撰寫關於梁啟超的博士論文時就已經萌生，此後在以「我們試圖用來理解西方所在的那個話語世界」來研究中國歷史的過程中又得到進一步發展。[27] 這個複雜概念的相對自主性賦予它更大的歷史正當性。然而，尼采的那個暗示──人類或許會給自己套上枷鎖來服務於自身的權力──依然處在列文森論點的核心。同時，與列文森的諸多洞見一樣，這個概念也會持續提醒那些從他這裏獲益的人們，悖論的意圖是為了揭示真理中的未知部分。

27　Levenson, *Confucian China,* vol. 2, p. ix.

第三部分

列文森的遺產

明清繪畫：以風格為觀念

高居翰 (James Cahill)

悖論之為悖論，在於將其上下顛倒（即正面朝上）或者正面朝上（即上下顛倒），同樣都像是真的。一旦悖論完成使命，揭示了某些意想不到的、片刻之前依然看似虛假的真實，我們就完全可以自由地推翻它，並重新審視那些一直以來看似不虛的真實。這是因為，悖論只能是人心中的建構——要出乎人的預料之外，就先得有人如此預料——因此不同的心靈就會有不同的建構。

約瑟夫‧列文森的論點「悖論：學院派的反學院主義（反院畫風格）」(Paradox of an Academic Anti-Academicism)，作為「明代和清初社會的業餘愛好者理想：來自繪畫的證據」一章最核心、最關鍵的部分，正是這種看似顛三又似倒四的悖論。[1]就其自身而言，這個論點似乎足夠有說服力；憑藉列文森由此發展出來的論述，

---

1   Joseph R. Levenson, *Confucian China and Its Modern Fate,* vol. 1, Berkeley: University of California Press, 1958, pp. 15–43.

我們可以瞭解到關於明清繪畫以及明清社會的一些重要見解。但是，若考諸其他證據——無論是文字材料（那些列文森似乎未能留意或未加引用的少量文獻），抑或同等重要的圖像材料，並且從其他角度加以考慮，我們也可以顛覆這個悖論，並且能發現顯而易見的自相矛盾之處。我如此嘗試之中暗含的批評，並非主要針對列文森的文章；他的文章的價值，並不取決於每一個細節的準確性，而是取決於其採用了新的模式來批評中國繪畫，以新的方法形成了問題，提出了大量獨特、富有啟發性的觀點（如今重讀，我依然能夠記起1955年首次讀到這篇尚未發表的會議論文時的興奮之情）。我的批評其實是向內的：考量其論點最薄弱的環節並探討原因，有助於揭示我們這些中國藝術史的專家為何無法就我們所研究的問題提供令人滿意的見解，來服務像列文森一樣希望把藝術史作為一個元素納入中國文化史之中的人。

略微學院派的半學院主義之非悖論

列文森的悖論分為兩個部分，第一部分題為「儒家所選的佛教審美」。他以問題的形式表述：「就其文學實踐而言，明代儒生是最學院派的一批人……這樣一個群體怎麼可能出於文明的考慮，排斥一種與智性習得相聯繫的繪畫理論，反而稱頌一種建立在神秘抽象理念基礎上的反智繪畫理論呢？」[2]這裏指的自然

2　　Ibid., p. 24.

是晚明著名畫家、繪畫歷史與理論方面最具影響力的學者董其昌
（1555–1636）所提出的「畫之南北二宗」理論。董其昌認為，正如
禪宗分南北，北宗提倡漸悟，南宗提倡頓悟，繪畫歷史也分南北
宗。在其體系中，北宗畫派主要由職業畫家構成，他們通過正式
的研習與訓練，逐漸掌握繪畫技藝。南宗畫派則大致等同於業餘
畫家的文人畫傳統，至少在歷史後期是如此。因此，在董其昌的
對稱結構中，知識分子所「稱頌」的南宗畫派正對應南宗禪的頓悟。

　　然而，從上述南宗禪與南宗畫派的對應，跳躍到把業餘畫
家的信仰體系描述為「建立在神秘抽象理念基礎上的反智繪畫
理論」，恐怕有些牽強和冒險。我曾經撰文指出，董其昌提出的
這個類比僅僅只是類比而已，並非如列文森在「儒家所選的佛教
審美」中所提出的緊密依靠禪宗而建立的南宗畫派理論之類的論
點。[3]誠然，董其昌及其前輩學者關於繪畫的看法確實具有禪宗
風格，而且董氏本人熱衷參禪，好談「畫禪」，甚至認為畫也是禪
的一種形式而已。[4]但是，文人畫理論先於董其昌幾個世紀之前
就已確立，其基本理念與儒家或新儒家之間的關聯要比與禪宗之
間更為密切，而且近來的研究更有力地指出，董其昌所提出這套

139

3　James Cahill, "Confucian Elements in the Theory of Painting," *The Confucian Persuasion,* ed. Arthur F. Wright, Stanford: Stanford University Press, 1960, p. 116.

4　參看 Nelson Wu, "Tung Ch'i-ch'ang: Apathy in Government and Fervor in Art," *Confucian Personalities,* eds. Arthur F. Wright and Denis Twitchett, Stanford: Stanford University Press, 1962, p. 289 and n. 116。

獨特概念——由感官捕捉的圖像如何經由大腦（以及筆端）轉化
為繪畫的形式與結構——與新儒家思想最相似。作為文人畫理
論中的禪宗元素，列文森引用了禪宗所提倡的自發性創作方式以
及憑直覺（而非分析）把握現實。但是，這些富有創意的方法絕
非禪宗特有。關於畫家與繪畫對象之間直覺溝通的觀念，至少在
（禪宗之前的）六朝時期的文藝理論作品中就已經出現，儘管尚未
能達到晚明時期的詳盡闡述。董其昌等人所討論的直覺溝通，在
任何意義上都不等同於禪宗所提倡的直接、即刻的模式。相反，
已經有研究頗令人信服地指出，文人畫畫家把感官素材轉化為藝
術形式的方式，尤其是以可重複利用的圖式（樹木、岩石等物的
「模型」後來被程式化地收錄在《芥子園畫譜》之類的手冊中），與
王陽明所謂的「良知」的運作方式最接近——王陽明的心學理論
認為，世界萬物雖然始終以潛在的狀態存在，但只有當人的感知
將其從潛在狀態中喚醒時才能達致完全的存在狀態，並且在人的
心中獲取意義。[5] 這套認識論模式實際上將人為設定的意義和價

140

5　Victoria Contag, "The Unique Characteristics of Chinese Landscape Pictures," *Archives of the Chinese Art Society of America,* vol. 6 (1952), pp. 45–63，該文作者自由發揮地將「良知」意譯為「審美判斷」(aesthetic judgment)。另參考 Wai-kam Ho, "Tung Ch'i-ch'ang's New Orthodoxy and the Southern School Theory," mimeographed paper for "Artists and Traditions: A Colloquium on Chinese Art," Princeton: Princeton University Press, 1969, pp. 13–15；以及 Ju-hsi Chou, *In Quest of the Primordial Line: The Genesis and Content of Tao-chi's Hua-yu-lu* (Ph.D. thesis [1970], Princeton University), Ann Arbor: University Microfilms, 1971, pp. 23–27。

值體系加諸外部世界，從而使之條理清晰，可被理解，而它與文人畫的繪畫類型——將類似的人為設定的條理和價值加諸自然界的形式之上——確實相似。它假定了主體與客體表現出同一性的心靈可以藉由直覺或共情達成領悟，這與禪宗雖不衝突，但傾向於不同的方向。除了這些異議之外，列文森等人基於過分解讀董其昌，嘗試提出南宗畫派與南宗禪之間具有對應關係，但這在邏輯上似乎需要北宗畫派與北宗漸悟禪法也存在相同的對應；除了董其昌略感勉強的提法之外，中國學者向來避免暗示這樣的對應。[6]倘若建立這樣的對應，那麼文人畫家賴以存在的觀念、喜好與偏見的整個結構將會被動搖。「北宗」畫家的繪畫並非是漸「悟」之法；它根本就算不上「悟」。北宗畫派不是另一種禪宗，而是反禪宗，是禪宗信徒所極力避免的理性分析方式在繪畫方面的例證。

那麼，至於儒家知識分子為何選擇佛教審美這個問題，答案是他們其實並未如此選擇；或者說，王陽明及其學派在多大程度上選擇了佛教形而上學，他們就在多大程度上選擇了佛教審美。晚明繪畫理論中存在的禪宗觀念，本質上與晚清思想的其他領域中出現的禪宗觀念並無不同；它並非需要做專門解釋的孤立現象。

141

6　董其昌把北宗畫家比為「譬之禪定，積劫方成菩薩」（《容台別集》，卷5，第48a頁）；轉引自 Wen Fong, "Tung Ch'i-ch'ang and the Orthodox Theory of Painting," *National Palace Museum Quarterly*, vol. 2, no. 3 (Jan. 1968), p. 1。另參考 Chou, *In Quest of the Primordial Line*, p. 73 and n. 40。

　　讀者或許會認為，雖然這説得很好，但只是吹毛求疵；列文森的主旨和悖論是反學院派的藝術創作理論 —— 無論是否受禪宗啟發 —— 強調自發性和原創性，但宣揚這套理論的人在繪畫實踐層面卻是學院式的、模仿的和衍生的（derivative）。畫家自身似乎意識到了這一點，在題款時會明説他們在師法古人，而且評論家提及的時候，不會貶低反而會讚美。列文森舉例如下：

> 這一點無法迴避。士大夫畫家那自由自在的南宗心靈裏充滿了傳統主義。據説董其昌……臨摹了許多前代大師的畫作 —— 尤其是和他風格相近的宋代禪畫大師董源的畫作 —— 甚至會廢寢忘食。晚明有記載説，沈石田有幅非常好的畫卷是他在旅行途中的隨性而作，當禮物送給了朋友；這幅畫完全仿董源而作，後來卻成了一位著名收藏家的珍品之一。顯然，對於這些反院畫風格的明清批評家，一幅畫不會因為是仿作而失去讚譽。模仿古人是正確且恰當的 —— 因為古人是隨性而作的。[7]

　　我們又豈能反駁這個結論呢？此處所援引的事例 —— 還可以增添數百個其他案例 —— 似乎不可避免地引向了該結論。但是，上述段落體現了有關藝術的寫作中最經典的陷阱之一：僅僅從表面意義理解藝術家或其他人關於藝術作品的言論，而沒有通過作品本身來檢驗這些判斷或描述。從董其昌本人的題款或同時代及後代評論家的頌詞來看，他肯定會被視作一位缺乏獨立性的藝術家：他總結了元末四大家的成就；他「模仿」董源（董源並非

7　　Levenson, *Confucian China,* vol. 1, pp. 26–27.

禪宗藝術家）；他的畫作充滿仿古氣息。但是，當我們考察他的
畫作以及它們在明清繪畫史中的地位時，上述這些文獻對董其昌
作品所作的評價就不再成立。我們會發現，董其昌其實是一位
傑出的極富創新意識的大師，憑一己之力在山水畫領域掀起了一
場革命。[8]這並非説他的題款和評論家的判斷特別具有欺騙性；
他們寫下的只是他們對畫作的真切感受，而且倘若被正確解讀，
他們所説的確實也能夠用來貼切表述畫作的內容。但是，每次他
們這樣評論時並不會指出的一點是（無疑因為已經説過太多次）：
董其昌的那種「模仿」與創新並不衝突，而且有時候很難説對他
的畫作有什麼重要影響。中國繪畫研究領域的一個小技巧是，
要在某些時候搞清楚畫家給作品落款時所説的「師法」某某古人

142

8　參看筆者編寫的目錄 *Fantastics and Eccentrics in Chinese Painting*, New York:
　Asia Society, 1967, pp. 16–20。關於董其昌在繪畫歷史上的地位，羅樾
　（Max Loehr）最近有更強烈的表述：「但是，對於董其昌『激進的新風格』
　而言……代表著全新的立場，整個明代繪畫並沒有這樣的發展」("Phases
　and Contents in Chinese Painting," Paper for International Conference on
　Chinese Painting, Taipei, 1970, p. 6)。周汝式等人反對這個觀點。周認為，
　他「沒有看到任何跡象顯示（董其昌）是一位反傳統主義者」，而且他認為
　「更加合理的看法是，把董其昌作為明代繪畫的集大成者，而非明代繪畫
　發生劇烈轉變的新時期的開端」(Chou, *In Quest of the Primordial Line,* p. 54,
　n. 48)。考慮到董其昌前後山水畫的不同特徵，此觀點在我看來站不住
　腳。在此與之辯駁毫無意義；倘若沒有反覆援引具體的畫作本身，或者
　至少涉及繪畫風格的某些具體元素，如此矛盾性的評判很難富有成效地
　付諸討論，甚或有效表述：董其昌的作品到底在明代繪畫的哪些方面算
　是集大成者？如果沒有看到董其昌所貢獻的全新元素，那麼又該如何解
　釋那些出現在清初繪畫但是未見於董其昌之前的特徵？

到底意味著什麼。如果我們把列文森所引用的沈石田（沈周，
1427–1509）的畫卷 —— 列文森通過轉引二手文獻中的「晚明記
載」，稱該作品「完全仿董源而作」[9] —— 與董源本人落款的任意
一部畫卷並置，令一位可以敏銳把握藝術風格但不熟悉中國畫
的人來鑒賞二者的關係，此人恐怕會認為二者間的差異遠遠大
於相似，甚至會很難在沈周的畫中察覺到任何「董源的風格」。
沈周的畫作就是如此；雖然在形式上號稱效法了古代宗師及其
傳人所開創的傳統，但其複雜的風格本身，實質上是屬於15世
紀的，是屬於沈周本人的。我們僅能根據**文獻記載**將這些畫作
貶低為「仿作」，但若依據畫作本身，這樣的評價就無法成立。
一位中國的評論家稱某幅繪畫「完全仿董源而作」，就好比我們
說塞尚（Cézanne）（非常寬泛地）延續了普桑（Poussin）的藝術風
格譜系，或者雷阿諾（Renoir）延續了布歇（Boucher）的譜系。這
種關係所對應的依賴性，要遠遠小於范戴克（Van Dyck）對魯本
斯（Rubens）的依賴（意即真正的師徒傳統關係），而且原創性的
磨損也少得多。事實上，在幾個世紀的藝術發展史中，僅在某
些時間點才呈現出新意和創造力的突然迸發，而晚明和清初正
是這樣的時間點。

143

9　Levenson, *Confucian China,* vol. 1, p. 27 and n. 50。沈周的這幅畫作〈送吳
　　文定公行圖卷〉由東京的角川家族收藏；該圖卷的局部影印可見於列文
　　森如下著作的重印本：*Modern China and Its Confucian Past: The Problem of
　　Intellectual Continuity*, Garden City, New York: Anchor Books, p. 1。該畫卷的
　　全部影印件參見日本刊物《國華》，第545號（1936年4月）。

通常只有重要的藝術大師才能擁有創造性（指那些真正富有創造力的藝術家 —— 這有點兒循環論證了）；明清時期當然有成百上千的畫家如列文森所說確實缺乏創造力。沈周、文徵明時期，吳門畫派的主要構成人員都是缺乏新意的無名之輩，而「四王」及其追隨者所確立的正統派，號稱是董其昌之後南派山水的合法繼承者，其中也不乏因循守舊、喪失創造力的畫家。即便如王時敏（1592–1680）這般的著名人物，身為「四王」之中最年長者，而且大概也是該畫派最重要的創始人，多數創作也難免落入俗套，特別是晚年的作品。但他的失誤，並非是恪守古代的教條，而是重複本人早年的創新成就。這是成名大師不能善始善終頗為常見的路子。相反，王時敏之孫王原祁（1642–1715），與其他人一樣運用了一套狹窄的形式，在少數創作類型的基礎上極為出色地建立了取之不竭的山水畫作。觀賞者在王原祁的作品（oeuvre）中所觀察到的千篇一律，與入門鑒賞者在莫扎特音樂中所發現的千篇一律是一致的：作品遵循著固定的模式，實質內容基本上也是人們所熟悉的、單調乏味的內容。但是，正是這種被控制的語境，才使得某部特定作品的個性化特徵得以在人們的意識中充分彰顯出來；刻板模式的指控並不能切中要害。

這樣的區別並不限於明清文人畫，倘若我們能夠量化創新和模仿的比例，或許會在南宋繪畫中找到與明清時期大致相當的比例。此外，模仿作品會被視作過分依賴晚近和當下的作品（同樣，只是通常的情況），而非更古老的作品：缺乏原創性的畫家並非因為其「師法古人」，而是因為與身邊同時代的人有相同的風格。

144

　　因此，我們面對的實際上是一個常見的現象，某些畫家雖然秉持著略微反學院派的藝術理論，但在自身的作品中，學院主義出現的概率與其他領域差不多 —— 這幾乎算不上是什麼悖論。

「仿」的問題

　　就模仿而言，後期的文人畫家與他們的前輩究竟有無重要區別，並不取決於他們實踐中的模仿，而取決於他們在批判和理論層面對於模仿的容忍。他們堅持主張「師法古人」，使得很多人誤以為他們的繪畫肯定是毫無創意的模仿之作。即便列文森的核心悖論已經被翻轉（到一個僵直的姿態），他的結論中很大一部分仍有合理性，其基礎在於，儘管反學院派理論與學院派實踐之間的衝突更多是反映人為的構想而非真實，將他們的「模仿」等同於學院主義並不能成立，但是在他們的理論寫作中依然存在某種矛盾 —— 一方面堅持自發性與原創性，另一方面又堅持恪守傳統。這種矛盾可以通過多種方法來解決或解釋。列文森頗為典型地沒有解決這個矛盾，反而利用了這個矛盾：在他的總體論點所建立的構想中，存在「自發性創造力」的理想與保守主義落後立場之間的衝突 —— 前者是明清文人在鑒賞早期繪畫時所堅持的理論立場與批判性評價的價值觀，後者是由他們作為「統治階層的組成部分」，「堅持傳統主義和人文主義，而且本質上反對專業

化」所決定的。[10]列文森把這種情況視作晚期儒家社會的張力與矛盾的徵兆，即業餘理想與現代社會專業技能之間的衝突，這種張力導致了儒家社會的衰落和最終的瓦解。相反，從董其昌以來直至今日的中國知識分子嘗試進行內部解決，將自由式的模仿定義為「仿」（而非列文森所謂的「臨摹」，即更加忠實於原作的複製），以此在理論上與原創性和個人創造力達成調解。董其昌提出了經典的調解方式，他區分了兩種不同的模仿——「普通畫匠」的直接模仿（臨摹），和更有難度、更令人嚮往的與古代作品和畫家之間達成「神會」。[11]後者所產生的作品無須——也不應——與原型非常相似；董其昌甚至提出，這種相似性反而會讓作品**更加遠離**其原型。[12]

　　或許可以論證，師法自然與師法古人之間**並無**矛盾。對此，何惠鑒以泰州學派和王陽明心學的形而上學闡釋了董其昌的説法（「畫家以古人為師，已自上乘，進此當以天地為師」）：

> 新儒學的這一學派認為，天地萬物皆在人心中，心外無物，師法自然即是師法我心。同樣，聖賢經典中的真理只在心中，而且……復古即是回歸本心。[13]

10　Levenson, *Confucian China,* vol. 1, p. 31.

11　董其昌：《容台別集》，卷6，第6a頁。

12　同上註，第19b頁。參見 Mae Anna Quan Pang, "Late Ming Painting Theory," *The Restless Landscape: Chinese Painting of the Late Ming Period*, ed. James Cahill, Berkeley: University of California Press, 1971, p. 23。

13　Ho, "Tung Ch'i-ch'ang's New Orthodoxy and the Southern School Theory."

周汝式最近有關這個問題的討論同樣認為「仿」與心學有關，「心學足以為『仿』提供理論基礎：諷刺的是，儘管帶有模仿的言外之意，『仿』依然表達了心學的主觀主義，原創性與模仿這兩個極端能夠被納入人的直覺感官所獲得的理智升華之中」。[14] 然而，在隨後討論石濤對「仿」的抵制之際，周汝式指出「儘管心學十分重要，但是其中的聯繫是不可逆的」；同樣的心學理論可以「產生相反的解決方案，直接運用良知來理解外在現象即是一例」。[15] 也就是說，心學理論既可以成為「仿」的基礎，也可以為反對「仿」的立場提供基礎。這種可互換的關係，在這裏和別處都可見，揭示出這種構想的局限性和並不排他的性質。倘若將這些有關模仿／創新對立問題的「內部」解決方案中的任意一種接受為真理，而且是唯一的真理，並排斥其他方案，那麼像列文森這樣引入外在歷史因素的解釋方式就顯然變得毫無必要了；沒有必要解釋一個並不存在的矛盾。但是，實際上這些解決方案所嘗試的無非就是證明A與B可以協調；它們並沒有、也不可能證明A與B僅僅只能通過唯一的方式協調。因此，引起這些嘗試的兩個因素之間的張力並沒有被消解，而且列文森的分析對此依然適用。

14　Chou, *In Quest of the Primordial Line,* pp. 14–15.

15　Ibid., p. 85.

無藝術性的藝術研究

我所說的內部方案或者外部解釋，在另一層意義上，都是外部的；它們在藝術理論與藝術之外的理念之間徘徊，或者在理論與歷史情境之間徘徊，對藝術作品本身的討論頂多只有浮光掠影。提出這些方案的作者似乎沒有意識到，他們的話語領域與既定的主題之間如此疏離；他們似乎經常假定通過操控藝術理論和批評的概念，將之與思想潮流和歷史情境相關聯，彷彿關於藝術的論斷與藝術本身相等或相同，他們就能有效地將藝術融合到思想—歷史語境之中。但是，這種融合發生在藝術領域之外，儘管肯定有其自身的旨趣與合理性。有關繪畫的中文文獻，卷帙浩繁、內容豐富，為此類研究提供了不同尋常的機遇；但是，它也誘人止步於文獻之內，不能超越文字材料，有說服力地將文獻與藝術作品本身聯繫起來，並論證理論立場如何被成功（或失敗）地付諸實踐。假定明清藝術家、評論家的信念影響了明清繪畫，這是足夠穩妥的說法（儘管通常理論產生在後，是為了將既存的實踐合理化、正當化）；但是這種假定並沒有免除我們在超越理論、展示理論**如何**影響或體現繪畫方面作出嘗試的責任。譬如，有關中國畫中「仿」的討論，倘若沒有涉及在具體的作品中如何展現，那麼只能對此現象提供有限的理解。倘若有人寫了類似的關於英文詩歌中隱喻的分析，卻沒有援引或提及任何具體的詩歌作品，這種分析從一開始就會被譴責為僅僅在話題的邊緣遊歷，從來沒有深入探討問題。

147

顯然，這樣的藝術現象分析無法提供充分的基礎來支持進一步分析，正如列文森所嘗試的目標。作為思想史學者，他已經充分利用了他能獲取的信息和闡釋；他的結論在某些層面有缺陷，但並非因為方法的失誤，而是因為在他寫作時期的藝術史專家並沒有做好他們的工作。從沒有人清楚、準確地描述過，「仿」在明清繪畫中究竟是如何實踐的，或者董其昌究竟是怎樣的畫家，抑或他的作品與他所效法的元代或更早的古代畫家之間究竟有怎樣的關係。[16]

當提議理論和批評概念可以作為從外部理解藝術的媒介時，我們應當認識到這樣做會涉及的風險——這一風險就是假定（討論藝術的寫作者似乎經常這樣做）理論與實踐之間必定始終存在緊密的聯繫，而且藝術家僅僅是以繪畫為例說明他通過文字表達的內容。我們有太多的例證——深刻的言詞表達與平庸的畫作之間顯而易見的不對等，抑或看似互相對立的文字撰述與藝術畫作——以致很難作出這樣的假定。譬如，假設我們能夠確定董其昌在文字撰述和個人思想中，秉持著某種關於感官經歷與認知的本質及兩者關係的理論——讓我們假定這種理論來源於新儒

148

16　維多利亞．孔達（Victoria Contag）發表於1952年的論文（參見註5）算是一個特例，該文附有董其昌等人的畫作插圖；儘管文章並沒有探討風格的問題，但是相比列文森所引用的那些文獻（雖然其中也包括了孔達的另外三篇文章）而言，能夠有助於列文森更好地理解文人畫家如何運用類別形式和古舊風格。吳訥孫（Nelson Wu）關於董其昌的重要研究彼時已經完成，但仍然是（迄今依然是）未刊的博士論文。

家思想。確立這種假設之後，我們閱讀了董其昌本人的論述，即藝術家雖然需要師法古人，但最終必須要師法自然才能獲取最高藝術造詣。那麼接下來，我們恐怕會覺得有正當理由來進一步假定，董其昌所謂的「師法自然」就是新儒家提倡的掌握知識的模式，而且這種體現在他畫作中的關於世界的知識，正是其獨特藝術才能的源泉。我們看似已經在藝術作品與思想體系之間確立了穩固的、雖然曾經疏離的關係。但是這個基本假設真的可靠嗎？我們同樣可以論證（我並非說二者只能選一，只是提供不同的選擇），無論董其昌（作為理論家）如何強調師法自然的重要性，他作為畫家，實際上與作曲家的創造性活動更加類似。作曲家的音樂特質通常不會被歸因於對日常生活中聲音的獨特感知（諸如肖邦聽到屋簷下的雨滴聲然後創作《雨滴》鋼琴前奏曲之類的說法，已經無人當真了），而是會被歸因於其獨立於日常聽覺體驗的創造抽象聲音結構的能力，這些聲音結構具備令人滿意的審美形式，而且能夠通過調動形式上的相似性與一致性，展現人類的思想與感覺。

董其昌畫作的本質特徵，是否就是呈現了視覺形式的結構，恰如作曲家呈現了聲音的結構？這種可能性，並不能因為這些繪畫或多或少可以被辨識為山水畫而被排除，因為它們作為自然風景畫的特質並非作為藝術作品的核心特質。針對董其昌畫作的這些看法究竟哪種是正確的，唯有通過研究其畫作本身才能決定（倘若可以決定的話），而非通過研究他的理論；因為通常所假定的理論與畫作之間的對應關係，可能存在也可能不存在，始終有

149

待確立。唯有畫作才是終極的事實，所有外在因素與畫作之間的聯繫或多或少都是薄弱的，而且任何簡單的因果關係，無論何種方向，都不能被自動假定為正確的。

這並非要否認二者因果關係的**可能性**；某個時期的哲學觀念當然可以影響繪畫，無論是直接影響畫家的態度，還是通過藝術理論間接影響畫家。同樣，歷史事件也可以通過衝擊畫家的生活或者作品產生的環境來影響繪畫。倘若把藝術看作自給自足的現象，以此否認13世紀臨安朝廷的毀滅以及南宋畫院畫家的離散是造成院畫風格突然衰落並喪失核心地位的一個原因，那將是愚蠢的。但是，倘若我們把簡單的數量層面的影響提升到性質層面，意即藝術作品的本質受到影響，那麼我們就又會缺乏可靠的基礎。這種看法當然可以無須證明就顯得有說服力。譬如，司百色（Werner Speiser）指出，清初的著名個人主義畫家大都出生於1610至1630年之間，他們經歷了明朝的敗落和滿洲的興起。他把在這20年間出生的人稱為「飽經苦難和歷練的世代」，他們的繪畫藉由灰暗的山水與扭曲的形式反映了他們所經歷的痛苦與憤怒。1630年以後出生的畫家，總體上接受了滿洲統治的現實，其繪畫更加傾向於穩重、平靜。[17]作為可以被驗證並進一步修正的假設——譬如，後來的研究表明個人主義畫家中最傑出的那位

17　參見 Werner Speiser, *Chinese Art,* vol. 3, London, 1963, pp. 33–34。

石濤出生於 1641 年左右，晚於此前推斷的時間[18]——這個看法富
有啟發性，值得認真考察。畫家的心境與氣質在某種程度上由其
歷史處境和個人生活中的事件決定，隨後又在部分程度上決定了
其畫作所表達的內容，這是貌似完全合理的時間序列。但在這裏
必須要警惕，我們是否只是在藝術的邊緣徘徊，而且假定只要呈
現出畫家的生平、討論其歷史處境與事件並揣測畫家的反應，就
足以「解釋」其畫作。這樣的假定，無法體認畫家思想的複雜與
不可預測，不能把畫家當作將外界刺激轉化為繪畫表現形式的簡
單機器。我們或許可以說，明朝的衰亡令陳洪綬（1599–1652）滿
腹怨憤，但不能說塑造了他的繪畫風格；歷史事件與藝術風格之
間恐怕不存在如此簡單的因果關係。我們應當懷疑**任何**試圖在藝
術作品與外在因素之間建立簡單因果關係的做法。（藝術風格之
外的特徵當然有可能存在這樣的關聯；譬如，畫家可能因為受到
委託而繪製特定的題材。）

歷史中的繪畫

關於藝術與人類歷史的其他元素之間究竟可以建立哪些合理
的聯繫，我的看法得益於羅樾——他在研討會中關於這個問題

---

18   Wen Fong, "A Letter from Shih-t'ao to Pa-ta Shan-jen and the Problems of Shih-
t'ao's Chronology," *Archives of the Chinese Art Society of America*, vol. 13 (1959),
pp. 22–53. 司百色認為石濤出生於 1620 年，但並未註明出處。

的看法依然令他的學生記憶猶新。在我的回憶中，他曾經提出，
藝術史家若同意如下這種常見的看法，那就是在逃避責任：藝術
必須要透過特定的歷史和思想**背景**來加以考察，正如一幅畫必須
要以牆面為背景來鑒賞一樣，而且背景有助於闡明藝術作品，唯
有透過與背景之間的關係才能最好地理解藝術。藝術史家的職責
不僅僅是接受他人提供的內容，用以闡釋研究的主題，還必須從
更加動態、有機的關係來考察藝術與人類文化，要把藝術視作積
極的力量，而非只是外界影響的被動接受者。[19]因此，羅樾及其
追隨者懷疑那種通常表述，即藝術風格的發展是由歷史進程、思
想潮流或者社會價值所引發的 (或者用我們更經常使用的含糊表
達來說，前者「體現」了後者)。在這些表述中，藝術淪為歷史的
裝飾，藝術的特徵來源於那些真正具有決定論色彩的領域內的事
件。這就好比是種子中缺少任何潛在特徵的一朵鮮花，只能從
土壤中汲取形狀和色彩，因此淪落為土壤成分的有效指標。藝術
應當有所超越。倘若藝術史家拒絕接受這樣的觀點，而是首先充
分理解其研究對象的複雜性 —— 釐清其總體發展，觀察個體的
獨特貢獻，發現有哪些藝術問題、在當時具有什麼意義 —— 然

151

---

19 「倘若用通常的話來說，某部作品表現了其時代特徵，那我們必須要注
　　意，具有表現力的元素，即藝術風格，並不能對應於時代、特質、精神
　　或時代精神 (*Zeitgeist*) 所提供的客觀現實；相反，作品本身構成了一種
　　可以代表某個時代特徵的類型。」見 Max Loehr, "Some Fundamental Issues
　　in the History of Chinese Painting," *Journal of Asian Studies*, vol. 23, no. 2 (Feb.
　　1964), p. 190。

後，也唯有這樣才能增進我們對晚明社會與文化的理解。至於藝術史家是否嘗試從他所感知的類型中總結出更加寬泛的結論，並將之與其他領域的內容關聯則並不太重要；更重要的是他撰寫的藝術史能夠自圓其說，且不違背藝術作品本身的特性。

　　那麼，為何專攻社會史、思想史的學者或其他人不能在沒有藝術史家介入的情況下，直接探討藝術作品？藝術畢竟是普世語言，對藝術的解讀不需要掌握專門的技藝。回答此問題的最好方式無須考察藝術是普世語言這類看法的紕漏，或者為專業化研究辯護，而是要指出藝術作品的歷史意義（區別於作品的內在意義與價值）是為了衡量某件作品與其他藝術作品之間的關係，以及該作品在由相關作品組成的序列或語境中的位置和重要性。如何界定這種歷史語境或意義，正是藝術史家分內的工作，正如其他歷史學家通過考察歷史背景來理解某個事件的意義一樣。上述討論以及列文森的論述中所涉及的與繪畫相關的問題，都屬於此類性質，是只有通過與其他繪畫作品以及藝術史的關係才能體現的問題。繪畫作品本身不能簡單地理解為非正統即個性、非創新即模仿、非師法古人即自由創作；這些層面的討論都不能離開某件具體的作品。這些都是藝術理論家所熱衷探討的問題，與傳統、門派、師承等涉及相互關係的問題一樣，藉由它們，繪畫可以最有效地被帶入到宏觀的歷史情境之中。正是藉由藝術史，藝術才能進入歷史。

　　這並沒有削弱單件藝術作品的重要性，反而增強了其重要性；藝術家創作之時在具體的語境和藝術—歷史情境中作出了

152

選擇，並且面臨著某些可能性，這些可能性分別帶有某些價值，因而藝術家的選擇在那種語境中具有重要意義。在此意義上，藝術作品的創作具有存在主義行為的特徵，其意義取決於與周遭環境的關係。關注了藝術作品的這方面特徵，並不能讓我們捨棄對作品的個體特徵作全方面考察；但這允許我們在這些特徵之上添加更多的意涵，特別是歷史意義。倘若我們孤立地看待作品就無法達到這些目的。我們必須要把作品同時視為物品和事件。

藝術風格是藝術作品之間的關係獲得自我彰顯的媒介，同時也是藝術史家研究的重要題材。「風格」這個詞有很多含義，邁耶爾‧夏皮羅（Meyer Shapiro）在其著名的文章中作了精彩的界定。[20]我們在此無須嘗試使用如此全面的定義，但不會像列文森在「明代風格是業餘愛好者的風格」這種表述中那樣非常寬泛地使用這個詞，[21]而是在更加有限的意義上使用，以此來削弱藝術作品中的那些不僅決定表達的內容，而且還決定作品與其他作品相比所呈現的個性（或缺乏個性）的因素與特徵。在此意義上，風格可以被用來指示特定人物、群體、地域或時代的藝術特徵。正是通過風格這一領域，藝術史家才能夠在藝術與其周遭文化之間遊刃有餘。

---

20 Meyer Shapiro, "Style," *Anthropology Today,* ed. A. L. Kroeber, Chicago: University of Chicago Press, 1953; reprinted in *Aesthetics Today,* ed. Morris Philipson, Cleveland: World Publishing Co., 1961, pp. 81–113.

21 Levenson, *Confucian China,* vol. 1, p. 16.

考慮到作品在時間和空間中的序列，並將各種風格與歷史事件 　153
及其他文化領域的不同特徵相匹配，藝術史家試圖憑藉心理學
常識以及社會理論的幫助來解釋風格或者獨特品質的變遷。[22]

　　這是夏皮羅的看法；鑒於上述原因，我僅對最後的「解釋」
部分表示反對。

　　有兩種情形使明清繪畫的風格具有特殊的重要性與複雜性。
第一，畫家強烈專注於風格，以致喪失了對主題的興趣，主題的
種類和重要性被嚴重削弱，我們可以毫不誇張地說，後期中國繪
畫的絕大部分作品以及大部分精品都缺少主題。絕大部分主題都
是同樣的河流場景，加上若干僅有風格變異的其他山水類型（在
固定類型上的創作變異當然算是風格）；我們只能得出這樣的結
論：繪畫作為圖像的地位無法解釋其存在的理由。大多有關歐洲
繪畫的學術研究都默認這樣一個通常是穩妥的假設：展現同一題
材的不同手法，可以用來指示畫家對待題材的不同態度、不同的
概念化理解或者不同的感覺，而且這在某種程度上也適用於同一
社會中的其他人。此類假設不適用於後期中國繪畫，否則，我們
恐怕就會有「18世紀對待梅花的態度」或「清初對河流景觀的看法」
之類的荒謬研究。此外，專攻歐洲藝術史的學者還可以分析其他

22　Meyer Shapiro, "Style," p. 81. 引自羅樾：「風格表現得就像是具體時間的
　　產物，通過個人和整個傳統的對話，仍和它的時代有聯繫，保持著一種
　　歷史的層面。」見 Max Loehr, "The Question of Individualism in Chinese Art,"
　　Journal of the History of Ideas, vol. 22, no. 2 (Apr.–June 1961), p. 149。

類型的意義 —— 肖像學、神話典故、象徵主義 —— 並由此找到另一層面的歷史關聯，但研究中國畫的歷史學者僅僅只能依賴風格來進行區分和總結。

另外一種特殊的情況是，大多數繪畫中存在額外的附加因素，而且恐怕在其他藝術類別中並沒有如此廣泛地存在：在藝術風格上引經據典，效法古代大師的風格。第二種情形在部分程度上彌補了第一種情形的不足，因為古代的風格在某種意義上可以成為繪畫的題材，或者替代題材。一幅畫可以圍繞某位古代畫家的山水風格來創作，而不僅僅是自然山水。我們回到了上文中所討論過的作為一種模仿形式的「仿」的問題。現在可以從另一種角度來審視這個問題：「仿」是畫家運用的一種方法，除了達到傳統儒家展現文化延續性的目的之外，[23] 還通過選擇可以用來理解和評價自身作品的參照物，在某種程度上確立自身在藝術史中的地位。畫家無法達到絕對的支配：一位明末畫家模仿元代倪瓚而創作的繪畫，在某些根本特徵上肯定還是屬於晚明風格的繪畫；但是，打個比方，這並不能簡單理解為一位15世紀佛羅倫薩的畫家創作的繪畫就必定屬於15世紀佛羅倫薩的風格。為了使討論更清

23　這種欲求是儒家社會的常態；參考倪德衛（David Nivison）：「中國哲學家從古代學者、著作或語句之中『推衍』自己的思想，這並不出奇；但是，這只是一種文化強迫，並非真正的衍生過程。實際發生的過程更像是解讀墨跡 —— 或者解讀卦象。」見 David Nivison, *The Life and Thought of Chang Hsueh-cheng (1738–1801)*, Stanford: Stanford University Press, 1966, p. 66。

晰，我們不妨使用不同的詞彙來指代那種模仿性的因素，稱他的
畫作是以倪瓚的**手法**創作的；但我們仍然需要處理「風格」這個複
雜的概念，因為無論我們如何定義風格，使用某種特定的既存**手
法**勢必會影響作品的**風格**，況且這二者也很難分割開來。

　　如此看來，眾多明清畫家採用古人山水畫的手法，可以理解
為他們深深熱愛古代藝術、不同風格的畫派與譜系，及其藝術史
獨特形式的結果。具有風格意識的藝術家，選擇局部脫離藝術
史，拒絕溫順地接受藝術史中固定的時空位置，而是投入到整個
藝術史之中。處在悠久藝術傳統後期的明清繪畫，非常理想地體
現了一個普遍的真理──任何藝術的發展歷程，都伴隨著自我
方法和過程意識的逐漸覺醒。此外，當畫家有意識地選擇風格
時，也會給作品帶來附加的意義，因為特定的價值已經附著在風
格之上，這些價值可能關乎地方自豪感、社會地位，乃至思想或
政治信念。風格的意義可以超越藝術的範疇之外。譬如，只要
傳統依然強大和專斷，傳統主義（traditionalism）就不構成一個問
題，藝術家可以不加質疑、毫無意識地置身其中。明代中期依然
存在這種可能，彼時蘇州的畫家自然以吳門畫派的風格創作，杭
州的畫家則展現浙派風格，而業餘主義與職業主義仍然可以決定
兩種迥異的藝術風格。當傳統不再享有這種強制力，或者不再強
大時，畫家可以**自由選擇**遵從哪個派別，其立場開始具有新的意
涵。到了晚明，一切都遭受質疑：只有在任何事物都不被想當
然地接受時，董其昌等人所展現的教條主義才能夠生長。蘇州
的某位畫家可能背棄地方傳統，轉而追隨華亭董其昌及其友人的

155

門派；南京的某位士大夫可能選擇繼承宋代院畫的山水手法，明確地反對強勢的業餘畫潮流。問題的表述變得前所未有地清晰明確，選擇的範圍也變得更加廣闊。這得益於過去的土地被重新開放，以開採藝術風格的礦石。

所有這一切，與藝術和歷史如何才能達成最好的相互關係這個問題，有著顯而易見的關係：當它達到這個條件時，繪畫史在某種重要層面與思想史、社會史、政治史變得類似，各種問題相互交織在一起。風格承擔了觀念的功能：它們起源、演變、衝突、發展出可以被化解的張力；它們被主張，被否認，時常帶著強烈情緒；它們可以互相組合或者對立；它們可以議論或者批評其他風格；它們的影響可能遠遠超越實際表達的內容之外。它們在互動中形成的模式，部分通過呈現共同的問題，可以被視為與其他文化與社會領域的模式一致。

那麼，列文森所關注的歷史時代與藝術作品為這種綜合研究提供了難得的肥沃土壤，而且他的著作也提供了極好的範例。但是，在繪畫被當作明清文化的組成部分來研究之前 —— 繪畫本身，而非關於繪畫的觀念與論述 —— 首先有必要更好地理解繪畫本身：何為主要潮流、次要潮流，兩者如何互動，地方流派在風格上有何種區別，各個流派的成就為何、主要的創新為何，繪畫大師遵循了何種風格、作出了怎樣的獨特貢獻，核心的問題為何、具有怎樣的意義。我們必須要描繪出每件作品所在的複雜關係網絡；憑藉這些作品，我們必須要理解並闡釋藝術史家最終極的關注：如何理解風格在人文層面上的意義。

中國的多個世界：
世界主義、民族主義
以及「中國人的認同問題」

郭適（Ralph C. Croizier）

隨著末代王朝的終結，中國也已死去；如今以中國之名呈現在
我們眼前的，只是我們這個時代的一種準歐洲式可替換文明。
五十年之後，人們很難再區分中國與歐洲、非洲或美洲的任意
一個國家。那時候，現代人將走向全球範圍的厭倦，並且取代
天下帝國的普世和諧。或許，未來的中國會給社會學家提供重
要的視角。嗚呼！文化史學者不會再對未來的中國感興趣。

———哈特訥（Willy Hartner），
〈中國文明的古典主義與文化衰落〉[1]

我們不妨從列文森的一則悖論開始：「……科技革命使各民族
越來越相似……而民族獨立的熱情又越發高漲。」[2]這並不是什麼富

---

1 Willy Hartner, "Classicisme et déclin culturel dans la civilization chinoise,"
  Classicisme et déclin culturel dans l'histoire de l'Islam, Paris: Editions Bessons &
  Chantenerle, 1957, pp. 367–374. 引文出自1962年春季學期列文森開設「現
  代中國思想史」研討班課程時的期末考試題。
2 Joseph R. Levenson, "The Province, the Nation, and the World: The Problem of
  Chinese Identity," *Approaches to Modern Chinese History*, eds. A. Feuerwerker et
  al., Berkeley: University of California Press, 1967, p. 273.

158

有新意或挑戰性的觀點，每一部當代世界文明的教科書都會提及而且經常傷感於這一現象。那麼，我們為何要由一則如此缺乏新意的評論來討論約瑟夫・列文森這位如此具有原創性的思想家呢？

　　雖然看似悖理，但這是妥當的。列文森的諸多精彩見解，都由重新考察瑣細或司空見慣的事物開始。這種以令人驚異的全新視角看待熟悉事物、從慣常現象中探索出更多意義的能力——讓廖平之類的小人物變得富有歷史意義，或者讓「儒家中國」之類的陳詞濫調具有鮮活的意義——是列文森著作的一大顯著特色。此外，他特別喜歡運用悖論激發人們探索歷史現象背後的意義。或許這是因為，悖論意味著不太可能並置的力量之間的張力，而這種二分法或「創造性的張力」在列文森的方法論中居於核心地位。詞語和觀念的模稜兩可與變動不居也給他帶來樂趣。[3]貼標籤，即對精確、有限的定義的迷戀，是他最厭惡的事情之一：「抵制分類學式對準確的熱衷（拘泥字面意思的人〔literalist〕那種堅持一個詞只能對應一個概念的局促態度）」，[4]不管怎樣，反學院主義的學院派文人畫、反傳統的共產主義革命者對傳統中國文化的贊助，或者世界主義世界中的民族主義身分認同之類的悖論，經常構成列文森討論的出發點。而且，通過展示邏輯上不協

3　本文無意討論列文森的「方法論」；方法論這個說法太乾硬、枯燥、顯得很社會科學，不適合描述列文森的工作方式，但我還是注意到列文森對語言的敏感性，特別是利用語義的變遷來討論歷史的變革。

4　Joseph R. Levenson, *Confucian China and Its Modern Fate*, vol. 3, Berkeley: University of California Press, 1965, p. 85.

調的內容在歷史上是如何互相兼容的(必定是兼容的)來解決悖論,也是他慣用的手法之一。下面我們將以列文森的最後一個尚未解決的悖論和未完成的主題——世界主義與民族主義——來作為討論的出發點。

毫不意外,列文森受到了這個悖論的挑戰,又轉而挑戰它。事後看來,他的研究和內心深處的關注會不可避免地引導他去探索(民族的、文化的)特殊身分認同與(世界主義的)普世價值的問題。儘管直到後來列文森才開始明確地研究這個主題,但它在諸多主題和問題的源頭——《梁啟超與近代中國思想》一書中就已經有所預兆,而且也隱藏於《儒家中國》三部曲的表層之下。隨著傳統世界支柱的崩塌,中國被捲入更大的新世界,民族國家激烈競爭,中國的文化認同面臨著喪失的威脅:列文森認為,追求與西方之間的「對等」是梁啟超應對這種威脅的回應,長久佔據著他的思想。同樣的主題——傳統的喪失與尋找新的獨特中國認同的必要性——在《儒家中國及其現代命運》第一卷《思想延續性問題》中「歷史與價值」二分法的討論中得到了進一步闡發。三部曲的第二卷《君主制衰亡問題》描述了文化主義到民族主義在制度層面的轉型。在第三卷《歷史意義問題》中,列文森轉向了歷史本身(現代中國人對自身歷史的重新闡釋),以此作為他對儒家中國的死亡和轉型的最終演繹。

最後的終結者是中國共產黨,作為中國歷史的繼承人,它把

中國的過去「博物館化」了，因為其自身的中國認同感令他們無法
徹底拋棄歷史。博物館化並不像預想的那樣，可以為新中國與舊
中國之間的關係提供穩定的基礎，也沒有讓現代中國在全新的世
界中找到自己的位置。現代中國人，或者任何地方的現代人所面
臨的身分認同問題，依然困擾著列文森，他看到的是科技一體化
與文化同質化所造就的這個「展品可相互替換的世界主義世界」。[5]

> 在真正的世界歷史中，當所有過去的成就都在沒有圍牆的博物
> 館中，每個人的過去都成了其他所有人的過去；這暗示了某種
> 相當不儒家的東西 —— 傳統感的喪失。對我們而言，如今傳
> 統感不那麼強了，與其說是因為我們沒有傳統，不如說因為我
> 們將太多傳統混雜在了一起。[6]

這樣一來，儒家中國的現代命運與任何人、任何傳統都是一致
的。列文森並不滿意這個結論，他必定還會重回這個問題。

160 　　列文森最初探討這個問題，是在收錄於1967年費正清祝壽
文集的論文〈地方、民族與世界〉中。這篇文章只是一個開頭，
他在全文唯一的註釋中如此寫道：「本文只是一篇隨筆，並非學
術論文 —— 作為初次嘗試，文章提出了某些論斷，涉及一部正
在創作過程中的更大規模的著作。」[7]這部更大規模的著作將會收

5　Joseph R. Levenson, *Revolution and Cosmopolitanism: The Western Stage and the Chinese Stages*, Berkeley: University of California Press, 1967, p. x.

6　Levenson, *Confucian China,* vol. 3, p. 123.

7　Levenson, "The Province, the Nation, and the World," p. 268.

錄在他的第二套「三部曲」之中，題目暫定為《地方主義和世界主義：中國歷史與「現代」的意義》。[8]副標題意味著列文森關注的問題要比中國歷史更廣闊；他為祝壽文集所寫的那篇文章的副標題「中國人的身分認同問題」，也同樣表達了他關於現代中國的著述中長期存在的一個重要主題。

　　這篇文章僅是初步概述，並未全面鋪陳列文森在此問題上的所有觀點，但確實澄清了此前略微涉及的許多問題。簡而言之（有過分簡化之嫌），列文森認為在儒家中國內部，帝國官僚的上層儒家文化所秉持的超越地方的世界主義，與農民、鄉紳的地方身分認同之間存在至關重要的長期緊張關係。當西方思想被引入儒家中國、新型知識分子階層為外來的思想觀念吸引之際，儒家上層文化的舊式世界主義理念在這個更龐大的世界之中顯得過時且具有「地方性」。因此，新興的民族主義迫使昔日的世界主義式文化主義披上了地方性的外衣。「總之，清代的帝國『世界主義者』淪為了民國的民族地方主義者。」[9]但是，中國各省——湖南、廣東、浙江等地真正的地方主義者該怎麼辦？民族主義要求對中華民族的忠誠必須超越地方性忠誠，而地方性忠誠與儒家世界主義在歷史上具有共生關係：「中國民族主義意味著各省之集合的擴大，同時也意味著世界的縮小。」[10]

8　　Joseph R. Levenson, "The Genesis of *Confucian China and Its Modern Fate*," *The Historian's Workshop,* ed. L. Perry Curtis, New York: Knopf, 1970, p. 285.

9　　Levenson, "The Province, the Nation, and the World," p. 287.

10　　Ibid., p. 287.

但是，事情當然不會如此簡單。新型民族主義對中國文化有「浪漫的」（地方性的）依戀。中國降級為世界地圖上的一個地方（只是發展中國家的一員），帶來的是自尊的受傷，而世界主義的缺乏根基感也帶來獨特的現代病症。此外，現代共產主義容忍並且贊助了地方認同的許多方面——地方戲曲、方言、民間藝術，這也是一個悖論。鑒於《儒家中國及其現代命運》已經用略微不同的方式討論過，列文森並沒有詳細解釋從儒家世界主義到現代世界主義的轉型。他的側重點已經轉移到後儒家現代世界中的地方—世界主義張力。

共產黨支持地方特色文化，譬如使用方言表演的地方戲曲之類，這乍看起來令人困惑。理論上，國民黨等早期民族主義者在這方面從來沒有如此寬容。整體的民族主義要求將地方創造力的表達完全抹除，或者納入統一的民族認同之中；雖然也傾向民族主義，但是中共政府似乎頌揚地方差異。列文森找到了兩條曾經使用過的線索來解答這個悖論：首先，共產黨對於文化的階級分析十分敏銳；其次，對待曾經具有危險，但如今已經喪失威脅新秩序能力的力量，他們的敵意已經減弱。正如時間與歷史變遷使積極的反儒家主義不再必要、使他們的舊敵人被博物館化，曾經具有威脅的地方認同似乎也不會再威脅已經牢固統一的人民共和國。共產黨對地方戲曲的扶助，讓我們想到另外一個隱喻——戲曲本身。曾經真正由地方孕育的地方傳統，如今成為面向全國觀眾的表演：秦腔到了四川，川劇到了陝西，而且二者都會定期登上北京的國家劇院舞台。在新的條件下，「這些傳統扮演著不

同的角色,而非身分認同的集合,不再是那些會分裂民族或使民族胎死腹中的一系列自然風格」。[11]

　　而且,對於具有階級意識的馬克思主義者而言,地方文化的大眾特色也能提供補償價值。「世界主義的」儒家上層文化為士紳階層專有,現代世界主義文化則帶有上海布爾喬亞和西方資產階級的味道。大眾文化為尋找非文人階層的中國文化傳統提供了答案,而地方文化為尋找嶄新的、非西方的中國文化提供了部分答案。在這兩種情況下,真正的關注點都不在傳統或地方,而在階級與民族。「中國共產主義『地方主義』(恰如中國共產主義『儒家主義』)意味著讓地方成為過去,地方的歷史貢獻為整合過程中的現代民族提供了遺產。」[12]

162

　　階級分析對於地方主義—世界主義二分法的另一層面也具有影響。它為聯結革命的中國民族與更大的外在世界提供了可能,也為超越地方提供了可能。列文森再次以他精湛的語義分析技藝展示了這些可能性。他發現「民族」與「人民」兩個詞語截然對立。「民族」被國民黨用以表達超階級的整體性民族團結。「人民」則被共產黨用來指代特殊的階級定位(意即群眾)。「人民」的階級含義使之在應用層面超越了民族範圍。「人民」(甚過於無產階級)無處不在,超越地方差異與國家邊界。中國當然擁有眾多

11　Joseph R. Levenson, "'Provincialism' and the Place of Chinese Communism in History," Paper prepared for Center for Chinese Studies Seminar, Apr. 19, 1995, p. 2.

12　Ibid., p. 3.

人民，而且作為人民共和國 (唯一的非修正主義的真正社會主義國家？) 與世界「人民」有著特殊的親和力。[13]

> 作為人民，地方主義者具有超越國家而非低於國家的關聯。「人民」，首先位於最特殊的鄉土，然後被抽象化為超越民族、超越文化的普世的土壤，提供大於中國的世界性視界。[14]

這看起來是中國人追尋以有尊嚴的方式重返世界所達成的完滿結局，也是解決地方主義——世界主義之間內在衝突的一種精巧的方式。

然而，就在列文森找到這一解決方案的同時，中國發生的事件已經使得它不足以處理在世界中的新位置，因為隨著「無產階級文化大革命」的爆發，一股凜冽的寒風正向中國與世界、中國與過去的關係襲來。從仰光到倫敦的外交關係和人民外交，都在北京刮來的意識形態強風中瓦解。19世紀以來，中國從來沒有如此孤立，而且處於中國內部的博物館和戲曲都無法抵擋這股風暴。博物館收藏了「四舊」，顯然不會完全不構成障礙；在江青的指令下，戲曲只能用來讚美當下革命。這種革命化的民族戲劇選擇京劇作為媒介，而非其他地方戲曲。

列文森調整風帆，重新詮釋共產主義中國，因而在應對這場全新的風暴時比大部分同事都更有策略。他生前最後完成的論

163

---

13   Levenson, "The Province, the Nation, and the World," p. 28.

14   Ibid.

文，收錄在《革命與世界主義》一書，運用了此前分析中所使用的範疇，相當具有說服力地解釋了最近難以預測的事態。「文革」的「狹隘文化精神」展示了一種危機感，對革命進程喪失了信心，對傳統主義和修正主義勢力或許會腐蝕革命目標充滿了恐懼。在此語境中，博物館化所受到的文化寬容不復存在。革命者對死而不僵的過去「重新採取行動」。

革命者也同樣提防來自外部的危險勢力。列文森在《革命與世界主義》中討論了20世紀中國自由派世界主義者為了將世界現代文學（特別是戲劇）引入中國所做的努力。到了人民共和國時期，他們遭到拋棄和譴責，因為其宣揚的是「為藝術而藝術」和缺乏階級性的「普世人性」。但是，「進步的」世界文學與戲劇，特別是那些來自兄弟社會主義國家的文學，在革命之後的第一個十年內是被認可的。只有到了1960年代中期開始的「文革」年代，與外界接觸的大門才被徹底關閉，「狹隘精神」似乎才充斥整個中國的文化世界。

有一種方法能夠解釋這種現象：將「文革」的反世界主義基調與反城市的政策聯繫起來。城市主要服務於「城市老爺」，是特權和修正主義的中心，重點必須放在農村地區。因此，「文革」時期教育、醫療和工業等方面的重心都從城市向農村做了重大調整。各地城市是世界主義的天然焦點，港口城市尤為如此，而鄉村則是地方主義的天然家園。僅憑這一點，人們或許會預期反對城市特權的運動會帶有反世界主義的基調。

但列文森從新的政策中看到的不僅僅是簡單的反城市地方主義。他重新拾起業餘主義與職業主義這個舊題目，以此展現新型地方主義背後的社會與意識形態動機。專業人士 —— 技術專家，即毛澤東話語體系中的「專家」—— 出於專業的需要與世界其他地區的專家聯結在一起。世界各地的物理學家為了緊跟學術前沿必須要閱讀最新的國際刊物。至少在自身的專業領域，專家必須分享某種世界主義。那些狂熱捍衛意識形態純潔性的人害怕「專」會凌駕於「紅」之上、專家會脫離人民群眾，破壞建立平等社會的目標。共產主義工業化的推動者不可能像傳統農業社會的儒家文人那樣鄙視專業技能，因為新中國的建設離不開專家，但是專家也遭到懷疑會脫離人民群眾、脫離民族，因為人民就是民族。[15]

> ……精於技術的專家們，與他們的世界主義同路人一樣心懷世界，在文化上脫離了人民，脫離了民族。專業技能並無國界。

無根的世界主義者被建議（不只是建議）在農村群眾中尋找根基。科學家遭受的打擊或許少一點，因為他們對國防和工業建設至關重要，但小提琴家和英文教授則成為人們發洩民族主義（以及地方主義）怨憤的主要攻擊對象。

15　Ibid., p. 47.

1966年的風氣讓某些有歷史情懷的人聯想起了70年前發生在北京的義和團運動，或者乾隆皇帝對外國人和外國事物的鄙視。列文森強烈抵制這樣的類比，正如他反對所有假定存在一種永恒不變、超越歷史進程的中國本質特徵的古今類比。他堅持認為，中國已經成為廣大世界的一部分，儘管它與世界大部分地區格格不入：「中國人也許會再次以中國中心式的眼光看待世界，但中國永遠不可能再次以自我為中心、把自己當作唯一具有重要性的世界。」[16]同樣，當中國共產主義者自信地看待他們同世界人民和進步革命潮流的關係時，這種立場已經有別於傳統的華夏中心觀。[17]

> 對於文化主義的儒家精神（乾隆）而言，中國歷史是唯一重要的歷史。對於民族主義的共產黨（毛澤東）而言，證明中國歷史對世界具有重要性才能讓人滿意。

列文森絲毫不覺得文革精神有任何吸引力。「文革」的反智主義、文化上的庸俗、粗野的反世界主義，全部冒犯了他個性中的世界主義情結。但他在分析「文革」的時候，認為當前的中國依然緊緊扎根於當下，並沒有回到過去。而且他還深信，危機所引發的新型地方主義並不會持久。他在遺著的結尾如此寫道：

16　Joseph R. Levenson, "Marxism and the Middle Kingdom," *Diplomat,* vol. 17, no. 196 (1966–1969), p. 50.

17　Levenson, *Revolution and Cosmopolitanism,* p. 26.

「……中國會再次順應世界主義潮流重新加入世界。文化中間
人、文化革命者 ── 沒有一方永遠是擱淺的小魚或鯨魚。」[18]

〰

　　我們關於世界主義─地方主義話題的討論，或許可以用列
文森在遺著中的論述來結尾。他的話看起來是對世界大同的美好
呼籲。但這樣做恐怕會傳遞錯誤的信息，因為列文森並不是簡單
地擁護同一個世界，也不渴望不同文化的同質化。到目前為止，
我們的討論主要是在概括列文森關於世界主義、地方主義與民族
主義的思考，誠然，我們的闡釋帶著強烈的傾向，試圖將這些與
他對現代身分認同問題的關注聯繫起來。現在我們應該更加「客
觀地」[19]來驗證他的精彩論斷是否適用於中國歷史，更確切地說，
中國民族主義的發展，以及對於我們理解亞洲其他地區的民族主
義或世界各地的世界主義又有怎樣的幫助。

　　列文森的著作有一個特點，他與非中國史領域的西方歷史
學家之間交流甚多，但是與中國歷史學家卻無甚交流。我這裏
不是指中國大陸學者(政治上的阻礙頗為明顯)，而是指台灣、
香港，甚至是在美國的中國歷史學家。除了少數受過西方訓練

166

18　Ibid., p. 55.
19　我清楚地意識到，這裏不僅涉及總體的客觀性問題，而且還涉及要與列
　　文森的觀點保持一定距離 ── 他的觀點以及他本人對我思考中國的視角
　　影響很深。我的這種客觀性勢必會有一點生硬和主觀色彩。

的中國歷史學家之外，列文森對中國歷史的解讀對中國人思考他們自身的歷史幾乎沒有什麼影響。[20]這個現象可以有若干種解釋。他的文風複雜，文筆晦澀，有時連英文母語者也會抱怨。對以英語為第二語言的讀者而言，顯然會很困難。此外，研究他國文化的思想史——向另一個民族解釋該民族如何思考、為何如此思考——恐怕比其他類別的史學更有可能招致怨恨。倘若如列文森所論證，所有現代中國知識分子都懷有「掌握自家地盤」的深刻欲求，那麼他們對由外國人來詮釋自身近代歷史的抵制也就不令人意外了。

但是，民族自豪感和溝通的困難是否足以解釋一切？或者是否有可能是(這是所有研究中國的西方人都面臨的煩人困擾)列文森將外國人的關注投射到中國歷史之中？世界主義—地方主義的截然對立，及我們在其背後看到的文化與民族認同上的焦灼，是否只是一位無根的西方世界主義者——抑或一位嘗試扎根於某種兼容並包的世界主義西方文化的勇士——一廂情願的構造？當中國歷史學家通常從中國的過去或者馬克思主義所設想的未來尋找民族認同，所有這些精巧的理論會不會都是空中樓閣？

167

在嘗試回答之前，我們將從一個完全不同的角度來強化我們的質疑。白魯恂 (Lucian Pye) 在其極具爭議的「心理文化分析」著

20　這僅是我個人的印象，主要基於與在台灣的歷史學家之間的交流，難免有誤。據我所知，尚未有列文森的著作翻譯成中文。他的著作也沒有榮幸能夠在台灣被盜版，雖然題材的政治敏感性可能足以解釋這一現象。

作《中國政治的精神》一書中，明確否認了現代中國存在任何「認同危機」。[21] 白魯恂認為，中國文化具有高度的可塑性，甚至可以在現代被捨棄。取代文化的是一種深刻的「生物歷史」感，支撐著「他們的認同與對崇高的感知」。與其他大多數發展中國家不同，中國人明白自己的身分認同，也明白為何有這樣的認同，他們對於加入現代世界或者離開古代世界並沒有任何悲觀厭世情緒（*Weltschmertz*）。白魯恂關於近現代中國的總體詮釋，恐怕比列文森的還更不對中國人胃口，但白魯恂與中國一樣都否認存在任何嚴重的「中國認同危機」。

此類指責很難回應，或許每位讀者都能夠從列文森本人的著作中找到最佳的答案。我本人回應白魯恂的方式，是重溫列文森在《儒家中國及其現代命運》第一卷開篇所引用的阿爾弗雷德・諾斯・懷特海（Alfred North Whitehead）的名言：

> 一個迷途的旅人不應該問「我在哪裏」，他真正想知道的是「其他地方在哪裏」。他知道自身的所在，迷失的是其他地方的位置。[22]

用白魯恂的話來説，中國還擁有自己的身體（生物延續性），但除此之外，我們看到的中國依然面臨著重新界定它與世界之間的

21　「本書的主題如下：中國與其他大多數發展中國家的一個重要區別是，中國人總體上避免了絕大多數轉型體系所共同遭遇的認同危機。」見 Lucian W. Pye, *The Spirit of Chinese Politics: A Psychocultural Study of the Authority Crisis in Political Development*, Cambridge, MA: MIT Press, 1967, p. 5。

22　Levenson, *Confucian China*, vol. 1, p. xxvii.

關係這一真正問題，不僅在政治層面（儘管政治層面已經足夠成
為問題），而且在文化與心理層面。畢竟，民族主義與民族認同
始終是藉由與外界事物或人群的關係來界定的。為了明白自己身
在何處、究竟為何人，現代中國民族主義者必須要在時間（與本
民族之過去的關係）與空間（與現代世界的關係）中為自己尋找定
位。無論強烈的整體身分認同存在與否，都不會那麼簡單。

　　此外，倘若文化與文化認同不成問題，那麼梁啟超以降的現
代中國知識分子為何如此頻繁地討論這些問題？為何會發生五四
運動時期的文化爭論？為何1930年代中期圍繞著「中國本位的**文
化**建設」發生了論戰？[23]毛主義者為何發動「**文化**大革命」來重塑
中國政治，或者他們在台灣的敵人為何以**文化**復興運動回應？即
便我們試圖迴避列文森的討論範疇——歷史與價值、文化主義
與民族主義、地方主義與世界主義——但依然會發現文化與文
化認同問題遍佈整個現代中國思想史版圖。除非這些以及所有思
想史都只是泡沫，水面之下有更深層的生物聯繫或社會過程，否
則我們依然需要嚴肅對待這些問題，以更好地理解現代中國歷史
和現代中國民族主義。

168

23　由十位教授聯名發表的〈中國本位的文化建設宣言〉最早見於《文化建設》
　　月刊，第1卷，第4期（1935年1月），第3–5頁。隨後，眾多中國頂尖
　　知識分子以《文化建設》為平台展開了廣泛的論戰。該宣言和胡適的回
　　應文章英文譯本收錄於Wm. Theodore de Bary et al., eds., *Sources of Chinese
　　Tradition*, vol. 2, New York: Columbia University Press, 1964, pp. 192–195。

　　當然，列文森的中國史觀屬於局外人，一位極富個性的局外人。他恐怕不會否認歷史學家個人的價值和立場會影響其所研究的歷史。但他作為局外人的視角——我們不會說這是客觀的，因為他肯定也有自己主觀的考量——能夠捕捉到某些局內人所觀察不到的歷史進程的面相。列文森固然做了很多詮釋，但文獻編輯和整理肯定也不是優秀歷史學家的終極任務。我們甚至承認，他所發現的新材料其實非常有限；但是憑藉他的思想、憑藉將普世的關懷投射到中國歷史的特殊問題之上，他以全新的方式讓歷史呈現意義。[24] 從自身的個人問題和普世關懷出發，將中國民族主義定位在地方主義與世界主義相互衝突的網絡之中，列文森將中國納入普遍歷史，也使得中國民族主義可以為世界理解。

169　　這又引出了另一個問題：這些關於中國民族主義的見解，是否可以轉換到亞洲其他國家的民族主義歷史，即擁有大致相同的受西方支配和被迫變革文化的經歷的國家。本書中也有作者指出，列文森從現代中國歷史得出的許多個人見解可以用來闡釋亞洲其他地區現代歷史的某些層面，但恐怕不能原封不動地照搬歷史—價值或者地方主義—世界主義這些分析框架。一方面，其他亞洲傳統社會沒有一個像中國一樣以世界主義的文化實現自

24　這讓我想起了尼采的話：「……一位優秀的歷史學家必須能夠將已知的東西融入一個從未聽說過的東西之中，並極其簡單而又極其深刻地宣稱這一普遍法則，以簡單化於深刻，深刻化於簡單。」見 Nietzsche, *The Use and Abuse of History*, trans. Adrian Collins, New York: Liberal Arts Press, 1957, p. 40。

足。相對於國際化的中國而言，日本的身分是邊緣的、「地方主義
的」。東南亞佛教國家又都處在中國和印度兩大文化的輻射圈之
間。中東阿拉伯地區從來沒有擺脫歐洲的影響。唯有印度與傳統
中國的文化世界具有可比性，雖然它面臨著來自亞洲西部的更加
嚴重的文化和政治入侵。在關於現代傳統醫學復興運動及其民族
主義意義的研究中，我發現唯有印度發生了與中國類似的關於傳
統醫學的論爭。[25] 關鍵在於，大多數亞洲社會在與西方接觸之前的
前民族主義時期，已經習慣了通過外在世界來界定自我身分，並
且習慣了向外部的上層文化進行學習。亞洲各地普遍憎恨歐洲的
入侵，但在傳統文化主義的根基並不牢固的地方，文化主義轉型
為民族主義的痛苦也不會那麼深刻。類似地，如果傳統社會並未
被設想為整個世界，那麼向現代世界的轉型也會更加容易。

　　列文森本人從來沒有為亞洲民族主義設定任何普遍模式，而
且他比較的重點更多是歐洲，而不是其他亞洲國家。只有在未完
成的遺稿中，也就是「世界主義三部曲」的第二卷，他才把中國
和其他亞洲國家放在真正的比較語境中，而且其動機主要是將亞
洲文化與世界主義化的現代社會聯繫起來，而非在亞洲國家之間
相互比較。[26]

25　Ralph C. Croizier, "Medicine, Modernization, and Cultural Crisis in China and India," *Comparative Studies in Society and History*, vol. 12, no. 3 (July 1970).

26　這部遺稿題為〈歷史與世界主義：東亞和「世界經典」的意義〉("History and Cosmopolitanism: East Asia and the Meaning of 'World Classics'")，現存42頁打印稿，僅有關於印度、中國的章節，以及關於日本章節的開頭部分。

170　　　但是，這部未完成的手稿對我們理解列文森及其著作頗為重要。首先，它強調了對文化認同持續的關注。這也是他所有著作的關鍵，包括世界主義這一主題在內。此外，他正是在這裏發展了早先關於現代世界主義的傳統混合導致去文化（deculturization）以及傳統喪失的線索。這一卷的標題「歷史與世界主義」，與整套「三部曲」的標題「地方主義與世界主義」一樣，展示了他的寫作意圖，暗示了前後兩個詞之間存在的張力。在他看來，現代世界主義的那股潮流，即通過把作品抽離獨特的歷史與文化傳統從而創立「世界經典」，製造世界文化混合物，既是非歷史的，也會侵蝕任何延續中的文化自主性或文化活力。他從中國史中觀察到的博物館化過程，業已成為全球「公開博物館」中的普遍現象；獨特文化認同的喪失，無根的病症四處蔓延，構成了他的「三部曲」標題所指示的「『現代時期』的意義」。列文森再次援引理查德 · 麥吉恩的話來討論我們喪失了自我的根基，「將太多傳統混雜在了一起，如今傳統感不那麼強了」。[27]

　　閱讀至此，我回想起了多年以前，列文森對舊金山這樣的國際大都市擁有的餐飲多樣性作出了讓我頗為驚訝的評論。對我這位剛從加拿大西部省份來的人而言，巴斯克菜式、四川菜、印尼菜任意選擇，如此豐富，令人高興又意外。儘管喬本人也喜歡這些口味，但他卻指出這些地方菜系都是在特定地區和獨特文化傳

27　Levenson, "History and Cosmopolitanism," p. 8；全部引文參看第169頁。

統中誕生的。一旦遠離鄉土、喪失根基，它們就不再正宗（無論原材料是多麼純正、廚師多麼優秀），也不再屬於活的傳統的一部分。這個評論當時讓我覺得很奇怪，即便我領略到了這個隱喻的含義。後來我才逐漸意識到，國際化餐飲的誕生或許正意味著地方菜系的終結，而恰恰是後者讓前者成為可能。我逐漸才領會到，這個隱喻對於科技一體化世界中的文化多樣性與活力有著重要意義。

因此，他就印度和中國典籍（主要指《薄伽梵歌》和《論語》）被翻譯為「世界經典」的討論，讓我頗感熟悉。「就好像文化選擇委員會，取東西之精華，達成兼容並包的美好和諧」，[28] 這些經典脫離了自身的傳統，本身的性質已經被改變，文化特殊性也已流失，成為某些所謂的普世文化精髓的樣品。譬如，《薄伽梵歌》作為「活著的、當下的訊息」[29] 變成了呼籲和平——這個緊密聯繫的世界確實急需和平，所以倒也貼切。或者，在艾茲拉·龐德（Ezra Pound）的譯本中，儒家的《論語》變成了對秩序與穩定的普世、永恒的（但很適時的）呼籲。[30] 其他版本或許也找到了其他的當下訊息——民族、社會正義，或者人文主義。問題在於，所有這些版本都擺脫了歷史特殊性，以此尋找我們這個時代所需要的「永恒訊息」。「《薄伽梵歌》與《論語》如今共同代表著亞洲，

28　Levenson, "The Genesis of *Confucian China and Its Modern Fate*," p. 283.

29　Levenson, "History and Cosmopolitanism," p. 15.

30　Ibid., p. 33.

但二者曾經代表著各自的遙遠國度的傳統。」[31] 是什麼讓它們被歸在一起？是由科技驅動的「地球村」日益一體化，以及一體化進程所帶來的獨特的現代感 ——「亞洲自信感 (為失去的舊世界) 和西方的內疚感 (為被摧毀的舊世界)」。[32]

對於一體化的渴求，以及認可每個人為一體化作出貢獻的潛能，本身值得讚賞。但是，除了意識到失去文化多樣性的代價之外，列文森並不相信世界歷史、世界一體化，或者世界文化可以通過那樣的方式來實現 ——「從歷史之中，不可思議地躍向了同一性。」[33] 雖然不信任將諸多傳統進行人為混合的做法，但他並不認為每種文化應該培育自己的花園，而將其餘一切都擋在藩籬之外。他並不提倡恢復希臘語和拉丁語必修，或者把亞洲文化委託給少數博學的東方學家。這樣做會顯得「狹隘」，現代世界已經大於整個西方，即便世界一體化最先由西方推動。

172　　　與此相反，列文森尋找的是另一條通往世界主義的道路，不去追究現象事實背後的本體實質 ——「不受時間和空間限制的普世特徵」，而是建立在不同歷史與傳統相互理解的基礎之上。[34]

　　研究歷史依然值得讚賞 —— 心懷希望**在時間之中**奔向現象世界的統一，而非衝向本體世界。

31　Ibid., p. 37.

32　Ibid., p. 23.

33　Ibid., p. 22.

34　Ibid.

歷史研究意為歷史學家的工作。這意味著歷史學家必須要在不依賴普世範式或者人為選擇的「具體歷史中的某些價值」的基礎上構建可理解的世界歷史。要避免尋求非歷史的本體（每個具體歷史現象背後永恒的原型意義），而是聚焦於歷史特殊性之中有哪些內容可以被互相理解，即基於某些核心的人類普世關懷而能夠被其他文化或歷史所理解。「疼痛是普世的。每個人都有心。但是心表達疼痛的音調卻有無窮無盡的多樣性。」[35] 歷史學家在捕捉普世的人類感受之時，必須要尊重這種無限的多樣性。確立這種「普世的話語世界」，而非抹除所有文化的個性，正是列文森所希望的「超越科技層面」來實現世界的一體化。

　　我個人認為，列文森的分析指出了世界主義與變革對身分認同意味著什麼，已經十分接近「現代」的核心及其病症。快速的變革令人恐慌，技術帶來的推力十分盲目而且急劇加速，不只是膽怯或保守的人才會恐慌。部分的恐懼來源於不受限制的技術可能在物理上摧毀人類或者人類賴以生存的環境。但另外部分的恐懼，則針對技術可能給價值、文化、人的心理健康造成的影響。後者涉及的是技術決定論可能給世界各地的文化帶來漂白效應（bleaching effect）。現代建築、現代藝術、現代服飾基本上都是全球風格，這些都不是靜止不變，而是轉瞬即逝，以致毫無延續性可言。除此之外，現代人（由科技所決定？）在文化上變得同質而且無根。

35　Ibid., p. 32.

173　　意志堅定的學者，特別是社會科學家，或許會為了消除人類分裂的威脅而願意承受這個代價。於是，伯爾赫斯．斯金納 (B. F. Skinner) 如此打發這個問題：[36]

> 倘若僅存一種文化，文化進化的過程也不會終止，正如倘若僅存一種主要物種 —— 人類 —— 生物進化也不會終止。

但是，正如後一種情形會讓博物學家感到悲傷，前一種情形對人文學者也毫無吸引力。對哈特訥而言，這個世界「已經無法激發文化史學者的興趣」。[37] 行為主義學者或許不認為這是悲劇，但問題不止於此。一切傳統在現代變革的加速器中發生混合與重組，由此導致任何傳統的喪失，可能已經或者正在給個人與社會帶來嚴重的負面後果。另一位時髦的現代主義者 (或未來主義者) 阿爾文．托夫勒 (Alvin Toffler) 認為，傳統感的缺失以及基於傳統的身分認同的喪失，正是他稱之為「未來衝擊」(future shock) 的社會神經症的核心。

我們不妨再次回到悖論。在這個急劇變化、日益一體化的世界，或許需要依賴傳統感和獨特的認同以保持自身的神智健全，即讓現代人能夠在變化的環境中保持有效、自在的應變能力。但是，傳統不可能被用作現狀的防腐劑，文化認同也不可能構成世界主義紐帶的障礙。這裏存在一個悖論和矛盾之處，但並非不

36　B. F. Skinner, *Beyond Freedom and Dignity*, New York: Knopf, 1971, p. 138.

37　轉引自 Skinner, *Beyond Freedom and Dignity*, p. 157, n. 1。

可調和。列文森説的或許是對的,「譬如,任何人都吃貝果麵包
(bagel),恐怕要比猶太人吃十字麵包(hot cross bun)更加威脅猶
太生活方式」。[38] 但我並不覺得他真的不想我們吃貝果。他自己也
不會拒絕吃包子。唯一的解答是,每個人都有自己獨特的口味,
但同時需要瞭解和尊重其他選項。(用列文森自己的話來説)傳
統(tradition)成為傳統主義(traditionalism)。這是一種「浪漫的依
戀」,不是理所當然的存在,而是有意識的構建。不過,倘若要
緩解無根的病症,或許也有必要在這方面下工夫。

　　無論如何,這些都是列文森作為個人和史家的核心關懷。在
《梁啟超與近代中國思想》一書的導言中,列文森借用了懷特海
提出的「個人同一性(personal identity)或個人的統一性(personal
unity),為所有的經驗事態提供地方」的概念。[39] 關於梁啟超,列
文森的定位是「對中西平等之信念的需求」。在列文森的著作中,
從《梁啟超與近代中國思想》到〈歷史與世界主義〉,我們發現他
的個人的統一性在於對身分認同的需求。這種需求使他能夠敏鋭
地捕捉梁啟超的困境;它貫穿整部《儒家中國及其現代命運》,在
關於世界主義的著述中更為顯著。他曾經如此評價梁啟超,「他
的起點就是他的終點」。[40] 列文森的著作具有驚人的整體性。

38　Levenson, "The Province, the Nation, and the World," p. 278. (譯註:貝果是
　　一種源自猶太人的麵包;十字包是一種表面畫有十字形的麵包,許多基
　　督教國家的民眾在基督受難日食用。)

39　Joseph R. Levenson, *Liang Ch'i-ch'ao and the Mind of Modern China*, Cambridge,
　　MA: Harvard University Press, 1953, p. 4.

40　Ibid., p. 10.

　　然而，在另一層面，他與梁啟超有著根本的差異，因為梁啟超的內在需求及其個人的統一性背後的問題在他本人的時代已經過時了。由此，梁啟超用來回應那個問題的觀念最終走向不合時宜。但是列文森的問題、他對認同的需求，在1970年代初似乎依然與1950年代初一樣關係重大：仍然是活生生的問題，那些觀念也仍然與我們息息相關。我們還能期待每個人都會以略微不同的語調聽到這些問題。但對我們所有受過他思想薰陶的人而言，列文森和他的思想會依然會繼續向我們訴說歷史以及歷史學家的世界。

第四部分

猶太身分的選擇

記〈猶太身分的選擇〉

羅斯瑪麗 · 列文森 (Rosemary Levenson)

　　將〈猶太身分的選擇〉這篇如此個人化的文章收錄在約瑟夫·
列文森紀念文集中，引發了一些爭議。我樂見此文能被收錄，因
為我覺得它可以拓展、豐富我們對列文森已發表著作的理解，讓
我們得以窺見這位專業歷史學家的生活與思想、宗教信仰和學術
忠誠，這在諸多方面對他而言並非互不相關。

　　這篇文稿是在一個關於猶太教的破舊文件夾中找到的，他去
世後三個月我才發現。文件夾藏在他書桌上的一疊複寫紙下面。
其中有這篇文章的手稿、一些書評剪報、講演的草稿筆記和古怪
的IMB打孔卡＊。

　　倘若喬依然健在，這篇文稿就不可能以現在的形式發表。這
是一部關於猶太教的著作的第一章初稿，尚未命名，喬稱之為他

＊　譯註：美國IMB公司1920年代開始製作和銷售的紙質數據存儲卡，通過
　　在卡片上穿孔來紀錄編碼。在1980年代磁盤存儲技術成熟之前，IMB打
　　孔卡廣泛運用於數據和電腦程序的存儲、輸入及輸出。

的「退休之作」。(還有另一份關於歷史學的手稿，但只是些簡短的筆記而已。) 據我所知，除了跟一位伯克利的同事簡短提及之外，他只跟我討論過這本書的構想。他清楚地意識到寫作這部書所需要的勇氣，但這也給他帶來了深刻的，甚至有些隱秘的愉悅。這份手稿所展現的某些熱忱，恐怕會在他的反覆修改之下被消除，就像他的所有其他作品一樣。

他準備這部關於猶太教的新書，與第一套「三部曲」《儒家中國及其現代命運》和第二套「三部曲」已經完稿的部分 —— 標題暫定為「地方主義、民族主義和世界主義」* —— 採取了相同的方式。他在希勒爾基金會 (Hillel Foundation) 就這個話題發表過演講，也在猶太人午餐會俱樂部上作過非正式的報告。這個俱樂部在伯克利舉辦了很多年，旨在鼓勵講演者就猶太人所關心且**非**其專業領域內的問題發表看法。某一次，在我們家所屬的正統猶太教會堂聚會上，他還代替拉比的佈道作了發言。除了基於博士論文的《梁啟超與近代中國思想》外，他關於中國歷史的著作都是以同樣的方式準備的。首先在課堂、討論課、研討會和各類學術會議上發表他的觀點，然後再根據學生和同事的批評建議進一步修改、澄清與完善。此外，正如他引用巴爾・西姆 (Baal Shem)

178

---

*　譯註：列文森計畫的第二套「三部曲」，其中第三卷已經完稿，即本文集收錄的《革命與世界主義：西方戲劇與中國歷史舞台》。第二卷題目暫定為《地方主義、民族主義和世界主義》，其中一篇42頁的文稿已經完成，題為「歷史與世界主義：東亞和『世界經典』的意義」。

的故事來終結《儒家中國及其現代命運》的第三卷，這部關於猶太教的著作也穿插了許多中國的隱喻。

喬在兩套「三部曲」中表達的諸多關注，在這篇文章中也有所體現。歷史與價值、特殊與普遍、分離與同化等張力關係，貫穿於他所有的史學著作。他理解在以色列的猶太人和流散猶太人所面臨的困境，這或許啟發了他敏銳地體察到華人在中國或者在南洋所面臨的類似問題。

「猶太身分的**選擇**」這個標題是他留下來的。我覺得倘若喬依然健在，這個標題會修改。我倆總是一起修改他的書和文章，而且我提出的修改建議有百分之八十五他都會接受。(這些修改通常是把他信息量密集的句子鋪展開來，允許有一點點散漫的風格。)「猶太身分的選擇」可能會暗示著嚴酷的道德律令，這完全不是喬的本意。雖然他不喜歡猶太人改信其他宗教，尤其是基督教，但他對這些改宗者或者直系親屬中與他信仰不同的人始終非常友善。

猶太教不勸誘他人改宗，即便在猶太人當中也是如此，而且喬也不是猶太教傳教士。他喜歡主持家庭逾越節晚餐和宗教儀式(Seder)，但並不介意讓非猶太人或者非虔信猶太人的人類學式的好奇心來稀釋這種宗教場合的氣氛。

他喜歡星期六早晨去猶太教會堂，他學過經文吟誦，還教長子理查德在成人禮(bar mitzvah)之前學習《托拉》(*Torah*)和《哈弗他拉》(*Haftarah*)不同的吟誦標記方法。他也很喜歡每週輪流吟誦《先知書》的段落。喬遇難前一天，恰好是逾越節期間的安息日，那天他誦讀了《以西結書》(*Ezekiel*)第37章第1至14行的枯骨復活

179

的段落。「他對我說：『人子啊，這些骸骨能復活嗎？』我說：『主耶和華啊，你是知道的。』……於是我遵命說預言，氣息就進入骸骨，骸骨便活了，並且站起來，成為極大的軍隊。」我問喬為何會讀這一段，並且相信；他回答：「這只是詩歌、隱喻而已。」

　　侵犯死者的隱私恐怕是對死者難以寬恕的侮辱，但與他人分享喬在信奉和研究猶太教的過程中所獲得的快樂與創造力，在我看來是妥當的。在《追憶逝水年華》中，年華並不會都徹底逝去。

　　在《革命與世界主義》中，喬說：「不管怎樣，中國依然會順應世界主義潮流重新加入世界（道路的選擇令人憂懼）。文化中間人、文化革命者──沒有一方永遠是擱淺的小魚或鯨魚。」他相信猶太人的生活與思想也是如此。「這是生命的一**種**選擇。」

猶太身分的選擇

約瑟夫・列文森 (Joseph R. Levenson)

一、導言

幾乎每一個對猶太人感興趣的人都會不時問道：「猶太人是一個民族還是一群教徒？」猶太教是一種偽裝成宗教的身分認同——民族身分認同（「希伯來人」〔the Hebrews〕）抑或是一種文化身分認同（「猶太性」〔Jewishness〕）？在行之有效的猶太教面前，這是個無效的問題。猶太教作為宗教體現在民族與文化之中。這是內在的、本質的。要旨蘊於媒介之中。猶太教對「知行合一」有一種近乎儒家的感覺，凡行動均有其執行者和形式。

的確，有許多人把它稱為宗教，不過，是看作「低級宗教」，以種族為中心的、部落性的宗教。他們充其量也只是把它視為一種未能達到普世性的宗教，錯失了屬於自己的影響力，而將這些影響讓渡給了基督教會。艾茲拉・龐德對它作了最差的評價，他將《希伯來聖經》的地位與喬克托族的傳說*等量齊

---

* 譯註：喬克托族 (Choctaw) 是美洲印第安人的一個部族，主要居住於美國東南部地區。喬克托族文化擁有相對完整的創世神話傳說，可能是引發龐德作此比附的原因。

觀。許多觀察家雖然持論較龐德更溫和，卻也認同猶太人可能遠行，猶太教則不然：希臘化時期及此後所發生的外邦人改宗猶太教的事實，看起來只是「閃米特人的宗教」的衍生品，一個文化劇目的一部分。這個宗教因人類學的原因而有意義，而不是反過來——這種人類學，或者說人類學化的社區，並沒有宗教上的意義。如果宗教只是某一個民族（雖然是一個複雜的民族）生活的一個部分，那應該是什麼樣的呢？這個民族的血緣結構是什麼，它的禁忌是什麼？

如果說猶太教只是文化包袱，那麼大家都知道文化是變化的，而且從來沒有變得像現代這麼快。即使是那些尋根的人——尋根和尋求創新一樣是一種現代的追求——也是傳統主義的，而不是傳統的。（猶太人**因**西奈山而被創造，而非西奈山因猶太人而被創造。*）而現代自由主義的價值觀至少會說文化應該改變。理性主義的道德觀宣揚自由，宣揚從傳統的權威中解放出來。某些傳統可能會吸引現代人的品味——傳統這個概念本身可能會吸引人——但擁有權威的是品味而不是傳統。（作為自由律令之所以生效的條件，）信條不能是生來就強加於人的。自由律令來自康德：如此行動（言下之意，如此相信），意味著你把支配你行動的原則視為普遍適用於所有人的原則。這似乎正是猶

---

*　譯註：列文森在此用西奈山和猶太人的關係來解釋傳統主義和傳統對猶太人而言的差別。「為西奈山創造猶太人」，猶太人就只能拘泥於西奈山的傳統，反之則猶太人擁有了自身的活力和創造力。

太教的反面。康德是這樣認為的，許多猶太人也是這樣認為的，因為猶太教似乎是如此無可救藥的一個特例。

　　滿足於「猶太精神發現」的辯解（例如，將猶太教與康德的理性本身等同起來）不是答案。康德的例子正表明，任何人都可以使用這種被視為真理的理性觀念。真理是普遍的：這是一種非常有說服力的重言邏輯。因此，非讓**猶太人**去堅守一個廣為他人信服的真理，這是多餘的。

　　因此，猶太人可能會反感被認定為猶太人＊，被等同於他們從未作出一個信仰上的承諾。例如，如果他們碰巧同意歷史上猶太人對基督教教義主要觀點的異議，那麼他們是否應該搞清楚那正是**他們自己**在提出異議？一位一體論、倫理文化†或不信教（「宗教：無」）將是適合他們的平台。放在這些平台上，大概就可以使得他們的主張有普遍價值，使他們在思想上成為自由和受尊重的人。許多猶太家長，不是出於懶惰或漫不經心，而是完全有意識地反對為他們的孩子提供任何猶太教育。他們先讓孩子們長大，成為可以承擔智識責任的人，然後再做決定。這些父母的

＊　　譯註：前一個「猶太人」指遺傳學意義上的，後一個指宗教意義上的。現代猶太人有民族和宗教雙重身分，在這裏列文森利用這種歧義強調這種身分認同方面的矛盾。

†　　譯註：指「倫理文化運動」，是19世紀後期影響了歐美社會的一場無派別宗教文化運動。肇始於1876年德裔猶太人費里克斯・阿德勒（Felix Adler）在紐約建立的倫理文化協會，該運動以「行為，而非教條」為口號，推崇合乎道德倫理的生活，並強調倫理教育的功能。該運動並無猶太教背景，但其在紐約和芝加哥的主要支持者以猶太人為多。

意思是什麼呢？他們認為，把一種特殊主義的聯繫在理性成熟以前強加給孩子們是有失偏頗的，是不公平的。難道孩子們一定得是以色列的子孫嗎？

當然，人們可以針對這一點提出辯論。沒有人是帶著理性的、防侵蝕的白板式的頭腦而成熟的；因此，偏見（這裏就是反猶太的偏見）不會因為早期的猶太身分設定而消除，反而可能會更加鞏固。但此處應該挑戰的是辯論的基礎，而不是其中的一方。因為猶太教作為一個抽象的、思想性的、普遍性的命題——確實是一個供現代人選擇或拒絕的主題——它本身就匯聚了具體的、非思想性的、特殊的**存在**；一個民族，一種歷史的累積。包括猶太人在內的一般真理的追求者會問為什麼猶太人要保持可見性？這與理性地接受一個宗教可能具有的任何精神品質有什麼關係？本書要闡明的答案——又一個重言邏輯——是：猶太人是一個必須保持可見性的民族。這不只是因為歷史使他們可見（同時也可能還將他們封閉）。他們不僅僅是一個可供人類學、宗教學和其他所有方面研究的民族。他們是作為一個必須活著的民族來活著的，這就是他們的定義。當然，他們的價值觀是事實，他們的規範可以被描述。但這些描述與規則相關。活著不只是活著，而是渴望地活著——並且被渴望著。你（不是「某個人」），你（所以還有別人），「除了我以外，你不可有（不是『將有』別的神。」*

---

* 　譯註：《申命記》5:6。其中的「將有」出自《申命記》原文，列文森在此特別將其解釋為「不可有」，以強化其「猶太人是被上帝渴望地活著」的論點。

　　猶太人總是重申，其與自身不可分割的人民，必須保持可見性，並在所有的世代中歷史性地生存下來。這是一種宗教立場，而不是一種社會偏好，對「文化多元主義」的品味與此無關；與對反猶主義的失敗主義也無關，甚至與在反猶主義面前的榮譽感也無關；與國際象棋的冠軍*抑或狹義和廣義的相對論†帶來的感同身受的興奮也無關。儘管有納粹迫害的經歷，也許部分正歸因於此，今天大多數猶太人的假設，他們的希望或恐懼，都是貌似真實的。在美國或英國，甚至在俄羅斯，一個人很容易消失在人群中。文化折衷主義，一個普遍的現代趨勢，讓任何人都能在市場上得到任何其他人的「民族食品」，任何人（如果前面沒有排除掉俄羅斯的話，這裏要將俄羅斯除外）都可以在他最喜歡的小酒館聽到以色列的民歌，任何人都可以將《聖經》當作「活的文學」甚至精神興奮劑來閱讀。密西西比州的勇士可以試圖變得公正仁愛，而不必讀《彌迦書》，或者不以猶太人的身分讀它，或者只是為了一時高興從猶太人的典籍中尋找高尚的思想，不帶有誡命的刺痛。一個人可以讀孔子，對他的聖賢語錄點頭稱是（因為各種原因），而不必是中國人。誰還一定得是猶太人才能在世界主義的食譜中加入一些猶太調料呢？

---

* 　譯註：猶太人在國際象棋方面表現突出，有人統計有史以來評級最高的棋手中，猶太人佔了一半。

† 　譯註：指將愛因斯坦的物理學貢獻看作「猶太貢獻」，並以此而興奮。

　　猶太人需要成為猶太人——猶太教是難以抗拒的——是出於「猶太人的貢獻」之外的原因。那在任何情況下都是對猶太人解體的徒勞辯護；僅僅作為一個兼容並蓄的現代人，他就可以接受這些貢獻。但更嚴重的問題在於，那些以這種方式「安置」猶太教的人，只是把猶太教作為我們兼容並蓄的現代文化的一位早期貢獻者而已，他們由此難以領會猶太經驗的意義。因為猶太教不是溶於混合溶液 (synthesis) 的一滴水，不是生活的調味品，不是歷史的一個主題。這是一種生命的選擇。歷史是猶太教的一個主題，而猶太教的特殊主義——在眾多思想開放、視野廣闊、對封閉群體和狹隘自我頗不耐煩的人看來，這種特殊主義讓人反感——事實上並不構成偏狹主義，而是將其轉化了。經由其自身的存在，也唯有基於其存在與歷史可見性，猶太民族宣示了一個普遍的命題。猶太教並不落後於普遍主義的「真理」。它反對那種經常被援引來反對猶太教的虛假普遍主義。

二、歷史

猶太特殊性與歷史的關係

　　《申命記》4:14–20：「那時耶和華又吩咐我將律例典章教訓你們，使你們在所要過去得為業的地上遵行。所以，你們要分外謹慎⋯⋯又恐怕你向天舉目觀看，見耶和華你的神為天下萬民所分享的日月星，就是天上的萬象，自己便被勾引敬拜事奉它。耶

和華將你們從埃及領出來，脫離鐵爐，要特作自己產業的子民，像今日一樣。」

　　這是自然之神與歷史之神，同一位神，創造了兩種境界。自然是普遍的（「萬民所分享的」），是不可敬拜的。歷史則是特殊的。非《聖經》思想家如亞里士多德（把詩歌設定為永恒不朽的境界，歷史則為短暫易逝的境界）和反《聖經》思想家如伏爾泰（設定本質主義的、無所不在的自然神論，以對抗猶太教啟示中偶然、瑣碎的歷史）均證實了這一點。而歷史對猶太人來說是必不可少的。並非是上帝把歷史僅僅給予了猶太人。「耶和華説，以色列人哪，我豈不看你們如埃塞俄比亞人嗎？我豈不是領以色列人出埃及地，領非利士人出迦斐托，領亞蘭人出吉珥嗎？」（出自《阿摩司書》，這是猶太年度讀經安排中的每週分章〔Haftarath〕之一，這些分章選自《先知書》和《聖著》）。而是猶太人在歷史中、在特殊性中領會人與上帝的關係——直到彌賽亞降臨的日子。猶太人的特殊性源於對一種有意義的生命之器的積極定義。它沒有虛張聲勢，不缺乏內在的自我存在，並非單純的否定——而「白種人」概念的排他性恰好與之相反。

　　在第六天「天地萬物都造齊了」*之後，安息日紀念著宇宙自然的創造。這個日子也紀念著特殊歷史的創造——猶太人作為一個民族的創造，一個歷史之器，準備從奴隸身分開始，作為

184

---

*　　譯註：《創世記》2:1。

「鐵爐」中的一個未完成的群體，到西奈山的誡命，再到應許之地的邊緣，《摩西五經》的書卷在那裏結束。就是那塊土地 (The Land)，以色列之地 (Eretz)，那一小塊土地，確認了一個民族的創造，使他們扎根在有邊界的土地中。安息日的祝禱和安息日前夕的神聖化*是一場回顧創世的儀式，而同時安息日也被稱為「離開埃及的紀念」。自然與歷史，普遍與特殊，在這裏被結合在一起。

如果神是唯一的，自然和歷史必然被結合在一起。沒有歷史的自然會招致週期性的思考，沒有過程感，只有週期性，與季節的循環產生神奇的共鳴，不存在「太初」。而這意味著沒有個體化的觀念：人們尋求的是與自然的調和 (包括自我意識的神秘喪失)，是和諧，而不是創造性的變化。否定這一點，正是上帝作為創造者的重要性 (「太初」展開了時間的直接延伸)，也是與之相關的猶太教「仿效神」(imitatio Dei) 之誡命†的重要性。上帝開啟歷史。猶太人創造歷史。

當以色列人聽到或奉命聽到，上主，即他們的上帝是唯一的，這個歷史的民族便必然接受自然和歷史的結合，且以之為唯

---

*　譯註：猶太人在安息日開始時會舉行固定的儀式，包括點燃兩支蠟燭、誦念禱文，等等。其中「將安息日神聖化」的程序主要是誦念葡萄酒禱文並飲用受過祝禱的酒。這段禱文包含了《創世記》1:31–2:3，也就是對上帝創世後坐下來安息的場景的描述，故下文說「回顧創世」。

†　譯註：「仿效神」是拉比猶太教的重要信念之一，其要點是《創世記》1:27有關上帝按照自己的形象造人的說法，是為了鼓勵人在精神上不斷向神靠攏。

一造物主的主題。歷史並不是要否定自然，但歷史自身也不能被
否定。猶太人的思維中存在著週期性，遵循儀式的週期性和誦讀
《托拉》的週期性＊，所以摩西的逝去和天地的創造在歡慶《律法
書》的《托拉》狂歡節上最終相遇†。在一年中，歷史和自然事件
結合在一起，以宣告節日的消息，例如五句節 —— 七七節 ——
與西奈山的神跡和收穫穀物有關。但是，在每一個基本的節期，
比如逾越節和大聖日（猶太新年與贖罪日），都有一個自然與歷史
的細緻的分離‡。這不是否定其中的一個或另一個，而是單單強
調其中一個。

　　特別慶祝創世的猶太教的「新年」是在第七個月，而不是在
自然的新年。大自然的超越性創造（與猶太人重申他們的倫理要
求、他們對行為的承諾有關，正如創世行為所暗示的那樣）被有
意地與自然界的週期性更新分開。因為自然的循環是與內在神論
者而非超驗主義者的概念聯繫在一起的；而內在神論會以普遍的
恒久哲學的方式，建議將沉思中的人從行動和歷史創造中抽象出

185

＊　譯註：拉比猶太教將《摩西五經》分為54個分章，每個安息日在會堂誦讀
　　一個分章，一年讀完。

†　譯註：在《托拉》狂歡節上，猶太人要誦讀54個分章中的最後一個分章
　　（《申命記》第33章至結尾，其中講到摩西之死），然後要誦讀《創世記》
　　1:1–2:3的創世故事，這種安排歷來被認為具有死亡與生命、終結與開端
　　周而復始的含義。

‡　譯註：逾越節和猶太曆新年，原本都有其自然緣起，但在拉比猶太教
　　中，其自然的一方面基本上已經消失，只剩下與之相關的歷史與神話敘
　　事。這與五句節仍然被強調為穀物收穫的時節的特點有所不同。

來。春天的尼散月，自然年的第一個月，是紀念出埃及的月份，
紀念的是歷史的猶太出發點，而不是自然和普遍的出發點。逾越
節的春季節日特徵是與歷史相疊加的。當歸結到紀念創世的兩個
境界時，猶太人的做法是把它們聯繫在安息日中，但在一年中保
持它們的個體性，從而保留了一種創造性的張力，使特殊性不只
是被普遍性收納、吞噬。在歷史終結之前，必須對歷史進行品
味、尊重，並在行動中，在對創世的記憶中加以翻新。

猶太教中的歷史和歷史中的猶太教

「並不分猶太人，希臘人」*，作為一種超驗主義觀念的猶太
歷史觀，與具有內在神論者特點的希臘普遍主義，兩者之間的關
係是怎樣的？通常，在傳統的「希臘精神」和「希伯來精神」的比
較中，基督教被歸入希伯來精神，並背負著昏暗、陰沉等所有相
關的陳詞濫調，與強化生命的希臘之光形成對照。在梅列日科夫
斯基†的小說《諸神之死》中，僧侶的黑影將帕台農神廟的白色大
理石染成了黑色。

許多學者，如《希臘化時期的文化：融合與傳播》(紐約，
1959) 的作者摩西・哈達斯 (Moses Hadas)，將這種對抗的嚴酷性
抽取出去。希臘的光芒並沒有在摩尼教式的對抗中被來自東方

---

*　　譯註：《新約聖經・加拉太書》3:28。
†　　譯註：德米特里・謝爾蓋耶維奇・梅列日科夫斯基 (Dmitry Sergeyevich
　　　Merezhkovsky, 1866–1941)，俄羅斯作家、哲學家。

的黑暗所掩蓋。相反，希臘式的融合，即色彩的交融（亞歷山大大帝的征服有力地推進了這種融合），創造了一種普遍文化，哈達斯以良好的歷史相對主義的方式，避免了將這種文化描述為沉淪；而希臘化時代給後世的歐洲留下了文化的架構。因此，在哈達斯的綜述中，這個時代得到了辯護，既著眼於價值（例如，據說它至少構想對所有人潛在的平等的承認，並由此構想全人類形成單一社會的觀念），又著眼於歷史的連續性——它的價值在時間的長河中流傳了下來。哈達斯從肯定的角度看待它，認為它造就了我們所認識的歐洲，而不是從否定的角度來看，認為它破壞了古典的理想。

　　伊索克拉底（Isocrates）的出現，是作為希臘精神從希臘中心向外擴散的偉大代言人，而柏拉圖的出現，是作為在希臘精神的擴散區域最有影響力、對於希臘精神融合的奠基發揮最大影響的思想家。但只有伊索克拉底，而不是柏拉圖，從教育而不是種族的角度來定義希臘性。柏拉圖的種族偏見很明顯，他宣稱，希臘城邦之間的紛爭，實際上是內戰，應該避免或人道地進行，而希臘與蠻族的紛爭則是真正的戰爭，應該無情地進行。柏拉圖和17世紀反滿的中國學者王夫之在這個問題上的觀點有驚人的一致性，王夫之也正是這樣，將文明和野蠻的標準與內戰和「真正的」戰爭聯繫起來。但王夫之相對晦澀和反常，而伊索克拉底的文化觀點則絕大部分具有儒家文明的特徵。這一點在此有其重要意義，因為它對哈達斯筆下伊索克拉底的解釋提出了一個問題，這種解釋不僅涉及希臘化的傳播，而且涉及融合。「如果蠻族人可

以享有(即，在文化上的)希臘人之名，那麼他們自己的文化成就也值得讚賞。」那麼，接下來的結論呢？在另一個世界——儒家的世界裏，人種上的蠻族可以成為文化上的中國人，但這絕不意味著「蠻族的文化成就值得讚賞」，這跟希臘人採取的互惠方式完全不同。

看起來恰恰是柏拉圖式的理型論在希臘精神的融合之中含蓄地表述了外來的宗教觀念。如果存在是**本體**，普遍隱身於特殊之下，何必要抵制特殊呢？這裏的宙斯就是那裏的耶和華。反希臘精神的馬卡比們(Maccabees)可能會為他們民族的個別性而鬥爭，但他們的哈斯蒙尼王朝的後裔卻是希臘化派。事實上，正是猶太人與希臘精神的相遇，對後者的品質構成了最為複雜的考驗，對猶太教而言，同樣如此。哈達斯對希臘化時代的出色的討論，既完全是關於猶太人的，也完全是關於希臘人的。

事實上，在這部著作中可以讀出一種反常的猶太辯解。我完全不是要暗示什麼特別的指責，質疑哈達斯的同情心的廣度，也不是要將他等同於希臘化猶太人的辯護士(他在書中對他們作了非常好的詮釋)。比如說，有人將摩西說成是俄耳甫斯(Orpheus)的老師(摩西＝繆斯＊)，哈達斯跟他們之間就有天壤之別。然而，在哈達斯所賦予的語境中，猶太歷史的意義中有一些希臘化

＊　譯註：這裏指的是亞歷山大的阿爾塔帕努斯(Artapanus of Alexandria)的說法。這位生活於公元前3世紀或2世紀的歷史記錄者在他的《猶太人》(*Concerning the Jews*)一書中將摩西說成是多位埃及和希臘的神靈，其中包括繆斯。

的東西。說希臘化，是在這個意義上：雖然「希臘化」作為一個 187
術語涉及一個特定的歷史民族 —— 希臘人 ——「希臘化」卻是跨
國的、普遍的，不需要希臘人來體現。但猶太教卻需要猶太人，
這種特殊性的要求讓無論古今的普遍主義者，無論是帕斯捷爾納
克*還是哈德良皇帝†都感到氣憤。哈達斯注意到了這一要求，
因為他將普魯塔克與《塔木德》賢哲約哈南‧本‧扎卡伊並列。
他認為，對於這兩個人來說，在主權喪失時，都是把某種生活方
式變成了崇拜，要求他人忠誠並且接受‡ —— 但是，「最大的區
別在於，普魯塔克只是隱喻性的崇拜，而約哈南則是事實上的崇
拜」。也就是說，猶太人獲得了作為一個共同體的連續性；而希
臘人則憑藉他們的知識遺產而延續，為繼承希臘並超越希臘的文
明提供信息。

---

* 　譯註：鮑里斯‧列昂尼多維奇‧帕斯捷爾納克（Boris Pasternak，1890–
　　 1960），俄羅斯著名作家，諾貝爾文學獎獲得者。他是猶太人，但卻傾向於
　　 基督教；譴責反猶主義，但認為解決的辦法在於猶太人放棄其身分認同。
　　 獲獎之後，他在其名著《日瓦戈醫生》（Doctor Zhivago）中所表現的這種「反
　　 猶太生存」的傾向引起了猶太知識圈的廣泛討論，列文森顯然受到了這些
　　 討論的影響。

† 　譯註：哈德良（Hadrian），羅馬皇帝（117–138年在位），猶太人巴爾‧科
　　 赫巴大（Bar Kokhba）起義的鎮壓者。戰後嚴禁猶太教信仰，迫害並殺害
　　 猶太教徒，試圖徹底消滅猶太社群。

‡ 　譯註：普魯塔克（Plutarch）是希臘人，卻在羅馬創立了其輝煌的歷史文
　　 學業績。約哈南‧本‧扎卡伊（Yohanan ben Zakkai）原本是猶太王國的臣
　　 民，卻在第一次猶太羅馬戰爭中投降於羅馬帝國，在羅馬人的庇護下創
　　 立了拉比猶太教，使猶太教傳統得以延續。

　　然而，雖然哈達斯牢牢記住了這種區別，雖然他適當地記錄了建立規範化猶太教的拉比們嚴格地剝離了斐洛*（「不是柏拉圖被斐洛化，就是斐洛被柏拉圖化」），但他的書表明，猶太人的歷史免遭流於無意義，是因其對羅馬傳給歐洲的主流政治理論（從《以賽亞書》到《西比拉神諭》、維吉爾〔Vergil〕，以及羅馬帝國意識形態）、基本的基督教（從《七十子譯本》到《偽經》）和經院神學（從《聖經》到阿巴馬的波希多尼〔Posidonius〕，再到塞內卡〔Seneca〕，最終到阿奎納〔Aquinas〕）等虛無飄渺的思想影響。就像希臘人可以成為希臘化的人，並通過被囊括在普遍的歷史中而把希臘人的歷史拋在腦後一樣，猶太人也可以被囊括在希臘化的人、基督徒、歐洲人中，並通過甩掉物質的軀體而宣告精神或靈魂的勝利。

　　然而，猶太人與希臘精神最終分道揚鑣，孤注一擲地支持《塔木德》律法、反對《偽經》，是對希臘精神中典型的物質—精神二分法的精心策劃的拒絕，這種二分法通過傷害 —— 或者放棄 —— 肉體的方式而獲得靈魂的快樂。哈達斯認為，猶太人心甘情願地服從律法是他們在失去領土和主權後生存的手段。但是，對那些依據希臘化或者基督教的標準而貶低民族生存這一目的的人，不能用這種方式為律法正名/辯護，即視之為某種手

---

*　　譯註：斐洛（Philo Judeaus）是公元前1世紀生活於亞歷山大城的猶太哲學家，其學說主要是設法融合猶太與希臘傳統，並將猶太教哲學化，其路徑與後來的拉比猶太教迥異。

段。需要看到的是，猶太人的生存意志是一種宗教意志，是對
《聖經》中「選擇生命」的誡命的重申，是對歷史的接受和由此而
產生的行動承諾，從而是對柏拉圖式和新柏拉圖式漠視歷史，以
及對反律法論（因為是反歷史主義）的保羅式超凡脫俗的拒絕＊。
無論在拉比猶太教中可以找到什麼希臘化的、後《聖經》式的元
素，它仍然將「世界、宇宙」和「永恒」保持在希伯來語「olam」
（世界）一詞中，而不是在希臘化的裂變中被分租。留在世界中
並繼續一段歷史的決定，不僅是抵抗希臘精神溶劑的社會學行
為，而且是對後者意義的思想上的否定。而且這種否定是隱含
在行為中的。或者說，思想要求思想者的存續，這種對普遍主
義的審判是如此縹緲，以至於身體、生命、物質世界——所
有觀點的特殊性和對事實的千年至福主義的探索——都被歸於
虛無，並在最深的意義上沒有被觸及。當尼采宣告特殊性的生
命力時，他是正確的（也許弔詭的是，尼采在這裏表現出**猶太
性**）：「對閹人來說，一個女人和另一個女人是一樣的，只是個
女人而已，『自在的女人』，永遠無法接近的女人。」如果說饋贈
者必須在肉體上消失，那麼這種思想上的饋贈（從猶太教經希
臘化到「猶太—基督教傳統」）則已經面目全非，遮蔽了原來的
名字。

＊　譯註：使徒保羅（Saint Paul）是有比較明確的反律法言論（例如，《羅馬書》
　　3:20、《哥林多後書》3:6等等），被猶太人看作是基督教反律法的一個主
　　要代表人物。

猶太教與「猶太─基督教」

「猶太─基督教」這個形容詞是跨信仰關係領域的硬幣，一體兩面。它戴著一個促進和平的光環，讓許多猶太人接受了這一組合。它不是蔑視猶太人的價值觀，而是似乎承諾給予尊重，貌似一張進入西方文化的門票。不幸的是，這是一張兒童票，而不是成人票；這些帶有條件限定資格否定了猶太教的真實性。

不知何故，基督教的成分似乎同化了任何人所需要的所有猶太教，所以單純的猶太教就成了多餘的。猶太人的身分被淡化了，所以猶太教的存續似乎也就無關緊要了。為什麼不放鬆快樂地鬆口氣，然後加入這偉大的連鎖體系呢？但猶太人存續的意義，猶太生活的意義，就是要為生命作證──「為生命！」(*l'hayyim*)，是猶太人的祝酒詞──而《希伯來聖經》，而不是希臘文《聖經》(儘管有其復活理念)，才是生命的見證。每當猶太人沾沾自喜地用手劃過這個組合詞作出呼應，說基督徒也尊崇《舊約》時，他們就會接受自己是被超越的 (也是被淘汰的：也就是湯因比所說的「化石」*) 現實。「舊約」之稱預表「新約」──包括天堂在內的一切以一種虛假的連續性持續上升。但被基督徒奪去跟「新」約黏在一起的《舊約》是一本與《希伯來聖經》迥異的書，它

---

* 譯註：湯因比在《歷史研究》(*A Study of History*) 中將猶太文明說成是雖生猶死的「化石」，在猶太知識界引發軒然大波，並直接導致了1961年湯因比與赫爾佐克 (Yaacov Herzog) 的大辯論。

喪失了其獨立時的輝煌（並不僅僅是因為從希伯來語翻譯成希臘

語時出現的缺陷）。猶太人應該知道「獨一」的價值。在所有的人 189

群中，猶太人更應該明白不把肉與牛奶和水混在一起的道理*。

　　幾個世紀以來，猶太辯護者們已經改變了他們的語氣。對於

規範的基督教來說，馬吉安主義（認為《新約》和《舊約》分別代表

善和惡）是異端。因此，中世紀官方正統的基督徒強調在信仰方

面，《舊約》流向《新約》。猶太會堂是一個破碎的形象（參見斯特

拉斯堡大教堂的著名雕像†），但猶太人的《聖經》並沒有斷裂。

事實上，猶太教會堂本來就該是破碎的，因為正是它自身進行了

突破。在基督教主持下召開的所有基督教和猶太教的爭論中，其

偉大的成套主題都是連續性的主題。基督徒聲稱要從猶太經文本

身證明基督教作為頂點終將到來。是猶太人在堅持那些徹底不連

續性的論點。歡迎基督徒加入他們的《新約》，但他們應該看到

那是什麼 —— 那是徹底的重新出發。

---

* 　譯註：拉比猶太教的「可食」律法禁止將肉類與奶製品混合食用，但並不
　　禁止用水，此處「和水」應該是列文森的失誤。由於《新約》取消了《舊約》
　　規定的食物禁忌，基督教不再遵從食物方面的猶太律法，列文森以此證
　　明《舊約》獨立存在的價值。

† 　譯註：中世紀天主教堂中通常有代表基督教堂和猶太教會堂的兩尊女性
　　塑像（Ecclesia and Synagoga），其中猶太教會堂通常被塑造為一個迷失或
　　者沮喪的女性，手持斷裂的長矛或者即將脫落的猶太經卷。法國斯特拉
　　斯堡主座大教堂的這兩尊雕像尤其著名。

在現代，當許多自由主義者開始被基督教正統觀念所吸引時，爭論的措詞就發生了變化。自由派基督徒傾向於將他們的《新約》轉化為一份教化性的文件，而不是超越性的見證。福音書是崇高的，但不是神聖的，除非是在隱喻的意義上。然而《舊約》中有那麼多不崇高的內容。那麼多頁的打擊、曾打擊、遭打擊：在多少自由的佈道壇上，亞瑪力人被拋棄，可憐的以色列人跟他們的部落神耶和華一起被撕碎了！猶太人奮起直追（在某種程度上），努力彌補漏洞。他們的《聖經》（好吧，也許不包括《士師記》）也是有教益的，而猶太教的《密得拉釋》，即猶太人對《聖經》教義的延伸解釋，也有著基督徒所宣稱其延伸教義所有的一切甜美的內容。如果基督徒停止自詡站在更高的層面上，並認識到拉比們在精神的廣度上能與使徒和教父們相匹配，我們就可以一起成為猶太—基督教。

這一切都很好。沒有一個自由派基督徒會說出「殺基督者」這樣粗俗的稱呼（《約翰福音》的部分內容可能和《士師記》一樣令人尷尬）。「殺亞瑪力人者」的稱呼可能更合適一些，但即使是這一點也可以被歷史化為種族的童年。希列*可能會被接納為這個俱樂部的成員。但他必須得到贊助、庇護。「這個希伯來人會變成基督徒，會變得很善良。」達爾文主義、進步的進化論既能

---

*　　譯註：指希列長老（Hillel），公元1世紀左右猶太教希列學派的領袖，其學說奠定了後來拉比猶太教律法的基礎。

塑造也能動搖宗教信念。基督教真的是在一個更高的層面上。猶太人，即使還是猶太人，也可以得到幫助而爬上來；因為自由神學通常與精神的自由性有某種心理聯繫。但猶太教，歸根結底，是前基督教和亞基督教的，是化石了的，是固定不變的。它比基督教更低級，確實是一個不同的、死了的宗教物種，而不僅僅是（猶太人不承認的）為使徒們的到來做準備的原始基督教。

　　本質上在基督教中發生且得到猶太人呼應的事情，都是一些難以言表的平庸的東西。這是放逐啟示（一個客觀的上帝對主體說話）被自我陶醉所取代（我們為自己創造一個如此美好的上帝理念，難道不是很**美好**嗎？），其中的美好之一是：一個慈愛的上帝明顯地比公正（甚至不公正）報應的上帝更具精神感召力。這種感情上的分離，與尼采所認為的《新約》的溫和性有很大關係。相比之下，《舊約》的力量、生命，部分在於它的張力，在於它的正義**與**慈悲的緊張關聯。存在正義的標準程序，也許會因慈悲而被置於一旁，如果不是這樣，慈悲如何存在？正如贖罪日的頌詞所言：「如果受到完美正義的審判，誰又能夠面對？」《約拿書》，即贖罪日讀經的第二篇，也是最後一篇《先知書》的分章，講述了一個典型的故事。對尼尼微的正義將是它的毀滅；但約拿（Jonah）（公正地）擔心，懺悔（t'shuvah）會成為「轉折點」，引發神的慈悲，並使約拿的正義預言流產。必須公正才能慈悲的神責備了約拿。猶太人在選擇這一篇作為猶太年的核心讀經分章時，接受了責備的原則──並否認基督教對猶太人的任何責備有正義性，這種責備宣稱猶太人只知道公正──好像慈悲是公正的對

立面而不是關聯方。慈悲之所以存在，是因為人是可以改變的，他的命運也可以改變。在一個有上帝的地方，命運並非女神，人的命運並不是被無可奈何地決定了的。這就是為什麼希伯來先知們熱衷於勸勉，而不是宣講決定論。先知們（至少是《聖經》中的先知）是道德家，而不是占卜師——這就是為什麼《新約》的分離者們致力於一種奇思異想的註釋，使「《舊約》預言」似乎從字面上得以「實現」，在猶太人看來，他們是文字上的分離者，而不是精神上的。約拿對尼尼微的預言沒有實現。一個真正全能的上帝是不會被文字所束縛的，所以歷史也不會被文字的註釋所束縛，人（「依照上帝的形象而被造」）也是一樣。一個可以打破和重塑似乎束縛他的條件的創造者，不會被所謂預言的命運所束縛。預言，在《希伯來聖經》中，並不是那麼機械化的。

191

也許有人會說，《新約》有這樣的關聯性：（失樂園的）正義使慈悲成為可能（通過贖罪）。但這確實是律法主義，是對快樂和痛苦的抽象權衡。神似乎是有限的，就像羅馬式的官僚。他提供了一個救贖的渠道，然後必須親身通過這個渠道，因為他只能通過十字架這一機械和器具來救贖。基督教的三一神論似乎於此對一神論提出了質疑，不僅僅是在字面意義上三就是簡單的三，而不是三合為一或一分為三那樣著名的神聖奧秘。對一神論的關鍵損害在於暗示上帝的力量、靈活性受到了抨擊。一旦上帝設立了恩典的寶庫（通過代受者完全不應受的苦難而充滿了足夠所有人永遠使用的恩典），所有應受神罰之苦的人都可以從寶庫中提取恩典來還債。神聖的賬簿是收支平衡的，因為十字架上的刑罰為

人類罪惡的無限積累提供了無限的補償。人可以動用這個寶庫，但必須動用才能得救。這就是救贖的律法，人的律法義務就是必須償還，如果不是用耶穌的血的話，那就是用自己的軀體。對基督徒而不是對猶太人來說，這律法似乎真的是一個枷鎖，沒有人可以扔掉。沒有人可以，也沒有神可以 —— 不僅是人，神也一樣。因為當人要用一個具體的錢幣來償付神的時候，不管是用信仰來支付，還是用沒有信仰的個人命運來支付，神都不能自由地拯救。神一旦將其設立，即使是上帝自己也不能干涉抽象的律法收支平衡。他遠不是唯一的主，不是正義和慈悲的無限制的執行者，他似乎因為有了**這樣**的一本聖書，就成了一個無可奈何的、非人格化的記賬人。

當保羅將他對人類第一次不順從的獨特解釋留給基督教時，他便將上帝置於了這種境地。智慧果是罪惡，其後果是詛咒。出路是將債務轉移到基督公司，在那裏有足夠的賬面餘額來支付。就《希伯來聖經》而言，這不是《聖經》的信仰，這種對《創世記》的解讀是基督教的，而不是「猶太—基督教」的。

因為對猶太人來說，根據《聖經》的保證，吃知識樹的果子並不意味著被打落地獄，而只是意味著被驅逐出伊甸園。也就是說，人變成了人，處於他實際的、歷史的、人類的處境中 ——疼痛、苦難、滿頭大汗。「知識」意味著個體化、有分別心，意味著伊甸園連續體中自我和客體的斷裂，意識到生命，也就是意識到激情（痛苦），以及時間流逝和死亡。人的致命缺陷對保羅來說成了詛咒的基礎。但對猶太人來說，對掃羅（Saul）而不是保羅來

192

説，它卻成了慈悲的理由，因為人不必超乎人之上，因此他的本
性一定是有缺陷的，這一點神知曉，而且原諒。「(在諾亞和洪
水之後)，我不再**因**人(人從小時心裏懷著惡念)的緣故而使世界
滅亡」*，因此，人並不是因為他的本質而遭到判決，擁有這種本
質，在伊甸園之外的世界裏做人，是其自身所遭受的判決，也是
因其本質而受到的唯一判決(判為生命，而非判入地獄)。而且這
一判決並非罪有應得，因為在生命中，在歷史中，人是可以被救
贖的。人被(善惡)知識樹的果實拋入生命之中、人可以通過(隱
喻的)生命之樹的途徑找到從短暫到永恒的回歸之路，那是來自
西奈山之啟示與燃燒的灌木叢的生命樹，「因我所給你們的，是
好教訓。不可離棄我的法則。他與持守他的作生命樹⋯⋯他的
道是安樂，他的路全是平安。」†如果説善惡知識使人在生命中，
在歷史中成其所是之人，那麼，創造歷史，行動，聽從誡命(而
不是贊同主張)便可以使生命為善而非為惡，以此救贖生命，保
全生命。生命的條件和**選擇**的條件並非咒詛，因為選擇的力量可
以打破那種伊甸園之後的歷史中生命自身因無法戰勝的咒詛而墮
落的觀念。在生命中作出良好選擇無異於選擇生命自身。「所以
你要揀選生命。」‡這是良善而充分的選擇。它沒有被那種生命無

---

* 　　譯註：《創世記》8:21。中譯本此句翻譯有誤，此處係按照列文森的意思
　　依據希伯來文翻譯。

† 　　譯註：分別引自《箴言》4:2、3:18、3:17。

‡ 　　譯註：《申命記》30:19。

法觸及的罪孽損害，也並非只有他者(他者的生命)對完美道路和代受傷痛的選擇才能補償這種罪孽。

猶太人的推論是：人在實質上不能與神認同，但在(有限的)行動上可以模仿神。基督教的推論是：儘管有著基督教文獻所提供的關於「以主為師」的各類變種，但模仿基督不僅最終是不可能的，而且是不可取的。基督如其所是，無罪，並不是真的要激勵人達到同樣的條件，而是為了彌補這種激勵的不可能性。他不能除去人的原罪，他只能為人的原罪付出代價。因此，基督教強調的是共融、同化、本質上的一體性——而不是行動。對猶太教來說，人可以(也必須)仍然是人，而不是逃向神的接納(由神收納？)，在接納的信念中，人如果只是人，是註定要失敗的。

所以猶太人毫不含糊地用「為生命」來祝酒。一個堅強的猶太教是不會給絕望讓路的，它否證著基督教那個致命的矛盾——一方面是否定生命的假設(反律法的彌賽亞主義)，另一方面又無法建立一致性的機構(或者教義)，導致各種地方性的問題終將導向對末世論的瘋狂。

193

譯者說明

　　《列文森：莫扎特式的史學家》一書的翻譯由曾小順、張平共同完成。其中，書末的列文森遺作〈猶太身分的選擇〉一文由張平譯出，其餘章節由曾小順完成。翻譯和譯文的修訂過程中，文集主編董玥教授、香港中文大學出版社陳甜編輯、胡召洋編輯給予了譯者極大的支持和寶貴的意見，深表感謝。

在21世紀閱讀列文森：
跨時空的對話

葉文心 (Wen-Hsin Yeh)　　歐立德 (Mark C. Elliott)

董玥 (Madeleine Y. Dong)　　黃樂嫣 (Gloria Davies)

齊慕實 (Timothy Cheek)　　白傑明 (Geremie R. Barmé)

在現代美國學界，列文森是中國研究領域開創時期關鍵性的學者。他為西方學者提供了綜合性的思想框架，幫助他們理解中國從傳統王朝到社會主義國家的歷史轉變過程。通過對中國思想家的細緻研讀，列文森為解讀中國從鴉片戰爭到中華人民共和國建立以及此後20年的歷史過程提供了一個有力的論述。許多近現代中國史中開創性的概念——天下與國家、世界主義與民族主義、政治與文化、傳統與現代性、科學與儒學、經典主義與歷史主義——都是列文森在1953至1969年之間逐一首先提出的。因此，列文森的著作名副其實當屬西方漢學經典之列。

一個以各種不同形式存在了兩千年的社會政治秩序究竟如何崩潰，它崩潰之後如何帶來諸多反覆迴響，這個歷史過程包含了許多重大的層面與問題，列文森對這些問題作出了徹底而深刻的分析。其中最值得關注的，或許就是中國在轉化為現代國家的同時，如何繼續維繫某種所謂具有「中國性」的特質。這種斷裂與傳承之間的張力，可以說是近現代世界的普遍現象，日本、俄

國、土耳其、印度等國家在近代史上都有過類似的經歷。然而對中國而言，現代性的困境又似乎特別棘手，這個困境激發了幾次主要的途徑探索，最終在中國共產黨勝利建國所提出的未來圖景中，似乎得到解決。這個解決之道，究竟如何形成，是不是歷史發展的必然結果，可以說是西方漢學家和社會科學家從1950年代開始爭論不休的課題。基於對歐洲歷史文化的深厚學養，列文森以自己獨特的論辯方法闡發出一系列針對這些難題的精彩分析，並開創了新的思路。他的思想和論辯方式，對當時初具雛形的中國研究領域形成強而有力的衝擊。

　　要踏進列文森獨一無二的思想境界，對初次接觸列文森作品的讀者來說，需要先做一些準備。我們希望以這篇文字簡單為大家介紹這位20世紀西方中國史學的開山人物，回答中文讀者或許想問的一些問題。列文森究竟是誰？他在學術上作出了什麼貢獻？列文森的著作如何幫助我們展開立足於21世紀的古與今、中與西之間的對話？以下的簡介，大致包含五個部分的內容：(一) 列文森所生活的時代和他的個人背景；(二) 列文森的主要論著及思想；(三) 列文森的論辯風格；(四) 列文森的影響和他的局限；(五) 在21世紀閱讀列文森可以產生什麼樣的意義。

一、列文森的大時代

　　理解任何思想家，總需要首先瞭解他所處的歷史環境，才能弄清楚他為何會有話要說，而且為什麼是這個話題而不是那個。

我們要知道他從何而來，欲往何處去。用列文森的話來說，我們應當儘可能去理解一個「思想之人」(men thinking) 的整體存在。這一點對於理解列文森尤其重要，因為他所經歷的是巨變的年代：經濟危機、第二次世界大戰、中華人民共和國建立、冷戰、韓戰、麥卡錫主義、大躍進、越戰、文化大革命的發動，以及國際學生示威運動。全世界的地緣政治、國家政治體系、社會組織，以及信仰和文化無不經歷了根本的改變。這是人們必須對根本性的大問題作出認真回答的年代。作為一個思想者、知識分子、歷史學家，這些大事件不可能不在列文森身上留下深深的印記，他成為中國歷史研究者的路徑在很大程度上也是這個特別的歷史時期所塑造的。

列文森於 1920 年 6 月 10 日出生在波士頓的一個猶太人家庭，是家裏的獨子。他的父親是 Max Lionel Levenson (1888–1965)，母親是 Eva Rosabel Richmond (1892–1969)。他的祖父母 John 和 Fannie 在俄國出生，1875 年結婚以後決定移民到美國。John 在波士頓北邊的 Chelsea 鎮開了一家小商店。當時 Chelsea 是一個正在發展的工業中心，有著大量來自意大利和東歐的移民人口。1909 年 John 去世時，Chelsea 已經有一半的人口是猶太移民。Max 在這個社區長大，二十多歲的時候搬到了河對岸的波士頓市內，很快成為一位成功的律師。儘管列文森一家很好地融入了美國生活 (Max 是當地共濟會成員)，猶太文化仍然居於他們家庭生活的中心位置：列文森出生的 1920 年的人口普查顯示，列文森家庭使用的主要語言是意第緒語，這或許是因為列文森的外祖母出生在俄國，

這時跟他們住在一起。這片區域因為大量東歐移民的到來獲得了新的生氣，而他們在波士頓所居住的 Roxbury 區毗鄰的地方被稱為「猶太村」(Jewville)。我們可以肯定地說，小時候的列文森對這片區域的情景、聲音、味道都極為熟悉，這些都深刻保留在他記憶中。[1]

列文森一生的定型期，9歲到19歲 (1929–1939)，正值美國的經濟大蕭條。他在11歲時考進了離家很近的波士頓拉丁學校。該校建立於1635年，是美國乃至美洲第一所公立學校，入學考試的門檻和學術要求都非常高，以嚴格的古典學術傳統聞名，每個學生都必須修滿四年的拉丁文。從拉丁學校畢業後，列文森於1937年進入哈佛大學，1941年以極優等的榮譽畢業，獲得學士學位。

在哈佛的這四年中，列文森第一次接觸到東亞歷史。1928年，哈佛燕京學社建立，意在將東方研究（包括漢學）發展成一門現代的學術領域。「博學、語言能力、批評的標準」是當時哈佛漢學對學生的關鍵學術訓練。[2] 哈佛校長延請著名的法國漢學家伯希和 (Paul Pelliot) 來擔任哈佛燕京學社社長，最後由其弟子、

1　Marilynn S. Johnson, "Chelsea," Global Boston, accessed Apr. 28, 2023, https://globalboston.bc.edu/index.php/home/immigrant-places/chelsea/. Isaac M. Fein, *Boston—Where It All Began: An Historical Perspective of the Boston Jewish Community*, Boston: Boston Jewish Bicentennial Committee, 1976, p. 50.

2　John K. Fairbank, *Chinabound: A Fifty-Year Memoir*, New York: Harper & Row, 1982, p. 98.

俄裔日本學專家葉理綏 (Serge Elisséeff) 出任。同時，洪業 (洪煨蓮) 為學社奠定了書目文獻收藏的基礎。費正清於 1936 年成為哈佛歷史系的講師，次年 2 月登上講台。同年，賴世和 (Edwin Reischauer) 也加入了哈佛。[3] 列文森是最早受益於這些新發展的學生之一，也目睹了對於中國的不同研究方式的變化。費正清在查爾斯河畔的 Kirkland 宿舍 (哈佛的 12 所本科生宿舍之一) 當輔導員，列文森正是住在那裏，也是他課堂上的學生。列文森在本科修讀了歐洲歷史以及東亞歷史課，他寫的論文包括意大利史、日本史、美國史，以及宗教與資本主義的關係。1939 年的夏天，列文森去了當時在中國研究方面極負盛名的萊頓大學短期訪學。回到哈佛後，他完成了學士畢業論文〈查理十世的加冕禮〉 ("The Coronation of Charles X")。畢業後他用美國學術協會理事會 (American Council of Learned Societies) 提供的獎學金在康奈爾大學修了一個夏天的中文課，秋天又返回哈佛，成為歷史系的研究生。

列文森在第二次世界大戰的陰雲中進行了兩年的研究生院的學習，1941 年太平洋戰爭爆發，打斷了他的學習進程，但也使他與東亞有了更加直接和更有意義的接觸。日軍轟炸珍珠港 (1941 年 12 月 7 日) 後三個月，與美國很多青年人一樣，列文森入伍，開始了為時四年多的軍旅生活。他在美國西部的太平洋海軍日

---

3   Fairbank, *Chinabound*, pp. 145, 152.

語學校密集學習日語後，被派往太平洋島嶼、華盛頓特區以及日本。他主要是日語專業軍官，任務包括翻譯日文資料等，也與新西蘭軍隊和美國海軍一同參加了所羅門群島和菲律賓的戰役。[4] 戰爭結束後，1946 年 2 月列文森作為軍士長榮退，一個月後重返哈佛。當時哈佛大部分的中國歷史研究生跟列文森一樣，都參與了美軍在太平洋地區、中國、菲律賓，或對日佔領初期的行動；列文森之外還有幾位，比如史華慈（Benjamin Schwartz）、牟復禮（Frederick Mote）、馬里烏斯・詹遜（Marius Jansen）和羅茲・墨菲（Rhoads Murphey）。退伍後的列文森日文水平遠高於中文，因此他很看重日本的漢學傳統，這對其學術成長有重大的影響。1947 年獲得碩士學位後，列文森又用了兩年時間完成關於梁啟超的博士論文，於 1949 年 2 月獲得博士學位。畢業前一年，他被哈佛的研究員協會（Society of Fellows）接受為初級研究員（junior fellow）。這個難得的機會給了他三年的時間自由地做研究，與其他領域的學者頻繁來往無疑也有助於他思想的成熟。

完成了在哈佛的學習與研究後，列文森於 1951 年到加州大學伯克利分校歷史系任教，在此工作直到 1969 年去世。在這 18 年的時間裏，列文森所取得的成就為他贏得了伯克利的同事和中國研究領域的同仁無量的敬重。他於 1956 年成為副教授，1960 年晉升為正教授。1965 年，伯克利授予他 Sather 歷史講席教授的

4　Fairbank, *Chinabound*, pp. 145, 152.

榮譽。這是當時伯克利唯一一個非美國史的講席教授位置，競爭者主要是歐洲史的教授們。列文森能脫穎而出，成為 Sather 講席的第一位擁有者，足以證明他的獨特與傑出。二戰之後，歐美大多數學院把中國文化和歷史、語言的研究和教學編制在東亞系，是謂漢學。而列文森在伯克利不但得以擔任歷史學系的講座教授，而且在系裏把中國歷史推到與歐洲、美國歷史研究鼎足而三的地位。列文森使得歐洲史專家們關心中國，為中國歷史領域開拓一方天地，實屬難得。

如果我們回憶起列文森初到伯克利時校園的氛圍，他的成就便尤其令人矚目。當時麥卡錫主義在美國大學校園甚囂塵上，學術界中的政治化和意識形態的分歧非常激烈。加之美國社會裏相當普遍的反猶情緒，我們可以想像對於世界主義者、猶太人的列文森來說，應對這個挑戰有多麼艱難。彼得・諾維克 (Peter Novick) 在他《那高尚的夢想》(*That Noble Dream*) 一書中這樣寫道：

> 1949 年，阿爾明・拉帕波特 (Armin Rappaport) 在加州大學伯克利分校的任命之所以受到阻礙，恰恰是因為約翰・D・希克斯 (John D. Hicks) 擔心拉帕波特「或許有一些紐約猶太知識分子中常見的極左傾向」。直到希克斯獲得保證，證明他並不反對美國的外交政策，此項任命才得以通過。在這同一所大學，第二年，桑塔格 (Raymond Sontag，當時任歐洲外交史教授) 擔心列文森是個馬克思主義者，這一擔心不解除，他就無法同意伯克利接受列文森。費正清向伯克利提供了保證：「列文森對政治

的思考傾向於折衷。他的出發點是思想性的和美學性的，他並
不特別關心政治。」[5]

桑塔格「對行政影響很大而且用起他的影響力毫不猶豫」。他認
為「共產黨統治著中國，而費正清的觀點不無可疑之處。我們應
該等到塵埃落定」，[6] 意思是不要給列文森這一職位。為了幫自己
這個學生拿到教職，費正清竟需寫 30 封信。最後，在中國古代
史教授賓板橋 (Woodbridge Bingham) 的堅強支持下，列文森的教
職終於獲得通過。

　　反猶主義是列文森生活中的一個現實。列文森是最早到伯克
利執教的猶太人之一。在他之前，唯一一位在伯克利歷史系執
教過的猶太人教授是恩斯特‧康特洛維茨 (Ernst Kantorowicz)。
1950 年，加州大學校董會強制所有教授簽署一份忠誠聲明，讓他
們保證不參加任何進行抗議性活動的政治組織 —— 包括共產主
義組織。這位先前逃離了法西斯德國的著名學者拒絕簽署，以示

5　Peter Novick, *That Noble Dream: The "Objectivity Question" and the American Historical Profession*, Cambridge: Cambridge University Press, 1988, p. 330. 中譯參考彼得‧諾維克著，楊豫譯：《那高尚的夢想：「客觀性問題」與美國歷史學界》，北京：生活‧讀書‧新知三聯書店，2009，第 452 頁。詞句有改動。

6　Kenneth M. Stampp, "Historian of Slavery, the Civil War, and Reconstruction, University of California, Berkeley, 1946–1983," an oral history conducted in 1996 by Ann Lage, Regional Oral History Office, The Bancroft Library, University of California, Berkeley, 1998, https://oac.cdlib.org/view?query=Joseph+Levenson&docId=kt258001zq&chunk.id=d0e5499&toc.depth=1&toc.id=0&brand=oac4&x=0&y=0.

抗議，加州大學因而沒有續簽他的合約。儘管當時存在著或明或暗的反猶傾向，當列文森開始在伯克利工作以後，卻很快得到同事們的接受，包括桑塔格也「認識到這個人的卓越才華」。列文森「如此有魅力，才華洋溢，有他所在是如此愉悅，他又是如此正直的一個人」，「他在與人交往時充滿魅力但又非常謙遜。他身上沒有一絲的傲慢，雖然他有所有的理由可以這樣，因為他毫無疑問是系裏最有才華的人」。[7]

　　不理解猶太身分對於他意味著什麼，便不可能理解列文森。對於列文森公開強調自己的猶太身分這一點，他同時代中國研究領域裏的很多同事有些手足無措。或許出於善意，有些人認為應該把作為中國歷史學家的列文森和作為猶太人的列文森區分開來。[8] 在認為他的這兩個身分彼此交錯的人當中仍然有兩種不同的看法：有人認為他的個人身分妨礙了他的學術，因為這使得他不能以客觀的角度審視他的研究對象。另一些人則認為：作為一個猶太人，列文森尋求的現代的、世界主義的身分認同，對他的中國歷史研究有正面的影響。[9] 談到這點，或許值得注意的是，

7　　Ibid.

8　　Rosemary Levenson, "Notes on 'The Choice of Jewish Identity'," ed., Maurice Meisner and Rhoads Murphey, *The Mozartian Historian: Essays on the Works of Joseph R. Levenson*, Berkeley: University of California Press, 1976, p.177.

9　　關於列文森對猶太歷史的理解如何影響了他的中國史學觀，詳見Madeleine Yue Dong and Ping Zhang, "Joseph Levenson and the Possibility for a Dialogic History," *Journal of Modern Chinese History*, vol. 8, no. 1 (2014), pp. 1–24。

從身分認同這個角度來看，列文森與他的老師費正清背景迥異。
費氏的祖先早在17世紀已經從英國移民到馬州灣殖民區（Province
of Massachusetts Bay），他的祖父在美國內戰中當過軍官，而列文
森的祖輩在美國內戰結束後十年才從俄國移民來美國；雖然從哈
佛畢業，但列文森並不屬於美國東部的精英階層，而是典型的外
來人（outsider）。

　　列文森與費正清背景的不同意義深遠。對自己身分認同的思
考幫助列文森發展出他的史學方法論，這種方法論在他的著作中
一以貫之。列文森的學生魏斐德為他的遺著《革命與世界主義》
寫了一篇精闢的序言，在列文森對自己猶太身分的思考和他的中
國歷史研究之間的關係這個問題上作出敏銳、細緻而深刻的解
釋，既討論了這二者的交錯如何為列文森提供了獨特的、有效的
視角，也討論了其局限性。列文森自己是清楚這局限性的，並且
對其保持反思。他沒有把西方視角當作普世的，而是引入其他歷
史的角度去審視中國與西方的關係，比如猶太史、日本史或俄國
史。換言之，他對多個歷史進行比較觀察，而不是二選一。這使
得他對中國歷史的觀點迥異於50年代到60年代那些建構在「西方
衝擊與中國回應」模式上的歷史書寫。就像魏斐德常對伯克利歷
史系同事說的那樣，列文森不搞政治，他思想的興奮點不在於冷
戰政治的「誰丟失了中國」，他的同情也不在於「對中國進行衝擊」
的西方。列文森的思想探索與「區域研究」的視角和方法有著根
本的不同，遠遠超出甚至可以說在很大程度上有意識地挑戰了區
域研究的框架。此外，他也沒有盲目地借用當時盛行的西方社會

理論。他的觀點是以中國為中心的，但是並不導向中國特殊論，也在根本上不同於漢學傳統或區域研究方式。下面我們會回到這一點。

在伯克利，列文森主要教授近代和現代中國歷史課程以及培養研究生。他的學生這樣回憶列文森：他「是一個極為優秀而引人入勝的演講者 —— 思想豐富，有實質內容。內容組織得很好，闡釋透徹、清晰，簡潔明瞭。而且他謙虛、幽默」。他的課「在全校都極受推重」。[10] 列文森在伯克利建立了新的中國歷史研究生項目。魏斐德是列文森的最早的研究生之一，於1965年獲得博士學位，並於同年留在伯克利任教。他們有著明確的想法，有意識地要建立一個與哈佛不同的中國歷史項目。他們不是把美國的利益、視角和外交政策放在研究與教學的中心位置，而是強調更廣泛的教育和比較的方法；把中國歷史看作世界歷史的一部分，而同時又不對它的獨特個性視而不見。他們將注意力放在中國歷史中的社會、文化和思想的發展上。這個意圖很清楚地表現在列文森和舒扶瀾合著的《詮釋中國史》中，〈序言〉中的一段這樣解釋道：

> 在一套為西方學生設計的歷史課教程裏，中國應該意味著什麼？以前的觀點看上去似乎是這樣：關於中國的知識有價值恰

10　Jerome A. Cohen, "Preparing for China at Berkeley: 1960–63," accessed Apr. 28, 2023, https://ieas.berkeley.edu/sites/default/files/ccs_history_cohen.pdf.

好因為它明確居於學生主要關注的事物之外；這是異國風情的小刺激（exotic fillip）的價值。近來的看法看似更有道理，其重點轉移到了中國是世界事務中的一個重要區域──人們尋求這個區域的知識，因為它對於西方人的命運在政治上很重要。

這兩個觀點看上去差別很大。但是，它們都是唯我中心的觀點，二者都是以中國研究如何裝飾西方文化或如何能對西方的政治生存做出貢獻，來衡量這一領域的價值。中國歷史內在的思想旨趣通常被忽視。但是，中國，無論古代還是現代，都遠不止是異國風情，也遠不止是一個我們需要考慮的政治因素（雖然它確實是我們需要考慮的一個政治因素）；作為一個區域，它的歷史所提出的問題具有最廣泛的思想意義。如果我們真正言行一致，要去探知現代世界的所有面向，要在道德上和思想上認識到歐美歷史並非人類歷史的全部，那麼我們研究中國就應該是為了它的歷史所具有的普世意義，而不是僅僅因為它與我們這部分世界的需求有著政治上或文化上的相關性。

所以，我們抱著這樣的信念寫了這本書：中國歷史既非西方學生的知識花邊，也不僅僅是被現代世界不幸逐漸增加的複雜性強壓給我們的一個學術領域。相反，它真實地、有機地參與著現代知識的構成。中國的材料超越了區域的界限，屬真正普世的人類認知世界。[11]

他們的這個意圖也反映在列文森指導的博士論文中。這些論文關注的問題包括：中醫在20世紀的變化所反映出的科學、

11　Joseph R. Levenson and Franz Schurmann, *China: An Interpretive History, From the Beginning to the Fall of Han*, Berkeley: University of California Press, 1969, pp. vii-viii .

民族主義和文化變遷中的張力，[12] 晚清的幕府制度，[13]「中國」在馬克思、列寧和毛澤東的論述中所起到的作用，[14] 軍閥馮玉祥，[15] 國共統一戰線中的敵友問題，[16] 19世紀末中國南方的社會失序，[17] 菲律賓的華人。[18] 從這些論文的選題不難看出，它們並不是「衝擊—回應」或區域研究模式的產物，而是漢學向中國研究轉化中的嘗試。列文森用以下的例子解釋這二者的不同：

> 我不想把中國看作收藏家所收藏的靜物寫生，我把它看作一個在世界這塊畫布上作畫的行動中的畫家。這不僅僅是在漢學家長期關注上古以後給予現代中國它應得的關注。我在伯克利的同事，薛愛華（Edward Schafer）關於早期歷史主題的內容宏富的著作《撒馬爾罕的金桃：唐代舶來品研究》和《朱雀：唐代的南方意象》為我們做出了榜樣。下面這兩種思考方式有天壤之

12 Ralph Croizier, *Traditional Medicine in Modern China: Science, Nationalism, and the Tensions of Cultural Change*, Cambridge: Harvard University Press, 1968.

13 Kenneth Folsom, *Friends, Guests, and Colleagues: The Mu-fu System in the Late Ch'ing Period*, Berkeley: University of California Press, 1968.

14 Donald Lowe, *The Function of "China" in Marx, Lenin, and Mao*, Berkeley: University of California Press, 1966.

15 James Sheridan, *Chinese Warlord: The Career of Feng Yu-hsiang*, Stanford: Stanford University Press, 1966.

16 Lyman Van Slyke, *Enemies and Friends: The United Front in Chinese Communist History*, Stanford: Stanford University Press, 1967.

17 Frederic Wakeman, *Strangers at the Gate: Social Disorder in South China, 1839–1861*, Berkeley: University of California Press, 1966.

18 Edgar Wickberg, *The Chinese in Philippine Life, 1850–1898*, New Haven: Yale University Press, 1965.

別：把中國看作異國情調（一種把中國兼併進西方思想領域的
方式）和思考異國情調在中國的歷史（就像難以名狀的不安，是
一個普世的主題）。[19]

綜上所述，列文森是美國中國研究領域的奠基者之一。二戰
以前在美國並不存在一個研究現代中國的傳統，雖然一些研究中
國文化歷史等方面的學者已經開始在美國聚集。列文森的成就是
現代中國研究在西方之誕生過程的一部分，而這個領域的面貌和
圖譜今天仍然在被繪製著。

二、列文森的主要論著

上文已述及，列文森生活與工作的歷史環境是二戰後冷戰
期間的 1950 年代和 1960 年代。這是一個美蘇兩大陣營競爭孰是
孰非、都欲以自己的統治地位和冷戰政治建立一套歷史敘述的
意識形態時刻。1950 年代前期，在朝鮮戰爭的氛圍之下，美國
麥卡錫主義黑網密佈，動輒糾拿叛徒，處置間諜。猶太裔學者
常常被質疑是否絕對奉行自由主義右派所界定的愛國條款，或
因為信仰與忠誠問題而遭另眼相看。當時，美國每一個所謂「中
國通」，包括列文森在內，都想要理解中國革命到底發生了什

---

19   Joseph R. Levenson, "The Genesis of Confucian China and Its Modern Fate,"
     The Historian's Workshop: Original Essays by Sixteen Historian, ed. L. P. Curtis, Jr.,
     Berkeley: University of California Press, 1970, p. 279.

麼，世界如何到達這樣一個誰也沒有預料到的歷史轉折點：為什麼共產黨在國共1940年代的戰爭中得到勝利？美國人以為二戰以後國民黨會成功地統一全國，而現實卻與預期相差千里。是否因為蔣介石周圍的美國顧問當中有人出賣了國民黨、出賣了美國的戰略利益？或者用當時華盛頓的方式來說，「誰丟失了中國？」列文森的興趣不在於政治、意識形態或軍事方面，而是在較長時段的歷史過程上。他想要理解的是共產主義如何滿足了中國對歷史理論的思想要求，這個理論需要回答的關鍵問題是：中國如何能夠在一個嶄新的世界裏重新居於中心地位。在冷戰的高峰時刻，列文森能夠保持一種對於共產主義革命的中立姿態，進行相對客觀的分析，相當不易。他通過「非冷戰」的中國歷史書寫提供了第一個綜合的解釋，來理解共產主義如何成為統治中國的力量。他關注的重點限於思想史和政治史，而非社會史；他所提供的答案建立在對文獻的認真解讀之上，同時也受到日本漢學研究的影響（特別在他分析清代所謂獨裁政治的問題時，這個影響尤為明顯）。

列文森的核心著作是我們在本文中反思的基礎，下面逐一簡要介紹。

《梁啟超與近代中國思想》（1953年）

梁啟超（1873–1929）或許是晚清最著名的改革思想家。列文森所著的《梁啟超與近代中國思想》是一部在現代中國研究領域興起之初出版的開創性思想史。列文森對梁啟超思想的研究建立

在閱讀中文原文的基礎上，但他所做的不是傳統漢學式的對文本問題的關注，而是從解決當代問題的角度提出社會科學家和比較歷史學家更熟悉的問題，特別是現代中國以及中國的「現代思想」在鴉片戰爭後的幾十年裏是如何出現的。列文森認為梁啟超思考和寫作的主題是歷史與價值之間的張力。他所說的「歷史」是指人們在情感和心理上對塑造了他們的傳統（或者說過去）的忠誠，而「價值」是指人們在智識上所認可的思想。列文森通過審視梁啟超一生的三個階段來追溯他的思想。首先，梁啟超通過在中國哲學傳統中尋找西方思想的對等物來調和中國（歷史）和西方（價值）之間的衝突。第二，梁啟超從保存文化轉向保存民族，並認為必須借鑒其他時代和地區的成就。他通過打破以往對西方的單一概念來做到這一點。藉由將思想的起源定位於個人天才而不是文化發展，梁啟超可以使用這些思想而不暗示中國人不如西方人，因為這些思想只是由於偶然的機會而非必然的力量才產生和發展於中國之外。在梁啟超思想的第三階段，繼第一次世界大戰證明了西方的錯誤之後，他又回到了文化主義，認為中國精神文明優越於西方的物質主義。

列文森將梁啟超描述為一個思想沒有預先設限的人：「梁啟超的思想是他的牢籠，其中有必然的前後矛盾，也有諸多相互抵牾、他卻不得不認同的信念，不是出於邏輯連貫，而是出於個人

需要」。[20] 這確立了列文森在梁啟超的生活中看到的主要矛盾或
辯證法：

> 每個人都對歷史有情感上的忠誠，對價值有智識上的忠誠，並
> 且試圖要讓這些忠誠相互連貫一致。……一個感受到如此張力
> 的人必然會尋求緩解的途徑，梁氏試圖壓制歷史和價值之間的
> 衝突。他的方法是重新思考中國傳統，使得儒家思想——他
> 自己所處社會的產物，因而是他所傾向的——能夠包容他在西
> 方找到的價值。……即便在他承認很明顯是西方的成就時，也
> 在試圖保護中國免受失敗的責咎。[21]

這本書是列文森《儒家中國及其現代命運》三部曲的直接前身，
它描述的梁啟超的思想歷程是更大的思想轉變過程的一個縮影。
在這個過程中，科學和現代政治獨立於儒家思想之外而具有說服
力，這將儒家思想變成了傳統主義的實踐。他的三部曲從一個人
的思考轉向一個思想的世界：他所說的「儒家中國」。

《儒家中國及其現代命運》第一卷《思想延續性問題》(1958 年)

在第一卷中，列文森講述了一段思想史：中國文人及其20
世紀的後裔如何從儒家思想轉向現代思想。他將這種轉變描述為
人們從依戀自己所接受的傳統和熟悉的情感轉到通過個人經驗得

20　Joseph R. Levenson, *Liang Ch'i-ch'ao and the Mind of Modern China*, Cambridge: Harvard University Press, 1953, p. vii.

21　Ibid., pp. 1–2.

出公認的真理。二者的差別在於，前者賦予人們身分認同和自尊，後者則是在智識上 (intellectually) 令人信服；一個只是感情上的 (sentimental)，而另一個則具有內在的説服力。列文森沒有將此描述為一個中國特有的問題，而是認為這是所有人類社會都會不時面臨的挑戰。因此，他的發現不僅是對該卷和三部曲的主題 —— 現代中國的出現 —— 的解釋，也是對比較歷史或普遍的人類歷史的一大貢獻。

在列文森的敘述中，經驗主義 (empiricism) 是與清代文人業餘理想相抗衡的現代價值。他首先講到，通過漢學，清代產生了本土的經驗主義傾向，但它最終不是現代經驗主義，而是試圖用經驗的方法達到古代模式的標準。它所依賴的是一個假設：過往的時代擁有全部合理的社會形態。[22] 這種業餘理想不包括自然科學方法，這是科學在中國沒有得以發展的原因。[23] 他以明清文人畫為例，説明它是如何意味著一個人因為非專業而被認為有學養。鴉片戰爭後，當中國文人受到現代思想的衝擊時，他們的第一反應是在面對「外部」威脅時收緊隊伍，擱置「內部」意識形態的分歧。列文森在此提出了一個重要的觀點：作為價值檢驗的「新舊」問題繼續被提出，但這個問題已從作為世界的中國轉移到更大的、包括中國和西方的世界。列文森將通商口岸視為傳播西

22　Jesoph R. Levenson, *Confucian China and Its Modern Fate: A Trilogy*, Berkeley: University of California Press, 1968, vol. 1, p. 9.

23　Ibid., vol. 1, p. 13.

方價值觀的工具。他指出儒家精英中的一些人認識到西方技術的優越，而這種意識破壞了儒家內部的一種平衡。「本質」（體）和「形式」（用）的關鍵辯證法原本是一個有生命力的、多面的、內在於中國傳統的緊張關係，而此時面對強大的外來文化體系，它卻成為一個不再具有動力的、局限於內部的傳統。[24]

列文森認為，上述轉變的結果是張之洞提出的一種站不住腳的模式，即利用西方的「用」來應對歐洲和日本帝國主義的挑戰，而「體」則可以保持中國化。列文森認為這是不可能的。在他看來，這個思路的主要問題是要在「中國」和「西方」之間建立「體／用」區隔所涉及的思想挑戰，因為它將中國從「世界」轉變為「世界上的一個地方」，它在「特別的、中國獨有的」（specially Chinese）和「普遍有效的」（generally valid）之間製造了區別。這個過程對於像張之洞這樣提倡向西方學習的人和那些拒絕西方影響的人來說都是一樣的，比如倭仁認為西方的一切都是中國人早已經歷過且決定放棄的。[25] 有些人甚至試圖說科學是中國人以前發現的。康有為也有類似的思想，聲稱儒家思想已經擁有西方的民主價值觀。[26] 列文森看到的主要問題是：「主張現代化的老一輩只是感到中國虛弱，而且這種虛弱只不過是相對於邪惡的西方勢力而言。但是，一旦他們將『自強』也作為中國的理想之一──據稱它對

24　Ibid., vol. 1, pp. 50–53.

25　Ibid., vol. 1, p. 70.

26　Ibid., vol. 1, pp. 76–77.

中國之『體』無害，所以可以被認為是『中國的』——那麼如果這個『體』抑制了被設計來保護它的改革方案，『體』本身也會招致批評。」[27] 其相應的結果是中國社會失去了儒家所強調的「文化主義」，變成「民族主義」，從而將儒家降低為一個更大的世界中的特定部分。而這只有在儒家思想已經枯竭時才會發生。

列文森認為這是最主要的轉變：文人與儒家傳統的疏離。但在此之後，思想家們需要瞭解自己與中國的關係，因此需要作出選擇，或是 (一) 完全放棄中國的特殊性，或是 (二) 在普遍主義中為中國找到一席之地，通過添加中國文化讓西方部分地中國化。蔡元培嘗試了後一種途徑，但列文森認為這裏面有一個問題：「中國的西方化正在成為事實；歐洲的『漢化』卻毫無可能。」[28] 共產主義為這個兩難提供了一個解答：中國可以成為普遍文明的一部分，但又不喪失尊嚴。「共產主義的中國，似乎可以與俄國一起，成為引領世界的先鋒，而非跟在西方後面亦步亦趨。」[29]

《儒家中國及其現代命運》第二卷《君主制衰亡問題》(1964 年)

在第二卷中，列文森提供了一部制度史來深化第一卷中的思想史。他討論了對君主的效忠的轉變，認為在儒家與君主的關係中存在一種對抗性的緊張關係；只有在受到國家解體的威

27　Ibid., vol. 1, p. 80.

28　Ibid., vol. 1, p. 112.

29　Ibid., vol. 1, p. 134.

脅時，儒家文人才會支持君主，但這種不加批判的忠誠摧毀了儒家的生命力。他認為，太平天國創造了召喚某種強調同一性的「中國」思想的特殊時刻，這種思想將會消除儒家思想中鬥爭性的生命力。他看到了官僚制（文）與君主制（武）之間的對立關係，而儒家之所以成為儒家，正是依賴於這種動態的對立。他用 1916 年袁世凱復辟帝制來說明君主制在民國時期是如何以及為什麼變成一場鬧劇。至此，復辟運動蛻化成只是「傳統主義的」（traditionalistic），因為雖然它違背了 1912 年建立的共和制度，但並不具備清朝時儒家的真正本質。[30] 列文森認為：「這句話中非傳統的地方在於將中國人的『尊君』等同於單純思想上的『崇古』。這有別於君主制仍然活生生存在的時代，那時候皇帝或其中央集權的代理人，往往與官僚士大夫的保守主義相對抗。」[31]

這就是傳統主義的相對主義：儒家思想已經從普遍性的（universal）轉變為地方性的（particular）：「作為『體』，儒學是文明的本質，是絕對的。而作為『國體』或其他與之意思相近的詞，儒學是中華文明的本質，歷史相對主義的世界中一個價值的複合體（而非絕對價值）。」[32] 他總結道：「儒家與君主之間有種既相互吸引又相互拒斥的曖昧關係，中國的國家衰落部分是因為失去

---

30   Ibid., vol. 2, p. 5.

31   Ibid., vol. 2, p. 10.

32   Ibid., vol. 2, p. 14.

這種曖昧關係。」[33] 這種「曖昧關係」曾經使得中國歷史充滿了活力，列文森對其制度層面的歷史表現做了一些描述。儒家需要中央國家來維持秩序並維護他們的土地和權力、地位，但也被它的強權所挫敗；國家需要他們摧毀貴族，但也憎惡他們的道德干預。[34] 列文森認為異族統治者的「異」，同漢族君主與儒家的關係的疏離相比，只是程度的差異：「外來的征服民族及其首領也許內心完全無法在文化上理解和同情文人的理想。不過，在某種程度上，漢人王朝也都是如此。」[35] 對於列文森來說，儒家思想傾向於「內聖」，而統治者則推崇「外王」。[36] 其間的張力在列文森看來是儒家中國之生命力的關鍵。

列文森認為，太平天國因為完全拒絕儒家傳統而打破了儒家—君權的相互吸引—排斥的張力關係。其他叛亂，無論是通過道教還是佛教，都沒有從根本上用天命來挑戰帝制秩序，而太平天國則對「天」有著不同的概念。[37] 此外，太平天國的威脅代表著西方因素已經浸入中國思想，因為「太平天國人必須在國內受到鎮壓，這意味著在國際上西方國家不再是蠻夷」。[38] 太平天國的另一個後果是「面對共同的敵人，儒家和君主關係還在，卻失去了相互

---

33   Ibid., vol. 2, p. 26.

34   Ibid., vol. 2, p. 28.

35   Ibid., vol. 2, p. 32.

36   Ibid., vol. 2, p. 52.

37   Ibid., vol. 2, p. 85–88.

38   Ibid., vol. 2, p. 110.

之間的張力；對二者共同的攻擊將其利益融為一體，並因而改變
了它們的特性」。[39] 也就是說，在外來思想的威脅下，太平天國的
敵人們創造了「中國人」這個範疇，使激發了儒家思想的那種張力
被打破，導致其活力的衰減和其本應有的與君主制對抗的位置的
喪失：「當作為整體的儒家成為『內』和『體』，也即『西學』應該補
充的『中學』，舊的『內─外』張力就在儒家內部消失了。」[40] 因此，
共和時代是一個真正的斷裂點，而不僅僅是王朝鬥爭的最後階
段：「從革命向派系政治的迅速墮落使共和似乎毫無意義。但是對
意義的期待儘管落空了，卻仍提供了意義。」[41] 儘管共和作為一種
政治體制的實踐在 20 世紀初未獲成功，但它作為一個理念或理想
卻深刻地植入了人們的思維，並保持了長久的影響力，直至今天。

《儒家中國及其現代命運》第三卷《歷史意義問題》(1965 年)

列文森在這一卷中轉向了這段歷史的意義問題，重點討論歷
史意識的作用。他的目標是釐清儒家思想與當時 (1960 年代) 的
共產主義中國的關係。有些學者認為儒家和共產主義具有相似之
處，即存在一種中國本質 (費正清稱之為「專制傳統」)，而共產
主義中國延續了這種本質。但列文森強烈反對這種觀點。他認
為，現代性及其帶來的嶄新歷史思維方式從根本上改變了中國。

39　Ibid., vol. 2, p. 110.

40　Ibid., vol. 2, p. 114.

41　Ibid., vol. 2, p. 125.

　　他首先描述了這一過程的開始：康有為和廖平在 19 與 20 世紀之交將儒學從「典範」變為「預言」，這是對儒學的根本改變。康有為將孔子變成了革命者。[42] 另一方面，廖平則認為孔子在《公羊傳》中以寓言的方式預言了現在。[43] 但是在列文森看來，兩人都已經退讓給了西方的將歷史理解為「過程」的思想，這是一種與「真正的」儒家思想中作為永恒典範的歷史完全不同的歷史意識。[44] 列文森隨後用井田制來描述從「典範」到「過程」的轉變。這是關於井田或經典是否是歷史的爭論，也可以說是將經典歷史化的開始。在此之前，沒有儒家否認井田制在某個時候曾經存在過；他們爭論的是這個制度是否可行。[45] 然而，當井田制被用西方的思想體系來解釋時，它發生了變化。這個變化始於梁啟超聲稱井田是中國版的社會主義。[46] 胡適用考證學來證明它根本不曾存在，[47] 但是胡漢民以一種歷史唯物主義的形式，將其視為一個普遍歷史階段的存在和代表，即原始共產主義。[48] 另外還有觀點從浪漫的民族主義出發，認為它是中國本質的一部分，或把它看作是人們應該嚮往的一種社會理想，是社會主義的。無論如何，

42　Ibid., vol. 3, p. 10.

43　Ibid., vol. 3, p. 11.

44　Ibid., vol. 3, p. 14.

45　Ibid., vol. 3, p. 22.

46　Ibid., vol. 3, p. 26.

47　Ibid., vol. 3, p. 28.

48　Ibid., vol. 3, p. 30.

列文森認為，這些涉及井田制的辯論都應該算是現代思想的產物，與儒家思想的傳統思維迥然不同。[49]

列文森明確地反對現代中國政府繼承了儒家遺產的觀點。通過回顧中國共產黨的史學，他闡明中國共產黨看待歷史的方式與儒家截然不同：共產主義歷史學家是在努力將中國歷史嵌入馬克思主義史學的各個階段。「弔詭的是，他們通過分期將中國歷史與西方歷史等同起來，並因而否定中國具有任何高度個性化的特徵。與這一熱情相伴的是一種信念，也即所有的轉型本質上都是在中國內部發生的。」[50]這需要將封建制度植入中國歷史，認為在秦之前很長一段時間是貴族社會，秦之後是專制社會，但仍然是封建制度。[51]這意味著孔子可以得到平反：他在推動歷史的社會力量方面可以被稱為進步的，代表了封建主義反對奴隸社會；但是他也可以被看作反動的，代表了封建主義對資本主義的阻礙。[52]在列文森看來，這是儒家去牙化或博物館化的一部分──它具有歷史相關性，但與今天的現實無關。[53]

在此，他的論點轉向理解現代歷史思維，認為將歷史理解為「過程」的方式具有相對論的色彩。這樣，歷史意識的問題就從他研究的對象──中國思想家，延伸到他自己和我們──現代

49　Ibid., vol. 3, p. 32.

50　Ibid., vol. 3, p. 48.

51　Ibid., vol. 3, p. 51.

52　Ibid., vol. 3, p. 67.

53　Ibid., vol. 3, p. 76.

歷史學家。他在此引用了尼采的觀點。尼采認為歷史學家如果把
歷史看作是由不以人的意志為轉移的外力決定的、是一個過程，
那麼對歷史人物的理解就可以具有幾分道德相對主義的色彩，可
以保有疏離的空間。這跟從倫理價值出發的歷史思維是截然相反
的。列文森試圖消除這種將歷史看作過程和價值之間的分裂的觀
點，認為當我們將歷史視為過程時，我們仍然可以利用它來瞭解
自己，並將歷史作為一種創造力來認識當前和當前的挑戰。對
於列文森來說，歷史寫作這一創造性行為是從歷史中創造意義：
「歷史學家的任務，也即他點石成金的機會，就是將那些似乎毫
無價值的東西變為無價之寶。」[54]

　　問題是，分析1950、1960年代中國大陸的史學時，列文森
辨識出一種讓他擔心的趨向。在他看來，馬克思主義中的歷史
決定論雖然會解決這個分裂造成的困境，也為中國（及其史學家）
提供了一個重新獲得在世界上的軸心位置和普世主義的可能，但
同時也回到了另一種看似新的、但實質上跟儒家思想一樣是把歷
史模式（pattern）而非歷史過程（process）放在第一位的做法。[55] 按
照列文森的分析，這導致價值的絕對化，代價是將歷史扁平化，
無視歷史的豐富性和複雜性，用一個單一的視角和框架去理解歷
史。關鍵的是，列文森認為歷史的「歧義」（ambiguity），雖然不
好處理（或因為不好處理），卻是很豐富的一種矛盾。他說：

54　Ibid., vol. 3, p. 90.

55　Ibid., vol. 3, p. 87.

「歷史意義」一詞的歧義是一種美德，而非缺陷。抵制分類學式對準確的熱衷（拘泥字面意思的人〔literalist〕那種堅持一個詞只能對應一個概念的局促態度），是對歷史學家思想和道德的雙重要求。作為一個完整的人，他確實要滿足思想和道德的雙重要求 —— 他必須知道自己站在流沙之上，但必須站穩腳跟。而且，假如歷史（作為人類留下的痕跡）與歷史（作為人類書寫的記錄）要逐漸靠近、相互呼應，那麼在「歷史意義」中隱含著的張力，也即中立的分析和具有傾向性的（committed）評價之間的緊張，也必須得到承認並保留下來。[56]

列文森的意思是，要認清楚歷史事實與歷史敘述的區別：歷史事實是絕對的，而歷史敘述必然是相對的。他擔心馬列主義歷史思維的一維化和絕對化取代歷史相對主義，會導致複製新的特殊性敘述，變成一種並非把中國融匯於世界，而是把中國與世界隔離的歷史。[57]

對列文森來說，為了創造一個真正的全球史 —— 為了創造一個真正的全球性精神（a world spirit），避免回到清末那種死路，書寫一種把中國融匯於世界的歷史是唯一的選擇：曾經妨礙了清朝中國與世界秩序相協調的，是儒家思想留下的一種特殊論。與列文森同時代的思想家熱衷於辯論的話題 ——「世界歷史的軸心何在？」對於列文森來說毫無意義，甚至沒有道理，因為在他看來歷史的軸心不外乎是全人類。他完全從另一個角度看問題，認

56　Ibid., vol. 3, p. 85.

57　Ibid., vol. 3, p. 106.

為現代中國歷史學家和西方歷史學家面對根本不同的挑戰。對於
持現代歷史思維的中國歷史學家來說，主要挑戰在於調和其思維
中的相對主義與中國自己眼中的從世界的中心地位跌落的歷史現
實。對於研究中國的西方歷史學家，挑戰在於把中國歷史看作提
供普世性的理解，而非僅僅用來比較，或對假想的規範性的西方
歷史模式的脫離。不止於此，列文森另有更高的期待：對於任
何研究中國的歷史學家，無論身在中國還是在西方，現代歷史思
維中的相對主義提供了一個機會，去發現一種共享的歷史意識。
在這個歷史意識中，中國和西方不僅是同等的，而且是不可分隔
的：「他們的」歷史和「我們的」歷史是同一個歷史。[58]

《革命與世界主義：西方戲劇與中國歷史舞台》(1971年)

列文森完成了儒家中國三部曲後，想要「超越他的歷史和
價值的辯證法」，通過研究亞洲的經典以及西方戲劇的漢譯走向
一個新的主題：地方主義和世界主義。[59] 在這本未完成的遺著
中，他從世界歷史的角度審視了現代中國，去理解共產黨如何處
理與西方世界主義的關係，並試圖將自己融入伴隨而來的以歐
洲為中心的「世界歷史」中。魏斐德在為這部書撰寫的序言中指
出，在某些方面，這是從列文森的第一個三部曲的自然過渡。在

58　Ibid., vol. 3, p. 123.

59　Frederic Wakeman, Jr., "Foreword," Joseph R. Levenson, *Revolution and
　　Cosmopolitanism: The Western Stage and the Chinese Stages*, pp. ix–x.

前一個三部曲中，中國的世界性 (普世的) 文化因西方世界主義
(cosmopolitanism) 的興起而被變得地方化。在這部書中，列文森
分析了 1950 年代中國的共產主義世界主義，以及它在 1960 年代
特別是文化大革命期間發生了怎樣的變化。他希望理解「怎樣才
能將特殊性與普遍的世界歷史相調和」。[60]

列文森在本書的開頭對世界主義和地方主義問題進行了更
進一步的歷史處理，對於兩種「世界主義的錯置」(cosmopolitan
displacement) 擁有同情的理解：一種是儒家文人作為世界性人物
的錯置，另一種則是 20 世紀中華民國的世界主義的知識分子在
世界知識界中的局部性錯置。從這種同情的理解可以看出，他對
中國傳統社會遭遇現代歷史的暴力攻擊一直高度敏感，同時也認
識到殖民主義的認知模式所具有的霸權特性。[61] 但列文森將這種
世界主義稱為「無根的」世界主義，認為它與毛澤東以及與其類
似的民族主義共產主義意識形態形成鮮明對比。[62]

在 1950 年代，中國共產黨對於出版過去的和翻譯世界其他
地區的文學藝術作品，包括戲劇，持較為開放的態度，任何可以
被成功論證為在其歷史背景下是進步的作品文本都得以出版，例
如，與 1800 年代的進步資產階級相關，或帶有反貴族情緒，或
與當代左翼運動有關聯的作品。現實主義被視為卡洛・哥爾多尼

60　Ibid., p. xxviii.

61　Ibid., p. xi.

62　Levenson, *Revolution and Cosmopolitanism*, p. 5.

(Carlo Goldoni) 等人著作的一個重要特徵。[63] 有些人，比如莎士
比亞，成為可以爭論的對象，因為蘇聯人接受了他們。[64] 由於某
些形式的文化世界主義的階級基礎，它們可能符合中華人民共和
國的民族主義。正如民族資產階級受到與買辦不同的對待一樣，
這個新民主主義時期也接納中國共產主義可以認同的進步文學。
在這十年中，文學生產以這種方式得到很大的發展。這種1950
年代的新的世界主義最基本的表達是「與社會主義友邦建立共同
紐帶」，但也是為了以各種方式展示新中國如何進步而將世界文
學納入中國。[65]

　　但是1950年代的共產主義世界主義顯然不同於儒家文人的
世界主義，因為中國不再是世界文化的中心。這一時期的中國世
界主義者被認為是世界性和普遍性文化的一部分，而在馬克思列
寧主義和國家社會主義的世界中，儒家思想和儒者被看作古舊的
和地方性的。列文森認為20世紀上半葉的世界主義知識分子與
他們自己的過去以及大部分中國社會是割裂的：「它確實把他們
與農民分離開來」。列文森在這裏暗示，這是中共獲勝後毛澤東
鎮壓這種世界主義文化的原因：「不是以背離『前西方』的儒家規
範為由，而是以不滿足『後西方』的共產主義要求為由。」[66]

63　Ibid., p. 10.
64　Ibid., p. 13.
65　Ibid., pp. 6–7.
66　Ibid., pp. 3–5.

列文森認為這波翻譯外國戲劇的浪潮在1957年之後逐漸枯竭。[67] 中國共產主義者認為儒家世界主義是剝削者的意識形態（並輸給了西方），而民國和新的人民共和國的無根世界主義者與他們自己的文化相疏離。「既是中國的又是新鮮的，而不是外國的或陳舊的：這是共產主義的承諾。中國民族主義，在其兩個親緣關係中——政治上的自信和文化上的革命——必然會滲透到共產主義中並使中國煥然一新。」[68] 在文化大革命中，中國希望通過將革命意識形態傳播到世界各地而將自己變成一支以它自己為中心的新的世界性力量。[69]「中國人，如果在他們的國家建立一個無階級的社會，將在世界社會中構成一個階級，或一個階級的先鋒隊。」[70]

這是列文森在《儒家中國及其現代命運》中提出的論點：採用馬克思主義，中國可以重新宣稱它處於世界歷史的前沿。然而，對於列文森來說，文革試圖創造一種新的世界主義，最終卻有意地使用了一種地方主義。在 1960 年代，「舊的現實主義（『批判現實主義』）」僅僅因為以頹廢的方式描述「個體主觀狀態」而受到攻擊。[71] 取而代之，文革宣揚了一種以身作則的英雄人物，而不僅僅是揭露封建資產階級社會的醜惡。「文化大革命具有地

67　Ibid., p. 19.
68　Ibid., p. 23.
69　Ibid., p. 25.
70　Ibid., p. 28.
71　Ibid., p. 45.

方文化精神，見多識廣的人們因為他們的文化而脫離了人民，由於他們在世界範圍內與世界主義者的親緣關係而脫離了民族。」[72] 共產黨人還是沒有把中國變成世界。

上述內容清楚地表明，列文森對現代中國學術的貢獻具有闡釋性質。他並不是一個發現了重要史實的歷史學家，也從來沒有機會參閱歷史檔案。這樣講並不是說列文森的學術在這方面有缺陷。歷史研究是一項多元化的事業：不同的歷史學家，研究同一組文獻，必然會識別出不同的意義模式，這取決於每個人的主題和跨學科興趣以及偏好的探究方式。遠在後現代主義之前，列文森已經看出歷史學家的任務不在「復原」。復原是不可能的。歷史學家的任務在於積極地重建和理解過去：通過個人的概念化、分析和敘述技能，揭示出獨特的「過去」，只能希望他的知識和想像力夠強、夠全面，可以造出新的、站得住腳的解釋。列文森試圖從歷史意義的「無」中找到對此時此地有意義的東西：「他的創造性使它在歷史上有意義，通過讓其接受評判，以他自己的創作行為確認它的意義，而不是把它歸於虛無。」[73]

儘管列文森的著作展示出他的斐然才華，我們仍然應該意識到他的著作是一位年輕學者在事業初期的創作；他仍然處在刻劃他的思想視野之輪廓與初稿的階段，從來沒有機會為他所提出的那些問題提供充分的答案。他的同事和學生只能獨自去思索這些

72　Ibid., p. 47.

73　Levenson, *Confucian China and Its Modern Fate*, vol. 3, p. 90.

問題，直至今天，學者們依然在為這些問題困惑。列文森如果再有三四十年的時間，一定會作出更多的思考、修改和調整——事實上，即使在我們看到的這些著作中，已經能夠看出他在不斷調整視角，使自己的論述更加充盈——他會有機會與他的批評者進行討論，參與到20世紀最後二十多年的各種思想轉變中。他的觀點無疑會更為成熟，分析會更加銳利明晰，而另外一些分析則會改變。因而，他留給我們的著作應該被看作是受到他所處時代的思想與知識局限的、未完成的，而且永遠無法完成的。當我們面對列文森時，我們來到的是一個不能關閉的場域，重新進入一場從未終止的對話。

三、列氏風格

列文森獨特的行文風格使得他卓爾不群，給他相當複雜的思想增加了一層豐富而令人愉悅的閱讀體驗。列文森被包括費正清在內的很多人稱為「天才」，而跟許多天才一樣，他生前並沒有被真正理解。這在當時是很多人共認的一個觀點：《列文森：莫扎特式的史學家》的〈編者導言〉中寫道：「他的史學著述內容豐富、意旨深遠，但尚未獲得充分的賞識，也未得到充分的理解。」[74]其原因之一是，對讀者來說，閱讀列文森的文章是一種必得開動

74　Meisner and Murphey, ed., *The Mozartian Historian*, p. 1.

腦筋的挑戰。必須承認，閱讀列文森帶有它挑戰性的一面，需
要我們放棄閱讀歷史的慣用方法。人們初次接觸列文森的著述
時，往往感到興奮和震動，但也不乏詫異和困惑。一個常見的反
應是：他的著作充滿精彩的論辯，但是也有很多地方不易理解。
另一個反應是：這套獨特的話語從哪裏來？與我們今天熟悉的中
國有什麼關係？這兩種反應都是可以理解的——列文森的著作
1950 年代問世時，西方讀者們最初的反應也是如此。

列氏風格具有幾個特色。首先是筆法。列文森的筆法以烘
雲托月著稱，行文之際，中西古典詩歌、戲劇、音樂、繪畫信手
拈來，揮灑自如，勾描意向充滿提示性。他把世界看成彩繪的畫
作，把歷史看成時空裏不息的流變，因而打破了區域研究、文史
分家、專業各有清規套語的格式。「跨學科」一詞在學術界尚未廣
泛流行時，列文森已經展現出跨學科的精彩。列文森把思想者的
活動放在多維度的社會經濟與制度體系之中進行考察，這是他承
繼自韋伯 (Max Weber, 1864–1920) 社會學的一種史學實踐。他對 19
世紀歐洲大陸以及英國文史哲經典的熟稔閱讀，也讓他似乎在不
經意之間就能夠展現出一種黑格爾式的大歷史筆法。揮灑之間，
勾畫出一個歷史邏輯性極強的敘述與結論。閱讀這樣的文章對讀
者有更高的期待，要求讀者擁有比較廣博的知識，方能與作者有
效對話。對於今天的讀者來説，檢索列文森所用的詞匯、隱喻與
其他資料變得容易得多，這個問題或許不再像以往那樣困難。

此外，他的寫作有一種獨特的推論方式以及開放式的論辯方
法。他所使用的語句往往顛覆主語與賓語之間習見的關係，重新

分配形容詞跟副詞的位置，加之摘要去繁，以精湛的思辨建構出
一個在現實之中意有所指，然而在抽象思維上又層次多重、發人
深省的表述。他的敘述從來都不是帶有疏離感、從專業角度出發
的直截了當的敘述。相反，他以一種後來的對話者的方式，以一
種有節制的激情書寫他所研究的主題。他的風格是循環式的，富
含禮儀感，浪漫，帶有感情的移入，個人化，充滿人文精神以及
精湛的語言技巧。他想要創造的是一場不會事先排除任何可能性
的、不斷讓人打開思路的對話。他所追求的不是一條直線式的正
確答案，而是要保持創造性的張力；閱讀列文森就像是攀爬一條
沒有扶手的對話的旋轉樓梯，在一個網絡上而非跟隨一條單線尋
求意義與答案。他邀請讀者參與一個不斷質疑和挑戰的過程，不
允許任何陳詞濫調藏身於思辨之中。這種閱讀體驗便常常不同於
慣常學術文章的有熟悉的路徑可循。作為一個學者，對於列文森
來說，方法（method）和過程（process）與答案（answer）一樣重要，
甚至更為重要；他對於自己所遵循的方法總是保持著清晰的警惕
與自覺。

列文森對語言的敏感和極大重視也表現在他非常注意閱讀行
為中的潛聲，即文本在讀者腦海和內心引發的聲音。他在《儒家
中國及其現代命運》第三卷中對「理論與歷史」的反思以下面這段
話開頭，絕非偶然：

在普魯斯特的「序曲」（Overture）和「貢布雷」（Combray）中，片
段的主題相互激蕩、交相輝映，匯聚成新的主題；最終一整個

> 悠長樂曲從中盤旋而出，由各種豐富的旋律支持、表現，成就
> 了《在斯萬家那邊》和「追憶」的宏大主題。令人遺憾的是，那
> 樣的音樂（或任何類似的東西）從對現代中國歷史的這一敘述
> 中溜走了。但是，音樂的主題還存在於那已逝之物中，被期待
> 著、談論著，等著人們（如讀者）去釋放。[75]

列文森顯然是不僅通過文字、而且用耳朵閱讀的，並希望他的
文字反過來不僅被讀到，也能被聽到。他深恐他的敘述沒有「悠
長樂曲」，但仍然提醒我們要聆聽「主題」，「等著……釋放」。然
後，他沿著這些聽覺路線進行了詳細說明：

> 說話的語氣很重要，英文和中文皆然。我們可以把人類史冊中
> 的某件事描述為在歷史上（真的）有意義，或者（僅僅）在歷史
> 上有意義。區別在於，前者是經驗判斷，斷定它在當時富有成
> 果，而後者是規範判斷，斷定它在當下貧乏無味。[76]

要辨別什麼是具有歷史意義的，我們必須傾聽記錄下來的過往與
我們的心「交談」時的聲音。否則，我們的理解只能是抽象的和
衍生的，只不過反映了我們所屬的那個時代的陳詞濫調。

為了強調語氣的重要性，列文森將「真的」（really）和「僅僅」
（merely）放在括號內，暗示如果去掉這些括號內的詞，「在歷史
上有意義」（historically significant）的這兩種表達之間的差異只能

75　Levenson, *Confucian China and Its Modern Fate*, vol. 3, p. 85.

76　Ibid.

聽到，而不能看到。他補充說，由此產生的「『歷史意義』一詞的歧義是一種美德，而非缺陷」。[77]列文森常用前現代概念和術語的意義變化，比如「德」（美德或美德的力量）和「天命」等，來詳細說明他所說的含義的模糊性。他寫道，雖然這些前現代詞匯在民國時代知識分子的現代話語中仍然流行，但它們不再具有權威性：正是歷史意識讓我們的耳朵能分辨出「『天命』的音色變化：從錢幣的叮叮，到喪鐘的噹噹。在時間之流中，詞語的意思不會固定不變」。[78]

列文森的行文略顯晦澀，彷彿要激怒讀者去記住生活現實與紙面上的文字之間的鴻溝。在他看來，歷史學家必須牢記這一鴻溝，這樣我們才不會將過去簡化為替我們所處的時空提供界限 —— 修辭的界限，以及用來創造意義的界限。列文森如是言：

> 歸根結底，思想史只是人書寫的一種歷史，只是一種方法，一種進入的途徑，而非終點。在客觀存在的世界中（out there），在由人創造的歷史中，思想、社會、政治、經濟、文化等諸多線索交織成一張不可割裂的網。在專門研究中，我們打破了自然狀態的一體性，但最終目的是為了以可理解的方式將整體復原。[79]

列文森的措辭有時可能會讓21世紀的讀者覺得與我們當今對性別包容性的敏感和對一概而論的厭惡不符。然而，列文森將歷史

77　Ibid.

78　Ibid., vol. 3, pp. 86–87.

79　Ibid., vol. 1, p. xi.

視作一張我們發現自己身陷其中的網，如果我們試圖去理解他，會發現這一意識是正確的，且仍然具有相關性。

四、時代中的列文森及其影響

上文已經介紹了列文森作為思想家和歷史學家的背景與成長，解釋了他所思考的問題，描述了他獨特的思維方式和書寫風格。現在讓我們更廣泛地考慮他的學術遺產，包括同時代的漢學界及史學界對他的評價，其他學者如何研討他的著作，以及他的論斷促發了怎樣的新研究。

自列文森的著作出版以來，中國研究學界反應不一，有很多讚譽，亦不乏質疑的聲音，連他的師友學生們在《列文森：莫扎特式的史學家》一書中對其史學的不完善也並不諱言。這些質疑部分源於列文森觀點之獨特及其研究本身的局限，或他研究的範圍之宏闊令當時許多學者不適，也部分源於評論者的視角。列文森所著眼的，在空間上是橫向的銜接，在時間上是縱向的斷裂與延續的交錯。他把天下、國家、認同、疏離、忠誠等議題一方面看成近代中國知識人經歷上的突出命題，一方面也看成經受了現代文明轉型的社會中知識承載者共同的體驗。在這種大跨度的框架下，他下了不少宏大的結論。但前文已經提到，史料的收集不是他的志趣與長項。列文森對儒家傳承多元體系的內涵也並沒有下過太多工夫，他的詮釋理論對漢語原典文本極具選擇性，這些都成為中國研究學界批評的重點。老一輩的代表人物恒慕義

(Arthur W. Hummel) 根本不認同列文森，甚至不願意承認《梁啟超與近代中國思想》是歷史著作。[80]

列文森的《儒家中國及其現代命運》三部曲，從構思到出版，是 1950 年代的產物。當時人民共和國成立還不到十年。解釋共產黨何以在國共 1940 年代的戰爭中取得勝利，是一個政治性很強的當代話題。前文提到，當時美國的社會環境絕不寬鬆，猶太裔學者更是遭另眼相看。列文森並沒有頌揚中國共產黨，但是他也沒有把共產黨的建國簡單地看成是國際共產主義的陰謀與顛覆，而是將之作為一個過程，置於更廣闊的歷史時空裏加以思考。他把帝制結束之後的儒家思想看成失去體制、無所附著的遊魂，把人民共和國的建立與共產主義在中國的勝利看作長期歷史演繹、內緣蛻化不得不然的結果。這樣的立場在 50、60 年代的北美漢學界自然不會人人讚賞。華裔的名師碩儒或學術新秀，比如趙元任、蕭公權、房兆楹、瞿同祖、楊聯陞、張仲禮、劉廣京等，好像與列文森沒有多少來往。他們在 1940 年代中或 1949 年之後離開大陸，雖然身在海外，但是心存故土，把懷抱寄託在對中華民族文化的想像。在他們看來，盛年的列文森尚未進入中國經史的殿堂，就斷然宣佈儒家傳承已經破產，不免顯得既主觀又輕率。另外，列文森不把共產主義看成外來植入的異株，反而從

80　見恒慕義的書評：Arthur W. Hummel, "Liang Ch'i-ch'ao and the Mind of Modern China, by Joseph R. Levenson," *The Far Eastern Quarterly*, vol. 14, no. 1 (1954), pp. 110–112。

社會心理學角度將之詮釋成儒家傳承在思想情感功能上的替代。
這些結論，都讓他跟同時代從事中國研究的學者中傾向反共自由
主義的陣營產生分殊。

　　無論如何，對列文森觀點的爭論引爆了北美中國學界在相關
問題上的批判或商榷性的研究。列文森以梁啟超為基礎，把儒家
傳承等同於帝王主導的天下觀與天命論，把科舉制度看成意識形
態的檢測，大膽地引進正在形成中的歷史心理學，認定晚清以後
的中國制度與文化缺乏內源再生的能力。列文森仍然在世的時
候，這些論點已經促使青年學者從各方面開展研究，展現儒家文
化在中國的豐富多元內涵，及其在官場之外、社會民間或家族村
落之中的規範作用。學者們結合思想、制度、社會、文化史，探
究儒家倫理的宗教性以及心性層面、儒家思想在商人倫理中的作
用、地方世家與書院的治學體系、科舉考試中的實學成分、地方
士紳以及家族在公眾領域中的禮教實踐。這些研究全面地擴大了
對傳統知識、「入世修行」、「克己復禮」等倫理人文的理解。

　　1970年代以來，隨著社會史和文化史的勃興，西方學者陸
續解構了「儒家中國」的概念，勾畫了「三教合一」的思想脈絡，
凸顯了晚明的儒僧、僧道、寺廟、戲劇、繪畫，指出官訂的儒家
教條在民間通俗文化以及地方精英階層中的輻射力度是有限的。
20世紀晚期和21世紀初期，學者們更撇開對思想內涵門派的辯
論，重新評價科舉對於清代思想發展的影響，探討明清王朝在近
代早期歐亞火藥帝國體系中的位置以及與全球經濟、科技、文化
的流通，開展對於思想究竟如何轉型的研究。他們討論書籍的生

產流播與閱讀、新知識體系的具體建構與傳遞、語言文字表述體
系的重新認定、古文詩詞文學與國學內涵的重塑、知識人社會身
分的形成、信息體系在近現代的轉型、廣義的「經世之學」在 20
世紀如何致用與實踐，以及在科舉制度之外，中國實用知識體系
如何形成專業制度、建立實踐基礎。這些研究，主要針對明清以
及民國，都發展於列文森過世之後，遠遠超出了他的三部曲的視
野。這些研究成果綜合起來，不但重新界定何為儒學、何為轉型
中的文化中國，並且重新思考近代知識、人文與轉型社會國家之
間的關係，重新認識在走進世界、走向科技現代之後，中國近現
代思想文化如何形成脈絡。在相當程度上，西方明清及民國史學
的這些進展是列文森當初提供的刺激的長期結果。對近現代中國
的理解總是以這樣或那樣的方式延續著列文森關心的問題，而且
以各種方式回到列文森，即使人們有時並不直接在文本上與他進
行對話。

　　從另外一面講，我們也需澄清，列文森辯證性極強的歷史心
理分析，雖然極為有助釐清晚期以來中國思想界的取捨動態，但
是很難把他這種別致的方法傳給學生。在某種意義上，這個著重
情感張力的分析似乎也沒有為近代中國思想史勾畫出一個多元並
進的發展軌跡。然而正因為他的《梁啟超》與《儒家中國》並不依傍
他對一兩個學人或學派在文本生產上的描述，反而更有啟發作用。

　　讓我們以他和後來者對梁啟超的研究為例。列文森出生的時
候梁啟超仍然在世。在列文森生活的半個世紀中，中國處在不斷
的分裂、戰亂、持續鬥爭、持續困乏、在國際上逐漸孤立的狀況

中。列文森同輩以及稍後的學者們中，不少人同樣關切1949年
所標誌的歷史性開創與結束，同樣關懷其中所蘊含的古與今、中
與西、必然與偶然、邏輯與人為的對立與結合關係，想要理解
1949年後最迫切的問題：「到底發生了什麼？」[81] 與列文森不同，
其他研究者仔細閱讀梁啟超的事跡與著作，認真考辨梁啟超的文
本闡述與思想內涵；他們並不把梁啟超個人的經歷擴大，看成一
種具有典型性的中國知識心路歷程。列文森所關切的是他平生如
何遊走四方，如何一變、再變、而又變，如何在行旅之中出入一
己的外視與內省。他所勾畫的是一代思想者在面臨時空秩序斷裂
與重組時候的彷徨、焦慮、自省與追尋。他認定每當文明急劇轉
型，轉型時代的知識承載者就無法像過往一般地依循規矩方圓，
四平八穩。轉型時期的失態與脫格是常態。這個時期的不改平常
反而是無感與脫序。列文森把現代性帶進中國近現代史的視野，
把改造創新與失衡失語看作一體的兩面，把幸福與災禍看成緊
鄰。「禍兮福所倚，福兮禍所伏」，中國思想界對這個正反兩面交
織並存的辯證式思維並不陌生。列文森不但把這個概念帶進歷史
研究的視野，並且透過人物傳記，具體呈現了近代巨變時刻歷史
人物身處其中，在時間上所經歷的急迫感以及在空間上所經歷的
壓縮感。其他學者很難趕上列文森走的這條纏繞崎嶇的路，或許
並不奇怪。

81　Levenson, *Confucian China and Its Modern Fate*, vol. 3, p. 118.

　　列文森另一個引發辯難的，是他跟同時代不少英美學者共同持有的一個預設，就是把科學理性主義與工業科技文明看作近代西方文明的標誌，把科技看成橫掃天下的普世實踐。在這個框架中，他把鴉片戰爭看成一個現代文明與一個前現代帝國的總體衝突。這個觀點，沿承自他的老師費正清，也反映出大多數中國史學家們的基本姿態（費正清畢竟師從清華大學歷史學系的蔣廷黻），到目前為止仍然如此。他雖然大力指出西方文明不足以作為完整的世界性知識，但是他對文明體系的表述，不經意之間展現了19世紀文明等差時空階段性的分殊。列文森對啟蒙運動的無條件欽佩可能會讓生活在後現代主義時代的我們覺得老派，而他引用未翻譯的法語和德語的參考資料可能顯得自負或歐洲中心。

　　此外，我們也很難支持列文森關於中國歷史的一些籠統的概括，例如關於晚期帝國思想潮流（我們甚至已經不再使用「儒家」一詞）或滿洲人的漢化和最終「消失」（我們現在知道這沒有發生），或者同意他的一些更激進的立場，例如聲稱宦官和滿洲人在明清背景下「起到了相似的作用」。[82] 我們拒絕列文森的一些論點是非常自然的：鑒於世界各地的學者在這些問題和其他問題上已經付出了三代人的努力，我們的知識在許多領域都有了進步。從1970年代開始，大量新資料（尤其是檔案材料）的出現，以及

82　Ibid., vol. 2, pp. 45–46.

新方法 (包括那些依靠大數據和地方田野調查的方法) 的出現，意味著我們對中國近現代歷史的理解比當時更加細緻和全面。我們可以說，列文森在寫「儒家中國」時所看到的，在很大程度上實際上是「晚期帝制中國」，更準確地說是「清代中國」。如果列文森還活著，他本人很可能會參與其中的一些發展，並且非常有可能改變自己的想法，就像他的老師費正清在他的整個職業生涯中不斷改變自己對事物的看法。

五、在21世紀閱讀列文森

自列文森去世以來，中國、西方、全世界都發生了巨大的變化。在這個新的歷史時刻，是否仍然值得我們花時間去讀 (或重讀) 列文森精妙的文章呢？上文已經表明，我們相信答案是肯定的。列文森提出的問題 —— 調和民族主義和文化主義，將中國置於世界歷史的潮流中，以及歷史和政治中的連續性和斷裂性的一般問題 —— 仍然沒有得到解決，而且在今天也許比在列文森的時代更加緊迫。在對這一問題的討論中，歷史和歷史學家的重要性也沒有改變。事實上，鑒於21世紀初的「中國崛起」，它們的重要性甚至可能更加突出。「中國故事」(複數形式) 的宏大敘述試圖框定世界如何解釋中國重返全球權力的方式，且在今天變得越來越重要、越來越有影響力。

「在很大程度上，近現代中國思想史是使『天下』成為『國家』的過程」，1958 年列文森這樣寫道。[83] 按照他的解釋，這是一種極為艱困的過程，其中充滿彼此相互衝突的對立元素：普世和特殊，絕對和相對，文化和政治。在從文化主義到民族主義的轉變中，我們能夠追溯到中國如何從一個「自成一體的世界」轉化為「在世界裏的中國」。總而言之，列文森對這段歷史的結論是：共產主義的到來為中國人提供了另一個概括全世界的體系，它能提供一個既是「現代的」，又是「中國的」未來。他說：「共產主義者尋求找到一種綜合，以代替被拋棄的儒家觀念和與之相對立的西方觀念。」[84] 列文森（也有其他人）在冷戰膠著時寫的文章所預測的結果是，一個普世的革命理念會成為現實存在，並得以不斷完善，為中國的精英們源源不絕地提供必要的思想、政治和歷史解決的資源與方案，以應對中國在一個徹底改變了的世界裏所面臨的生存威脅：「在今日中國之道中，唯一可能具有普世性的是革命的模式，那是政治與經濟的模式。而在文化上 —— 指具體的、歷史上的中國文化 —— 毛澤東沒有什麼可以貢獻給世界的。昔日中國聲稱垂範於世，因他人皆異於華夏，故遜於華夏。新中國也自稱堪為他國楷模，因受難的共同經歷與命運而與他國引為同道，於是中國式的解放也理當滿足其他國家的需要。」[85]

83　Ibid., vol. 1, p. 103.

84　Ibid., vol. 1, p. 141.

85　Ibid., vol. 1, p. xvii.

　　這些冷戰早期的預見在後來的現實發展中並沒有應驗。六十多年後，今天「中國模式」所建構的中國軟實力，所依傍的是中國經濟崛起的成績，而不是「無產階級革命」的成果。但在意識形態上，許多海內外學者認為，我們今天所看到的中國站在越來越狹窄和脆弱的思想基礎上，除了民族主義之外，缺乏任何「超驗的合法性」（transcendent legitimacy）。今天中國的民族國家，在經歷了許多動盪之後，似乎複製了西方的國家模式和功能。但是黨內外的思想家仍在繼續尋找一種綜合的模式，在建構一個強大、富裕、現代、在世界上舉足輕重的中國的同時，中國的理論工作者仍然在尋找一種既可普遍應用、又能被一眼識別出具有「中國特色」的模式；傳統中國的歷史也因此獲得了新的重要性。諸如「盛世」、「復興」、「大一統」等經典表達方式在政治和流行話語中的復甦表明，在實現這個綜合的模式上缺乏新的思路。這種措詞中的轉變，以及對「自古以來五千年歷史」的迷戀，標誌著理論工作向傳統主義思維的回歸，以列文森的話來説，這正是「回歸之路亦是出發之路」的體現。

　　這種回歸在20世紀的大部分時間裏都顯得不合時宜，而在列文森寫作的20世紀中葉，因為「解放」還很新鮮，則幾乎是不可想像的。然而，毫無疑問，在21世紀它已經發展到在意識形態中佔據了重要位置。讓我們再次引用《儒家中國及其現代命運》三部曲第一卷的內容：

頑固的傳統主義者似乎已不是單純在智性上信奉那些恰好是中國歷史產物的令人信服的觀念，而成了只因所討論的觀念是從中國過去傳承下來的，就有決心去信奉、有情感需求去體會智性上的強迫感（compulsion）的中國人。當人們接受儒家傳統主義不是出於對其普遍正確性的信心，而是出於某種傳統主義的強迫感去公開承認這種信心時，儒家就從首要的、哲學意義上的效忠對象（commitment），轉變為次要的、浪漫派意義上的效忠對象，而傳統主義也從哲學原則變成了心理工具。[86]

列文森認為這種思維所提供的主要是心理安慰，而非令人信服的哲學論證。當然，思想的軌跡即使來自傳統主義的陳舊體系，也不一定缺乏魅力或感染力。這種種現象表明，列文森所提出的兩個結構性的問題仍然是我們今天理解中國的關鍵：意識形態或文明建構與國家之間的關係，以及在國家建設（nation-making）這個從天下到國家的過程中，中國位於何處？正在朝什麼方向發展？

列文森的中心論題常常也正是近年引起國內學界最大關注的問題，比如「何為中國」。今天的中國究竟是一個政治共同體還是文化共同體？現代中國人的認同基礎是什麼？「中國」是一個自然的存在還是一個需要不斷建構的機體？源於西方的一些基本概念，比如「帝國」、「民族國家」、「主權」等，能否用來分析中國歷史？現代中國的思想源泉來自何處？中國與西方是否完全不存在可比性？列文森在晚清民國歷史中所看到的自相矛盾，

86　Ibid., vol. 1, pp. xxix–xxx.

二十一世紀的今天同樣仍然存在。他在《儒家中國》第三卷中指出 1950 年代的史學家們一方面通過分期將中國歷史與西方歷史等同起來，同時又堅持認為所有過渡本質上都是中國內源變動的產物。[87] 今天「中國模式」的世界意義和中國「國情」的特色同時受到強調，我們在其中還是能夠看到同樣的矛盾。中國被看作是一種單一、隔絕、自我參照、自我封閉的政治思想體系；其「國情」比其他國家的「特殊情況」更特殊，因而是「獨一無二的」。根據這個「中國特殊性」的邏輯，中國不受一般歷史規律的制約，也無法與全球規範做比較。

　　同樣的現象也可見於大家對今天中國社會的「價值真空」問題的關注。列文森認為，清朝之後的儒家是思想失去了制度的基礎（君主制）；與此相反，改革開放以來我們所看到的是一個制度（黨國）失去了思想的基礎（毛澤東思想）。從這種類比我們可以學到很重要的教訓。列文森認為，儒家思想失去了其制度基礎就無法生存，必然會消失，只會剩下殘損的碎片，成為「舊建築物的殘磚斷瓦」。[88] 但在這一點上他似乎錯了：儘管有核心變化，儒家思想依然生存下來（或者說，各種自稱是儒家的思想潮流經久不衰），而且即使它今天沒有帝制時代的那種力量，也竟然再次產生一種出乎列文森想像之外的能量。同樣，我們不能認為，只因為一般人對毛澤東思想早已不感興趣或不再相

87　Ibid., vol. 3, p. 48.

88　Ibid., vol. 3, p. 113.

信，甚至輕視毛澤東本人，就表明毛澤東時代的思想或習慣的全部特徵都隨著毛的去世而徹底消失：從 1950、1960 年代以來形成的革命傳統，也蛻化成另一種傳統主義。但是，這些思想和與之共生的思維慣性能否支撐當今中國新的夢想呢？列文森讓我們清楚地看到，一旦一個事物或思想被發明出來，它便不會徹底消失，而往往以變化了的形式在某個時刻復現。這個問題，即思想體系半衰期問題，提醒我們在思考當前中國所面臨的挑戰與話語抉擇時，要像列文森一樣，考慮話語形態應付的是何種問題、所給出的是何種答案、所否定的又是何種方案。新一代讀者在關注列文森著作時，應能不僅關注歷史學問題和方法，也能參照他的提問線索來理解目前意識形態的語境和我們自己在其中的位置。

20 世紀以來中國持續現代化。進入 21 世紀，現代化取得正當性，步伐只有加快，沒有放緩，哲人能者認識到居安必須思危。列文森當年所提出的議題與解析的方式，不僅著眼在現代性外發的體現，並且打開了思維世界內省的視野，關注到世代交替之際的傳承斷裂和話語重構，以及現代人情感與知識資源上所經受的挑戰。就這個意義來看，列文森的史學關懷與方法，超越了對 21 世紀上半葉中國近現代史的解析，持續具有廣泛的闡釋力與開創性。從宏觀歷史層面來說，即使列文森有所誤判，也還能為我們提供一個有意義的視角，借以審視當前的中國。

最重要的是，儘管文化體驗和表達方式上的差異可能會妨礙人們立即實現相互理解，但列文森的世界主義、對人類智慧和人

文價值觀的普遍性的信念依然很吸引人；這無疑是列文森對一種全面、全球性地觀照中國歷史的方法最有意義的貢獻之一。它既反駁了西方對於自己的觀點的普遍主義假設，也挑戰了中國的例外主義假設。要把中國歷史寫成世界歷史的一部分，不等於說史學家必得找一大堆直接類比說明中國的歷史發展跟外國史一模一樣，但同時也不等於說中國的歷史發展跟與外國史不可比、無法比。在這些不相容的極端之外，必有許多中間道路可以選擇。與此同時，列文森對於歷史書寫持肯定態度，把歷史性的責任放在歷史學家的手裏。天下體系的崩潰有其悲劇的一面，但作為一個樂觀主義者，列文森想說服所有關心中國歷史的人士，這是歷史工作者參與到把中國史編入普世、全球歷史這一事業中的一個的機會。把中國歷史經驗再次整合於新的世界思想體系中，這是列文森才情所至、無所畏懼的一個表現，也是他作為一位開放的思想家、一位真正人文主義信徒的理想和目標。他在《儒家中國及其現代命運》三部曲的第二卷裏這樣講道：

> 某種真的可被稱為「世界歷史」的東西正在浮現，它不只是各種相互分離的文明的總和。研究中國的歷史學家在書寫過去時，可以有助於創造這種世界歷史。歷史學家若遠離了任何事實上和想像中的文化「侵略」和文化辯護，就能通過將中國帶入普遍的話語世界（universal world of discourse），幫助世界在不止於技術的層面上統一起來。絕不應該去製造大雜燴，也不應該歪曲中國歷史去適應某種西方模式。相反，當對中國歷史的理解不傷害其完整性和獨特性，而且這種理解和對西方歷史的理解相互補充的時候，才會造就一個「世界」……

……研究中國歷史應該不僅僅是因為其異國情調，或者對西方戰略的重要性，研究它是因為我們試圖用來理解西方的那個話語世界，也可以用來理解中國，而不必強求二者有相同的模式。如果我們能這樣去理解中國和西方，也許我們就能有助於造就這樣一個共同的世界。書寫歷史的行動本身即是一種歷史行動。[89]

列文森是一個充滿個性與智識上的魅力的人；他去世後，朋友們記得他「謙遜的魅力和愉快的自嘲故事」。[90] 作為一個在盎格魯—撒克遜世界找到了一種生活方式卻又同時保持了自己的身分的猶太人，列文森本人是一個非常國際化的人，並期待或至少希望看到中國也能夠以自己的方式進入 (或重新進入) 世界。列文森對我們當前思考中國的努力 —— 其統一但不乏矛盾衝突的政治，多元化的社會以及經久不衰、代代有變的各種文化傳統 —— 所做的貢獻遠不止「……及其現代命運」這個時髦的比喻。列文森以其獨特的風格對思考歷史大問題所展現的雄心令人驚嘆。半個世紀過去了，列文森當年對問題的提法仍然得到關注，這個意義比他所給出的答案更能啟發思路。儘管他關於從天下到國家的轉變以及儒家思想與現代生活不相容的答案在今天可能無法說服我們 (這些觀點在當時也並沒有說服所有人)，但他的觀點對我們提出了挑戰，促使我們提出具有相似的格局和意義的替代答案。

89　Ibid., vol. 2, pp. viii–ix.

90　Cohen, "Preparing for China at Berkeley: 1960–63."

　　在過去一百年用英語寫作的現代中國歷史學家中，約瑟夫‧
列文森很可能是最具想像力的。對那些改變了千百萬中國人如何
看待自己在世界中的位置的歷史性轉變所帶來的重大問題，他的
看法繼續為所有關心這些問題的人提供著靈感。長久以來，中國
讀者基本上無法接觸到他的著作全貌，這讓我們這些幾十年來一
次又一次地向他的洞見尋求指導的人感到非常遺憾。我們希望在
這裏提供的關於他的生平和思想的介紹將鼓勵中文學術界的同事
們，以列文森本人在短暫學術生命中既嚴肅又興趣盎然的精神來
參與他未完成的思想學術工作，並通過這種參與，更好地理解那
些塑造了中國的過去和現在的力量、並使得塑造中國未來的力量
更為強大。

約瑟夫・列文森年表

1920 年 6 月 10 日	出生於馬薩諸塞州波士頓市
1931 年 –1937 年	波士頓拉丁學校 (Boston Latin School)
1937 年 9 月 –1939 年 6 月	哈佛大學
1939 年 6 月 –9 月	萊頓大學
1939 年 9 月 –1941 年 6 月	哈佛大學，以極優等榮譽 (Magna cum laude) 獲學士學位
1941 年 6 月 –9 月	康乃爾大學，修讀美國學術團體聯合會 (American Council of Learned Societies) 中文課程
1941 年 9 月 –1942 年 1 月	哈佛大學歷史系研究生
1942 年 3 月	入伍，美國海軍預備役二等文書軍士
1942 年 3 月 –1946 年 2 月	海軍日語學校，加利福尼亞州伯克利市、科羅拉多州波德市 戰時服務於太平洋島嶼、華府、日本；參與新西蘭和美國海軍在所羅門群島及菲律賓的作戰
1946 年 3 月	以上尉軍銜榮譽退役
1946 年 3 月 –1947 年	哈佛大學碩士
1947 年 –1949 年 2 月	哈佛大學博士，歷史系助教
1948 年 7 月 –1951 年 7 月	哈佛大學研究員協會初級研究員
1951 年 7 月 –1956 年 7 月	加州大學助理教授
1956 年 7 月 –1960 年 7 月	加州大學副教授
1960 年 7 月 –1965 年 7 月	加州大學 (伯克利分校) 教授
1965 年 7 月 –1969 年	加州大學 (伯克利分校) 歷史系 Sather 講座教授
1969 年 4 月 6 日	離世

獎學研究基金

1954–1955　福布萊特（Fulbright）
1958–1959　斯坦福大學行為科學高等研究會
　　　　　　（Center for Advanced Study in the Behavioral Sciences）
1962–1963　古根海姆（Guggenheim）
1966–1967　美國學術團體聯合會

學術會員

亞洲研究協會（Association of Asian Studies）（1965–1968年間任理事會成員）
美國歷史學會（American Historical Association）（曾獲太平洋海岸分會獎項）

家庭

1950年結婚，配偶：羅斯瑪麗·塞巴格—蒙特菲奧里
　　　　　　　　（Rosemary Sebag-Montefiore）

育有子女四人：理查德·蒙特菲奧里·列文森
　　　　　　　　（Richard Montefiore Levenson，1952年生）
　　　　　　　　艾琳·安妮·列文森
　　　　　　　　（Irene Anne Levenson，1954年生）
　　　　　　　　托馬斯·蒙特菲奧里·列文森
　　　　　　　　（Thomas Montefiore Levenson，1958年生）
　　　　　　　　里奧·蒙特菲奧里·列文森
　　　　　　　　（Leo Montefiore Levenson，1961年生）

約瑟夫・列文森著作表

已出版書籍

Liang Ch'i-ch'ao and the Mind of Modern China, Cambridge: Harvard University Press, 1953.

Liang Ch'i-ch'ao and the Mind of Modern China, second edition, revised, Cambridge: Harvard University Press, 1959; London: Thames and Hudson, 1959.

Confucian China and Its Modern Fate: The Problem of Intellectual Continuity, Berkeley: University of California Press; London: Routledge & Kegan Paul, 1958.

Confucian China and Its Confucian Past: The Problem of Monarchical Decay, Berkeley: University of California Press; London: Routledge & Kegan Paul, 1964.

Modern China and Its Confucian Past: The Problem of Intellectual Continuity, New York: Doubleday-Anchor, 1964. Revised and illustrated paperback reprint of *Confucian China and Its Modern Fate: The Problem of Intellectual Continuity*.

Confucian China and Its Modern Fate: The Problem of Historical Significance, Berkeley: University of California Press; London: Routledge & Kegan Paul, 1965.

European Expansion and the Counter-Example of Asia, 1300–1600, Englewood Cliffs, NJ: Prentice-Hall, 1967.

——— and Franz Schurmann, *China: An Interpretive History*, Berkeley and
　　　Los Angeles: University of California Press, 1969.
Modern China: An Interpretive Anthology, London: Collier-Macmillan, 1971.
Revolution and Cosmopolitanism: The Western Stage and the Chinese Stages,
　　　Berkeley: University of California Press, 1971.

已發表文章

1950

"The Breakdown of Confucianism: Liang Ch'i-ch'ao before Exile—1873–1898,"
　　　Journal of the History of Ideas, vol. 11, no. 4 (Oct. 1950), pp. 448–485.

1952

"*T'ien-hsia* and *Kuo* and the 'Transvaluation of Values,'" *Far Eastern Quarterly*,
　　　vol. 11, no. 4 (Aug. 1952), pp. 447–451.

1953

"'History' and 'Value': The Tensions of Intellectual Choice in Modern China,"
　　　Studies in Chinese Thought, ed. Arthur F. Wright, Chicago: University
　　　of Chicago Press, 1953, pp. 146–194.
"Western Powers and Chinese Revolutions: The Pattern of Intervention,"
　　　Pacific Affairs, vol. 26, no. 3 (Sept. 1953), pp. 230–236.

1954

"The Abortiveness of Empiricism in Early Ch'ing Thought," *Far Eastern
　　　Quarterly*, vol. 13, no. 2 (Feb. 1954), pp. 155–165.
"Western Religion and the Decay of Traditional China: The Intrusion of History
　　　on Judgments of Value," *Sinologica*, vol. 4, no. 1 (1954), pp. 14–20.

1955

"The Attenuation of a Chinese Philosophical Concept: *T'i-yung* in the Nineteenth Century," *Asiatische Studien* (1955), pp. 95–102.

1956

"Redefinition of Ideas in Time: The Chinese Classics and History," *Far Eastern Quarterly*, vol. 15, no. 3 (May 1956), pp. 399–404.

"Western Powers and Chinese Revolutions: The Pattern of Intervention," reprinted in *The Shaping of American Diplomacy*, ed. William Appleman Williams, Chicago: Rand McNally, 1956, pp. 622–627.

1957

"The Amateur Ideal in Ming and Early Ch'ing Society: Evidence from Painting," *Chinese Thought and Institutions*, ed. John K. Fairbank, Chicago: University of Chicago Press, 1957, pp. 320–341.

1958

"History under Chairman Mao," *Soviet Survey*, vol. 24 (Apr.–June 1958), pp. 32–37.

1959

"The Suggestiveness of Vestiges: Confucianism and Monarchy at the Last," *Confucianism in Action*, eds. David S. Nivison and Arthur F. Wright, Stanford: Stanford University Press, 1959, pp. 244–267.

1960

"Historical Significance," *Diogenes*, vol. 32 (Winter 1960), pp. 17–27.

"Ill Wind in the Well-Field: The Erosion of the Confucian Ground of Controversy," *The Confucian Persuasion*, ed. Arthur F. Wright, Stanford: Stanford University Press, 1960, pp. 268–287.

1961

"The Intellectual Revolution in China," *University of Toronto Quarterly*, vol. 30, no. 3 (Apr. 1961), pp. 258–272.

1962

"Confucian and Taiping 'Heaven': The Political Implications of Clashing Religious Concepts," *Comparative Studies in Society and History*, vol. 4, no. 4 (July 1962), pp. 436–453.

"Liao P'ing and the Confucian Departure from History," *Confucian Personalities*, eds. Arthur F. Wright and Denis Twitchett, Stanford: Stanford University Press, 1962, pp. 317–325.

"The Place of Confucius in Communist China," *The China Quarterly*, vol. 12 (Oct.–Dec. 1962), pp. 1–18.

1963

"The Inception and Displacement of Confucianism," *Diogenes*, vol. 42 (Summer 1963), pp. 65–80.

"Origines et itinéraire du Confucianisme; de l'histoire comme fondement de la culture aux sables mouvants de l'historicisme," *Diogene*, vol. 42 (Summer 1963).

1964

"The Humanistic Disciplines: Will Sinology Do?" *Journal of Asian Studies*, vol. 23, no. 4 (Aug. 1964), pp. 507–512.

"The Intellectual Revolution in China," reprinted in *Modern China*, ed. Albert Feuerwerker, Englewood Cliffs, NJ: Prentice-Hall, 1964, pp. 154–168.

"The Suggestiveness of Vestiges: Confucianism and Monarchy at the Last," reprinted in *Confucianism and Chinese Civilization*, ed. Arthur F. Wright, New York: Atheneum, 1964, pp. 291–314.

1965

"The Communist Attitude towards Religion," *The Chinese Model*, ed. Werner Klatt, Hong Kong: University of Hong Kong Press, 1965, pp. 19–30.

1966

"Ideas of China," *Times Literary Supplement* (July 28, 1966), p. 691.

"The Persistence of the Old," *Problems of Communism* (Sept.–Oct. 1966).

"Marxism and the Middle Kingdom," *Diplomat*, vol. 17, no. 196 (Sept. 1966), pp. 48–51.

1967

"The Province, the Nation, and the World: The Problem of Chinese Identity," *Approaches to Modern Chinese History*, eds. Albert Feuerwerker, Rhoads Murphey and Mary C. Wright, Berkeley and Los Angeles: University of California Press, 1967, pp. 268–288.

———— and Franz Schurmann, "What Is Happening in China: An Exchange," *New York Review of Books*, vol. 7, no. 12 (Jan. 12, 1967), pp. 31–34.

"China after World War II," *Encyclopedia Britannica* (1967), vol. 5, pp. 595–598.

"Liang Ch'i-ch'ao," *Encyclopedia Britannica* (1967), vol. 13, pp. 1015–1016.

"Yuan Shih-k'ai," *Encyclopedia Britannica* (1967), vol. 23, pp. 912–913.

1968

"The Past and Future of Nationalism in China," *Survey*, vol. 67 (Apr. 1968), pp. 28–40.

1969

"Communist China in Time and Space: Roots and Rootlessness," *The China Quarterly*, vol. 39 (July–Sept. 1969), pp. 1–11.

"New Trends in History," *Daedalus*, vol. 98, no. 4 (Fall 1969), pp. 903–904, 915–917, 947–948, 961–963, 967–969, 975.

1970

"The Genesis of *Confucian China and Its Modern Fate*," *The Historian's Workshop*, ed. Perry Curtis, New York: Knopf, 1970.

摘要

Revue Bibiographique de Sinologie, Paris: Centre de Recherches Historiques, 1955. Vol. I, abstracts of two articles in Japanese, one in English; Vol. II, 1956, abstracts of eight articles in Japanese, one in Chinese.

書評

1949

Wen-han Kiang, *The Chinese Student Movement*, in *Pacific Affairs* (Mar. 1949).

1953

H. G. Creel, *Chinese Thought from Confucius to Mao Tse-tung*, in *American Historical Review* (Oct. 1953).

Max Weber, *The Religion of China*, in *Journal of Economic History* (Winter 1953).

1954

H. G. Creel, *Chinese Thought from Confucius to Mao Tse-tung*, in *American Anthropologist* (1954).

1956

Liu Wu-chi, *Confucius: His Life and Time*, in *American Anthropologist* (1956).
Rushton Coulborn, ed., *Feudalism in History*, in *Far Eastern Quarterly* (Aug. 1956).

1958

Carsun Chang, *Development of Neo-Confucian Thought*, and O. Brière, *Fifty Years of Chinese Philosophy, 1898–1950*, in *Pacific Affairs* (Dec. 1958).
"The Heart Has Its Reasons," review of Simone de Beauvoir, *The Long March*, in *The Nation* (June 28, 1958).
Burton Watson, *Ssu-ma Ch'ien, Grand Historian of China*, in *Pacific Historical Review* (Nov. 1958).

1959

Moses Hadas, *Hellenistic Culture: Fusion and Diffusion*, in *The New Leader* (Fall 1959).
Paul A. Varg, *Missionaries, Chinese, and Diplomats: The American Protestant Missionary Movement in China, 1890–1952*, in *Journal of Modern History* (Dec. 1959).

1960

Liang Ch'i-ch'ao, *Intellectual Trends in the Ch'ing Period*, trans. Immanuel Hsu, in *American Historical Review* (Jan. 1960).

1961

Wolfgang Franke, *The Reform and Abolition of the Traditional Chinese Examination System*, in *American Historical Review* (Oct. 1961).

"The Day Confucius Died," review of Chow Tse-tsung, *The May Fourth Movement: Intellectual Revolution in Modern China*, in *Journal of Asian Studies* (Feb. 1961).

Theodore H. E. Chen, *Thought Reform of the Chinese Intellectuals*, in *Pacific Historical Review* (Feb. 1961).

Roderick MacFarquhar, *The Hundred Flowers Campaign and the Chinese Intellectuals*, in *The New Leader* (Feb. 13, 1961).

1962

W. G. Beasley and E. G. Pulleyblank, *Historians of China and Japan*, in *Pacific Historical Review* (May 1962).

1964

"The Mind of Mao," review of Robert S. Elegant, *The Center of the World: Communism and the Mind of Mao*; Arthur A. Cohen, *The Communism of Mao Tse-tung*; Stuart R. Schram, *The Political Thought of Mao Tse-tung*, in *New York Review of Books* (Sept. 24, 1964).

1965

Benjamin Schwartz, *In Search of Wealth and Power*, in *Journal of the American Oriental Society* (July–Sept. 1965).

1966

D. W. Y. Kwok, *Scientism in Chinese Thought, 1900–1950*, in *Journal of Asian Studies* (Nov. 1966).

1967

Huang Sang-k'ang, *Li Ta-chao and the Impact of Marxism on Modern Chinese Thinking*, and Maurice Meisner, *Li Ta-chao and the Origins of Chinese Marxism*, in *American Historical Review* (Dec. 1967).

Jonathan Spence, *Ts'ao Yin and the K'ang-hsi Emperor: Bondservant and Master*, in *American Historical Review* (July 1967).

其他作品

"Chinese Communist Historiography."

*"The Coronation of Charles X," senior thesis, Harvard University.

"Curators and Creators: Chinese Tradition in the Present Age."

"Curators and Cremators: More Reflections on 'What Is Happening in China.'"

Discussion of Gerhard Masur, "Distinctive Traits of Western Civilization: The Classic Interpretation," American Historical Association, 1960.

"Europe in India and the Far East—Early Contacts by Sea."

"Historical Scholarship as Historical Evidence: The 'Placing' of the Chinese Communists by Their Studies of the Past," paper presented to the Center for Chinese Studies, Berkeley, Apr. 9, 1958.

"History and Cosmopolitanism: East Asia and the Meaning of 'World Classics,'" unfinished draft, 42 pp. in typescript of volume 2 of the projected trilogy "Cosmopolitanism, Nationalism, and Provincialism."

"The Hung-hsien Emperor as a Comic Type," paper presented to the Association for Asian Studies, Boston, Apr. 2, 1957.

"The Individual Thinker as a Key to Intellectual History: Liang Ch'i-ch'ao."

"Interpretations of Ch'ing History," paper presented to Society for Ch'ing Studies.

*"Italian Episode—1799."

*"Japan in British Thought in the 1880s."

"Late Ch'ing and Early Republican Politics," panel comment for the Association for Asian Studies, Boston, 1969.

"The No Drama of Japan."
*"The Objective of Columbus."
"On Asian Classics."
*"Religion and the Rise of Capitalism."
"The Tension of Intellectual Choice: 'History' and 'Value' in Modern China."
"Tensions between Monarch and Bureaucrat in the Confucian State," paper
　　presented to the Association for Asian Studies, 1959.
Thoughts for "The Intrusion of History on Judgments of Value."

帶＊者為本科就讀於哈佛大學時所作。

作者簡介 [*]

莫里斯·邁斯納（Maurice Meisner, 1931–2012），1976年原書出版時為威斯康辛大學麥迪遜分校歷史系教授。

羅茲·墨菲（Rhoads Murphey, 1919–2012），時為密西根大學地理系教授。

費正清（John K. Fairbank, 1907–1991），時為哈佛大學歷史系希根森（Francis Lee Higginson）教授。

唐納德·基恩（Donald Keene, 1922–2019），時為哥倫比亞大學日本文學教授。

雅各·列文森（Jacob Clavner Levenson, 1922–2018），時為弗吉尼亞大學英文系埃德加·愛倫·坡（Edgar Allen Poe）教授。約瑟夫·列文森堂弟。

---

* 譯註：在原書「作者簡介」的基礎上有所增補，作者生卒年及部分任職信息為譯者所加。

康無為（Harold L. Kahn, 1930–2018），時為斯坦福大學歷史系副教授。後曾任斯坦福大學歷史系教授。

舒扶瀾（Franz Schurmann, 1926–2010），時為加州大學伯克利分校歷史系及社會學系教授。

安格斯・麥克唐納（Angus McDonald, Jr., 1941–1995），時為明尼蘇達大學歷史系訪問助理教授。曾於斯坦福大學任教。

范力沛（Lyman P. Van Slyke, 1929–2023），時為斯坦福大學歷史系副教授。後曾任斯坦福大學歷史系教授。

史華慈（Benjamin I. Schwartz, 1916–1999），時為哈佛大學歷史系及政治系教授。

史景遷（Jonathan Spence, 1936–2021），時為耶魯大學歷史系教授。

魏斐德（Frederic Wakeman, Jr., 1937–2006），時為加州大學伯克利分校歷史系教授。

高居翰（James Cahill, 1926–2014），時為加州大學伯克利分校藝術史教授。

郭適（Ralph C. Croizier, 1935–），時為羅切斯特大學歷史系副教授。後曾任維多利亞大學歷史系教授。

羅斯瑪麗・列文森（Rosemary Levenson, 1927–1997），時為加州大學伯克利分校「地域口述史」辦公室項目主任。約瑟夫・列文森妻子。